EL HOMBRE QUE ESTUVO ALLÍ

Lo mejor de
GEORGE PLIMPTON

CONTRA

The Best of Plimpton
© 1990, George Plimpton

La mayor parte del material incluido en este libro apareció originalmente en revistas como *Sports Illustrated*, *Esquire*, *Harper's*, *Smart*, *New York* y *Audubon*. Algunos textos han sido editados, como por ejemplo los fragmentos de las obras más extensas.

Dirección editorial: Didac Aparicio y Eduard Sancho

Traducción: Gabriel Cereceda

Diseño: Setanta
Maquetación: Emma Camacho

Primera edición: Diciembre de 2015
© 2015, Contraediciones, S.L.
Psje. Fontanelles, 6, bajos 2ª
08017 Barcelona
contra@contraediciones.com
www.editorialcontra.com

© 2015, Gabriel Cereceda, de la traducción
© Freddy Plimpton, del retrato de George Plimpton de la cubierta
© Russ Halford / Sports Illustrated / Getty Images, de la foto de la contracubierta.
George Plimpton en el Bing Crosby Pro-Am, Pebble Beach, California, 21/1/1966
© Walter Iooss Jr. / Sports Illustrated / Getty Images, de la foto de la solapa derecha.
George Plimpton en el campo de entrenamiento de los Detroit Lions, 3/8/1963
© John Iacono / Sports Illustrated / Getty Images, de la foto de la solapa izquierda.
George Plimpton con el equipamiento de portero de los Boston Bruins en el Spectrum de Filadelfia, 6/10/1977

ISBN: 978-84-944033-4-7
Depósito Legal: DL B 26.766-2015
Impreso en España por Liberdúplex
Este libro ha recibido una ayuda a la edición del Ministerio de Educación, Cultura y Deporte.

Para Sarah Dudley

ÍNDICE

PARTICIPACIONES

BÉISBOL

Esta recopilación comienza con las descripciones de los diferentes enfrentamientos que he vivido practicando el periodismo participativo. Parece apropiado empezar el libro así. Casi todos los que conocen esta faceta de mi curiosa carrera literaria quieren saber cómo fue en realidad. ¿Cómo me fue con los Boston Bruins? ¿Y en el cuadrilátero con Archie Moore? Hasta mis lectores siguen queriendo saber, como si su curiosidad no pudiera satisfacerse nunca del todo.

Me imagino que esa misma curiosidad me entusiasmó a mí al principio: la curiosidad por personas dotadas de asombrosas capacidades que las situaban en la cima de sus profesiones, ya fueran deportivas o artísticas. Y no solo eso. También, desde la infancia hasta la adolescencia, como le ocurre a la mayoría de los chicos fantasiosos, no fue tanto la curiosidad como cierta seguridad de que yo mismo iba a alcanzar alguna cúspide parecida. A los once años, cuando iba a conciertos al Carnegie Hall, imaginaba que había compuesto la música que estábamos a punto de escuchar, todos ahí presentes para el estreno mundial, y el director bajaría la batuta y los acordes de mi obra, titulada Quinta Sinfonía de Beethoven, compuesta un mes antes, llenarían la sala.

Luego, por supuesto, llega la realidad. Eso no va a pasar. Uno se da cuenta cuando termina quinto en los cien metros lisos del instituto. O cuando le escogen en último lugar para un partido de softball y juega al fondo del exterior derecho bajo la sombra de un roble. O cuando no te admiten en el coro del colegio. Así que uno regresa poco a poco al mundo utópico de la fantasía donde todas las cosas son posibles y desde luego suceden.

Cuando empecé a escribir profesionalmente, leí por casualidad Farewell
to Sport, el libro de Paul Gallico. Siendo un excelente cronista deportivo del
Daily News en los años treinta, durante la llamada edad de oro del deporte
(Ruth, Grange, Dempsey, Tilden, Bobby Jones, etcétera), decidió dejar el
periodismo para escribir novelas (La aventura del Poseidón, entre otras).
En Farewell to Sport hay un capítulo famoso (al menos para los cronistas
deportivos) donde Gallico describe sus encargos periodísticos autoasignados
para conocer de primera mano lo más granado del talento deportivo: atrapar
la curva de Herb Pennock, jugar al tenis con Vinnie Richards y al golf con
Bobby Jones, hacer de sparring de Jack Dempsey y ser derribado («El cuadrilátero y el público dieron una vuelta completa en el sentido de las agujas del
reloj, se detuvieron y luego empezaron otra vez en el sentido contrario»), pero
también conseguir levantarse y darse cuenta de que «no hay un sonido más
dulce que la campana que pone fin a las hostilidades». Hubo otros caprichos.
Vivió el Indianapolis Speedway apretujado en un coche de carreras con Cliff
Bergere. Descendió por la pista olímpica de esquí en Garmisch, Alemania,
toda una proeza porque solo se había puesto los esquís una vez en la vida.
Curiosamente, la vez que más miedo sintió Gallico viajando a alta velocidad fue en la cabina de una locomotora en el tramo recto entre Fort Wayne,
Indiana, y Chicago: «La emoción de atravesar como una bala una pequeña
población, a toda máquina, incluido el paso por treinta o cuarenta cruces
y agujas, que tienen que estar todos bien colocados. Pero eso no era deporte.
Era excitación pura».

Lo leí con envidia. ¡Qué escritor más afortunado era Gallico por haber
vivido todo aquello! Luego empecé a preguntarme si no podría acometer yo
mismo una investigación parecida y ensancharla un tanto: no solo conocer lo
más granado del talento deportivo, sino también la comunidad de los deportistas, sumarme a un equipo como una especie de «profesional aficionado».
Por supuesto, tenía una gran ventaja al escribir en Sports Illustrated, cuyos
redactores reconocieron que era un proyecto interesante y ayudaron a organi-
zarlo.

Resultaba apropiado que mi primera participación tuviera relación con
el béisbol. Cuando era un chaval estaba convencido de que jugar al béisbol
en las grandes ligas era lo máximo a lo que uno podía aspirar en la vida.
La muerte perfecta era, para mí, que me diera en la cabeza un lanzador de

poblada barba al final de mi carrera. En mi caso, concretamente, yo quería lanzar. Mi ídolo era Carl Hubbell, de los New York Giants, el mejor lanzador de aquella época; un tipo alto y desgarbado que dominaba a la perfección el tirabuzón. Había lanzado tantos —es una especie de curva en dirección opuesta— que tenía el brazo deformado, literalmente. Se veía cuando salía andando al montículo, con la palma vuelta un poco hacia fuera. Cuando tenía once años (el año que se estrenaban mis obras en el Carnegie Hall), caminaba con el brazo girado afuera con la esperanza de que me confundieran con un lanzador de tirabuzones. Mi padre me obligó a dejar de hacerlo. Decía que parecía que me había caído por una ventana y que no teníamos dinero suficiente para que me encajaran bien el brazo roto.

El partido que jugué fue uno de postemporada en el Yankee Stadium entre equipos de la Liga Nacional y de la Liga Americana, capitaneados respectivamente por Willie Mays y Mickey Mantle. Mays había abandonado los Giants la temporada anterior y en Nueva York habían echado muchísimo de menos su maravilloso juego. Acudieron unos veinte mil espectadores a ver el encuentro. Mi intervención se produjo antes del partido: la idea era que lanzara a los dos equipos, y que el conjunto que anotara más carreras se repartiera un premio de mil dólares cortesía de Sports Illustrated.

Una de las verdades recurrentes en relación con el periodismo participativo que practico es que los resultados tienen muy poco que ver con lo que sucede en las fantasías. Lo cierto es que lo pasé fatal en el Yankee Stadium. Ernest Hemingway dijo que mi intervención fue «el lado oculto de la luna de Walter Mitty».

Sin embargo, hubo compensaciones. Si bien por poco tiempo, me vi inmerso en uno de los mundos más sacrosantos. Los redactores de Sports Illustrated *quedaron lo bastante satisfechos con mi relato como para seguir ayudándome a organizar más aventuras en el «lado oculto de la luna de Walter Mitty». Por muchas humillaciones que sufriera, si uno seguía siendo el observador, lo que vivía y aprendía podía escribirse después. Y había mucho que contar.*

Era, como se dice vulgarmente, un equipo bastante apañado. En la primera base estaba Mickey Vernon, dos veces ganador del título de bateo de la Liga Americana y un defensor de gran clase y elegancia. Cumple el precepto general del jugador de primera base, a saber, ser alto, delgado y zurdo. En la segunda estaba Nelson Fox, de los Chicago White Sox, con su cara redonda de muñeco Kewpie deformada por el gran taco de tabaco Favorite que se mete en la mejilla izquierda. Mascaba caramelos de regaliz antes de llegar a las grandes ligas, pero su entrenador le hizo pasarse al tabaco porque los caramelos de regaliz le daban ganas de vomitar. Su compañero en la segunda base era el *shortstop* Billy Martin, el fogoso exjugador de los New York Yankees. Tiene una cara aparentemente afable, unos melancólicos ojos marrones y una nariz larga que lo metió en las primeras peleas cuando los compañeros de clase le tomaban el pelo. Es un rostro expresivo que a menudo se ha torcido de furia a escasos centímetros del árbitro. El Gran Agitador lo llama a veces la prensa, pero la mayoría de la gente lo apoda el Niño. Fue uno de los pocos jugadores que se interesó por mí aquella tarde, al notar, pienso, la soledad y el embarazo del novato en una situación que en mi caso no podía precisamente esperar sobrellevar con soltura. Martin se defendía con un animoso descaro. De camino a Nueva York aquella primera vez haciendo el largo viaje en tren desde la concentración en Saint Petersburg, un periodista se lo encontró leyendo una revista mientras entraban en el túnel de Penn Station.

—¿Te emociona ver por vez primera Nueva York?

—Qué va —dijo Martin, que por entonces no había cumplido los veinte—. La he visto mil veces en las películas.

Puede que esa actitud fuera una fachada para ocultar la inseguridad que soportó en una infancia de sufrimiento y pobreza en la ciudad californiana donde se crió, pero, a pesar de las limitaciones que tenía jugando al béisbol, le había convertido en un rival cuyo empuje levantaba la moral de todo un equipo. Hasta tal punto iba sobrado de confianza que parecía tener suficiente para ir pasándosela a los demás compañeros del equipo, como si se tratara de pastillas estimulantes. Intentó darme un poco. Charló ininterrumpidamente conmigo para alentarme —al menos durante un rato— mientras me aplicaba, y se lo agradecí.

Bajando la línea desde Martin, en la tercera base estaba el mejor jugador de la liga en su posición, Frank Malzone, de los Boston Red Sox, un chico de rasgos muy definidos, delgado pero fuerte, y rápido, que se mostró impasible ante mi esfuerzo. Leo Durocher lo evaluó en cierta ocasión: «¿Que si el chico tiene algún defecto? La caspa, a lo mejor». Es un defensor estupendo que, cuando se produce el lanzamiento, se inclina hacia el bateador en cuclillas con los pies torcidos hacia dentro. Tiene las piernas algo arqueadas y los pies grandes, y cuando se coloca sobre los dedos de los pies para adelantarse a coger la pelota parece un submarinista con aletas a punto de zambullirse desde un peñasco. Detrás de él, en el exterior izquierdo, estaba Bob Cerv, que aquel año hizo una temporada fenomenal con los Kansas City Athletics a pesar de romperse la mandíbula, lo que le obligó, al tenerla prácticamente inmovilizada, a hablar con los labios muy cerrados —estuviera del humor que estuviera— y a alimentarse —sopas de verduras, zumos de naranja y cosas por el estilo— a través de un tubo emplazado en un hueco que por suerte había dejado un diente que le faltaba en un lado de la boca. Aquel verano había adelgazado. Suele comer colaches, unas albóndigas grandes de Bohemia, y con los kilos con los que acostumbra a jugar es poderosamente pesado, un rival feroz con un semblante duro y decidido caracterizado por una nariz aplastada por una lesión que se hizo de niño.

Jugando por el exterior derecho estaba Harvey Kuenn, dos veces
ganador del título de bateo de la Liga Americana. Kuenn es un profesional serio y discreto, lleva la gorra de béisbol bien calada sobre los
ojos, así que lo primero que ves cuando le miras es la intrincada D
gótica de Detroit bordada en la parte delantera de la gorra, y luego,
debajo de la visera, la parte inferior de la cara, severa, muy quemada
y, como en el caso de Fox, con un taco de tabaco metido en la mejilla.
En el exterior central estaba Mickey Mantle. Más que en cualquier
otro jugador, en Mantle percibías su fuerza: se notaba en los enormes
hombros y brazos que se inclinaban desde un cuello grueso como
una cañería principal. La cara grande de muchacho se ha vuelto tosca.
Gira la cabeza despacio, con unos ojos pálidos e imperturbables, de tal
modo que tiene algo de felino, impasible, astuto. Y sin embargo, como
lo juvenil sigue estando presente, pone una expresión apenas percep-
tible de desconfiada obstinación, de mal genio. El rostro del último
componente del equipo, Elston Howard, de los New York Yankees,
mi compañero en la batería, mostraba un ceño de desconcierto ya que
momentos antes los periodistas habían acaparado su atención —sus
proezas en el exterior izquierdo durante la Serie Mundial, en especial
una magnífica cogida cayéndose en el quinto partido, hicieron que la
prensa lo presentara como el ídolo de la Serie Mundial— y no creo que
nadie hubiera tenido la ocasión de explicarle por qué había tenido que
ponerse el equipamiento del receptor media hora antes del partido.

Los jugadores del cuadro se juntaron alrededor del montículo.

En ese momento la música grabada que había ido llegando desde
el exterior central cesó de manera repentina, en medio del estribillo
de «Tea for Two», luego se oyó por megafonía una tos estentórea y
se pudo escuchar: «Atención, por favor». Pausa. «George... P...P...P»,
luego otra pausa, por lo visto el speaker estaba intentando descifrar
un nombre garabateado en un bloc, «Prufrock», y luego lo repitió
con una seguridad inconmensurable, que resonó por todo el estadio:
«GEORGE PRUFROCK de *Sports Illustrated* va a lanzar ahora contra
TODO el equipo de la Liga Nacional, y TODO el equipo de la Liga
Americana... El equipo que consiga más hits recibirá un premio de
mil dólares de *Sports Illustrated*».

«Déjales batear, chico», dijo Billy Martin. Me pasó la pelota. «Y justo hacia donde estamos nosotros, haz el *favorrrr*, al suelo, que dé botes grandes y rápidos.» Algunos jugadores se rieron y alguien dijo: «Eso es, chico. Tú estás aquí para hacer el trabajo. Nosotros somos comparsas», y alrededor del círculo sonrieron otra vez, intentando transmitir confianza, y mientras estuvimos juntos —esperando a que ocurriera algo que nos liberara— me sentí de repente muy unido a ellos. Fue una emoción de lo más inesperada, dado que no podía ser alguien más ajeno, pero llegó: esa cálida sensación de compañerismo que uno tiene, por breve que sea, cuando forma parte de un equipo, o en un pelotón, o sentado sin más en un café con amigos, tácita pero sin embargo presente, casi palpable, y fue muy fuerte antes de desvanecerse de manera brusca. Alguien dijo: «Venga, vamos». Y el corrillo se separó.

Cuando se dirigieron a sus posiciones y me dejaron solo, fue como si mi presencia se hubiera desvelado, y uno percibía cómo la tremenda expectación de los espectadores —por entonces casi veinte mil— giraba y se concentraba, y notaba casi físicamente su peso. Las palmas me resbalaban del sudor. Di una vuelta al montículo del lanzador para encontrar la bolsa de resina. No había ninguna bolsa. No dejé de mirar en la distancia a los jugadores del cuadro, intentando recobrar la confianza que había sentido de manera fugaz en su compañía. Daban la impresión de estar muy lejos. Estaban ocupados recogiendo *rollings* que Vernon les lanzaba desde la primera base. Cuando Malzone, en la tercera, hizo el *windup* y lanzó la pelota, pasó lo bastante cerca como para susurrar, en una trayectoria tan plana que en ningún momento subió por encima del nivel de los ojos de camino al guante de Vernon. Más allá de las líneas de las bases, los exteriores habían alcanzado sus posiciones. Estaban tan lejos que no tuve la impresión de compartir el mismo proyecto. La distancia entre ellos era inmensa. Todo parecía muy tranquilo y silencioso allí. Al fondo de las gradas vi a un hombre, sentado allí arriba solo, que se quitaba el abrigo para disfrutar del sol de la tarde.

Por fin me volví hacia el plato. Howard estaba allí esperando con su gran mascota de color gris polvo subida para los lanzamientos de calentamiento. Le hice un par. Entonces no era tan consciente del público. Más que nada oyes tu voz, parloteando, haciéndote compañía, adulando y amenazando si las cosas empiezan a complicarse, llena de elogios a veces, casi siempre una voz alta a medias, con los labios en movimiento, porque aunque sabes que están observándote, nadie te oye, y el sonido de tu voz es realmente una influencia constante, la única realidad conocida en aquellas extrañas circunstancias. Recuerdo que la primera frase que me dije fue: «Bueno, chaval, no vas a tener ningún problema. No hay nada de que preocuparse, nada, nada». Y en ese momento, como un brillante abogado que salta para rebatir, la megafonía anunció la llegada al plato del primer bateador de la Liga Nacional, Richie Ashburn.

Entró en el cajón del bateador con el uniforme de los Philadelphia Phillies, con rayas de un rojo caramelo vivo. Ashburn es un bateador zurdo que golpea la pelota con un swing corto y consigue un montón de sencillos. Los exteriores se despliegan para él como si fueran jugadores de softball. Agarra el bate tan alto que mientras él estaba esperando vi cómo los dedos se doblaban más de cinco centímetros arriba en el mango. Resultaba un blanco sorprendentemente pequeño, del mismo modo que todos los bateadores parecían más pequeños de lo esperado. Medio conscientemente, esperaba que se alzaran a gran altura sobre el plato, amenazantes, imágenes del poderío... Pero en realidad su presencia física en el home no era tan apabullante como el hecho de reconocerlos: levantar la vista y ver debajo del casco del bateador una cara inquietantemente familiar incluso desde el montículo del lanzador, que uno había relacionado antes solo con los cromos de los chicles, el papel de periódico y las fotografías de las secciones de deportes.

Detrás del plato Howard se había colocado en cuclillas, con la gran mascota levantada para el blanco. Concentrado en él, apenas consciente entonces de Ashburn, toqué con la punta de los *spikes* la goma, y en un arrebato casi físico de voluntad empecé con lentitud el *windup*. Con la presión del momento había medio esperado exhibir la misma torpeza lanzando que un hombre al caer dando volteretas de lado desde un árbol alto. Pero los reflejos condicionados asumieron el control, y me sorprendió la facilidad con la que logré lanzar. Sin embargo, no estaba preparado para lo que ocurrió después: en vez de dirigirse a toda velocidad al bulto de la mascota de Howard, la pelota, arrojada despreocupadamente e impulsada por una potente combinación de pánico y ansiedad contenida liberada, fue derecha a la cabeza de Ashburn. Al suelo cayó, tumbado boca arriba. El bate salió disparado, y una explosión de sonido —un agudo grito entrecortado del público— atravesó el aire desde las gradas mientras yo dejaba a toda prisa el montículo gritando «¡perdón, perdón!».

Corrí a mitad de camino del plato. La pelota había pasado como un tiro al lado de Ashburn, había golpeado el borde de la mascota de Howard y se había desviado hacia las gradas. Ashburn se levantó sin problemas, recogió el bate y me miró tranquilo desde la distancia, el rostro imperturbable. Es uno de los pocos jugadores que no adorna con tacos sus palabras. Se mostró comprensivo, pero a mí no se me ocurría nada que decirle. Así que me encogí de hombros, un gesto involuntario que dadas las circunstancias solo pudo indicar a Ashburn, y a Howard, que me observaba a través de la máscara, que no controlaba de ninguna manera los lanzamientos. No miré para ver cómo se interpretaba el gesto. Me puse a fildear una pelota, una nueva que alguien tiró rodando desde el banquillo de la primera base. Luego di media vuelta hacia el montículo para intentarlo de nuevo.

Le lancé tres pelotas más a Ashburn, y me vi con más confianza a medida que lo hacía. Le tiré otra bola, luego bateó un foul de un machucón. En el siguiente lanzamiento conectó un fly alto de un batazo corto entre la tercera y el home. Howard arrojó la máscara con una fuerza que la mandó rodando casi hasta el *backstop*, y con las espinilleras traqueteando se fue a por la pelota, se colocó debajo de ella y dio unos pisotones en derredor con la cara hacia arriba, como un paiute rezando para que lloviera, hasta que al final la pelota bajó y la embolsó en la gran mascota.

Pasaron unos cuantos segundos, mientras se lanzaban la pelota por el cuadro, antes de que hubiera alguna sensación de logro, que llegó con titubeos porque, después de todo, uno había esperado la devastación, no una inofensiva pelota de foul brillando al sol, y al final acabó llegando y me tambaleé contento en un estrecho círculo alrededor del montículo del lanzador, cavando y raspando con los *spikes* en la tierra, fingiendo preocupación, y si hubiera habido una bolsa de resina la habría cogido y la habría toqueteado un poco. Lo que había parecido un sitio inhóspito, una colina empinada e irregular de tierra sobre la que uno se movía con cautela y con dificultad, de repente se convirtió en una especie de hábitat natural: alrededor todo resultaba familiar, pulcro, ordenado. Pero justo cuando empecé a admirar las líneas de las bases, en las que no me había fijado, con las bases desocupadas y los defensores relajados en sus posiciones, un jugador con fama de sembrar el pánico en los dominios del lanzador se acercó trotando desde el banquillo de la Liga Nacional: Willie Mays, de los San Francisco Giants.

Al principio no lo vi. Pero desde las gradas lo recibió un rugido cada vez más fuerte. Aquel verano se le había echado muchísimo de menos en Nueva York, y la mayoría de los veinte mil espectadores se había acercado al estadio con la esperanza de verle obrar milagros que los iban a dejar sin aliento y vitoreando, y sin embargo también con un poco de remordimiento al pensar que su talento, antaño casi un hito en la ciudad, se desplegaba en otra parte.

Enseguida está listo en el plato, se mete con impaciencia en el cajón del bateador, donde se menea nervioso, apisona la tierra con los pies, girando sobre el de atrás para que quede compacta, y mira hacia abajo concentrado —para notar cuándo parecen preparadas las piernas—, y, cuando lo están, alarga una mano y da un golpecito en el plato, dos veces, tres veces, con el bate, antes de ponérselo con un movimiento rápido otra vez sobre el hombro derecho y levantarlo. Entonces mira por vez primera desde la distancia hacia el lanzador.

La mayoría de los bateadores mete la barbilla abajo y fulmina con la mirada al lanzador desde debajo de la visera del casco de bateador, cosa que les confiere un aspecto siniestro y amenazador. Sin embargo, Mays, que para empezar tiene una cara agradable, observa desde la distancia al lanzador con una mirada concentrada y franca, con la barbilla hacia fuera, con los ojos muy abiertos como si fuera un poco miope, y da la impresión de examinar al lanzador como si fuera un objeto inocuo pero desconcertante que acabara de depositar el encargado de mantenimiento en el montículo del lanzador. Además, cuando pone una cara rígida de determinación, arquea las cejas, de forma que bajo el casco del bateador su expresión es una persistente mirada de asombro, como si el entrenador acabara de hablar con él largo y tendido en turco. Pero el engaño es leve. Ves la potencia en la postura cuando carga el peso atrás mientras espera.

Le hice tres lanzamientos a Mays. El movimiento pareció fácil y los dos primeros salieron bajos y no fallaron por mucho. Sin embargo, en el tercer lanzamiento, fui consciente, casi en cuanto salió de la mano, de que la pelota iba con precisión hacia el plato y de que Mays, al doblar el bate hacia atrás para aumentar el impulso del swing, iba a intentar impactar. Cuando cruzó el bate contra el lanzamiento, noté la potencia explosiva generada y me estremecí de forma involuntaria, sin estar seguro de que las manos, suspendidas abajo y relajadas tras haber finalizado el acompañamiento, no saltarían de manera instintiva, aunque inútilmente, para protegerme. Pero de aquel estallido de potencia la pelota se elevó en línea recta, una pelota de foul como la de Ashburn, pensé al principio, pero luego vi que progresaba sobre el cuadro. Alcancé a verla a gran altura por encima de mí, pequeña pero asombrosamente brillante al sol, justo sobre él, parecía, y recordando que el lanzador deja a los jugadores del cuadro las jugadas de fildeo, corrí agachando la cabeza hacia la primera base para dejarles libre el montículo.

Me equivoqué de cabo a rabo con la pelota. En realidad, cayó por detrás de la posición del *shortstop*. Billy Martin estaba allí para atraparla, y mientras yo volvía andando al montículo, se la lanzó a Malzone, y la pelota empezó a ir de jugador de cuadro a jugador de cuadro, en ese gran ritual consistente en acelerar la pelota alrededor del «cuerno», que concede al lanzador un momento para echar un vistazo con modestia desde debajo de la gorra y saborear lo que acaba de hacer. Fue algo grande. Tuve que hacer todo el esfuerzo del mundo para evitar sonreír abiertamente.

En realidad, cuando más feliz es un lanzador es cuando el brazo no hace nada. Prefiere entretenerse en el presente, sabiendo que en cuanto se coloque en el montículo y empiece el *windup*, se entregará a la incertidumbre del futuro. El ritual de lanzar la pelota alrededor del cuadro permite al lanzador posponer el futuro, le permite ir de un lado a otro sobre la colina de tierra como un pato desgarbado, puede coger y dejar la bolsa de resina; dispone, en definitiva, de unos instantes para vanagloriarse de sus logros. Es su gran momento. Desde luego, para mí fue el gran momento de aquella tarde. Cuando Mays bateó aquel fly tan alto y resultó evidente que iban a atraparlo, me quedé absorbiendo aquel instante de octubre para que estuviera siempre a disposición del recuerdo... ahora borroso, por supuesto, y fragmentario como las filmaciones de *nickelodeon* del combate de Dempsey contra Firpo que se ven en los parques de atracciones, pero, con todo, suficiente para devolverlo a uno al montículo: viendo de nuevo a Mays y sintiendo el temor repentino al descargar el bate, pero luego observando sorprendido cómo se elevaba la pelota limpia e inofensiva, mientras Billy Martin giraba debajo de ella y, encapuchado y eficiente con las gafas de sol bajadas, la atrapaba y la sacaba del guante para observarla con detenimiento, como si no hubiera visto antes una pelota de béisbol, y luego la lanzaba a Malzone, que también la miraba, después al otro lado a Vernon para que le echara otro vistazo, y entretanto uno notaba que se le escapaba una sonrisa maníaca de éxito que tenía que controlar, porque los lanzadores no sonríen abiertamente después de eliminar a un jugador, de manera que uno daba vueltas alrededor del montículo pisando fuerte con aire de gravedad, observaba de reojo cómo pasaba la pelota volando de jugador de cuadro a jugador de cuadro, con el zumbido de las grandes gradas sombreadas de azul del estadio borrosas más allá, hasta que por fin uno recuerda a Nelson Fox, con el gran rollo de tabaco del tamaño de una naranja apretándole hacia fuera la mejilla, al entrar trotando en el montículo, mirando la pelota que llevaba en la mano, moviéndola, aplicándole magia, y luego al lanzarla al aire hacia uno de repente y decir: «Vamos, chico, tranquilo, tranquilo, tranquilo».

Eso es todo lo quiero recordar de aquel día, nada más. Bueno, quizá algo más: que cuando recibí la pelota de Fox resultó familiar a la mano, un arma de repente adaptable, un instrumento que le venía como anillo al dedo a mi propósito. Por supuesto, no debí dejarme engañar. Mientras sacaba brillo a la pelota, con el guante colgado en la muñeca, me giré sobre el montículo y vi a Frank Robinson, el gran *slugger* de los Cincinnati Reds, en el cajón del bateador, y entonces supe que el placer del lanzador es algo fragmentario, que los bancos, igual que una máquina de hacer salchichas, escupen una sucesión interminable de bateadores para destruir cualquier autocomplacencia momentánea que pueda sentir el lanzador durante una tarde de esfuerzo.

A pesar de todo, cuando miré a Robinson en el cajón —Howard estaba detrás de él ajustándose la máscara—, pensé: «Venga, ¿por qué no? Hasta ahora lo he hecho bastante bien, es el momento de soltar la curva, el gancho. Y a lo mejor si el gancho funciona, me arriesgo al cambio de velocidad y quizá incluso a la bola de nudillos». Tragando saliva, nervioso de nuevo tras el embriagador triunfo de eliminar a los dos primeros bateadores, pasé los dedos alrededor de las costuras hasta que tuve la pelota bien agarrada para la curva. Robinson, la víctima, estaba relajado en el cajón del bateador. Howard se había acomodado en su posición, con la mascota levantada a modo de blanco. Sabía que debía informar al receptor que iba a venirle una curva, pero no veía cómo indicárselo a Howard sin que se enterara Robinson. El receptor tendría que arreglárselas solo lo mejor que pudiera, pensé, y con la pelota en la mano giré de arriba abajo el brazo dos veces y empecé el *windup*.

En la jerga del béisbol se dice que un lanzamiento «se le escapa» al lanzador. Al terminar el lanzamiento, no giré la muñeca lo suficiente y la curva se me escapó por completo: surcó el aire muy por encima de las cabezas de Robinson y Howard hasta la malla de alambre que hay detrás del home. De haber golpeado unos treinta centímetros más arriba, la pelota habría dado en las redes de protección y subido por ellas hasta las tribunas de la prensa. Fue un lanzamiento tan rematadamente malo que pensé que tenía que hacer algún comentario, así que una vez más salí corriendo del montículo gritando: «¡Lo siento, lo siento!». Howard y Robinson me observaron desde la distancia, ambos sorprendidos, creo, quizá incluso asombrados por la extraña trayectoria del lanzamiento, tan malo como para dar a entender que de repente había decidido lanzar la pelota a alguien situado en algún punto de las gradas.

Tardé unos cuantos lanzamientos en recuperar la calma después del intento de curva. Al final hice uno que el bateador encontró de su agrado. Frank Robinson es un jugador delgado de huesos largos que inclina la cabeza sobre el plato para observar cómo llega la pelota. Tiene unas muñecas maravillosas, fuertes y ágiles, y en Saint Louis una vez se hizo esguinces en ellas al frenar el swing, cosa que dice mucho tanto de su potencia como de su velocidad de reacción. Giró las manos en el sexto lanzamiento que le hice (un amigo en las gradas que hizo de estadístico llevaba la cuenta), sobre la goma y a la altura del pecho. A menudo el lanzador tiene el presentimiento, en cuanto la pelota abandona la mano, de que el bateador va a recrearse con ella. Ve cómo el bate se dobla hacia atrás y de forma instintiva sabe que el *timing* del bateador es correcto, que la pelota no va a hacer nada para escapar del movimiento del bate que va a contactar, y cuando contacta oye el descorazonador golpe estridente del fresno contra la línea, que le pasa por los oídos silbando como una bala. En el caso de Robinson, la pelota se elevó entre Mantle y Cerv, al fondo del exterior central-izquierdo, cayó entre ellos y rodó hacia el monumento en honor a Babe Ruth junto al mástil de la bandera. Para cuando regresó al cuadro, Robinson ya estaba en la segunda.

Por megafonía anunciaron «dos puntos para la Liga Nacional», y Robinson, terminado su trabajo, entró trotando desde la segunda base.

En realidad, aquel doble no me resultó excesivamente descorazonador, porque Robinson no se quedó en la base para recordártelo. Si hubiera estado apartándose de la segunda base, moviendo el cuerpo, preparado para escapar, y uno hubiera tenido que proceder utilizando la posición de lado, mirando alrededor y preocupándose por él, la prueba de lo inepto que habría sido como lanzador habría estado allí mismo incordiándole. Quizá, la única aunque escasa compensación del lanzador cuando le batean un *home run* es que las bases quedan despejadas de adversarios y en el estado prístino que él prefiere. Puede que sienta una profunda consternación al observar cómo sale volando la pelota del estadio, pero al menos es algo temporal: el bateador rodea las bases y vuelve a la oscuridad del banco en cuestión de segundos.

De modo que no tenía que preocuparme por un jugador que se meneara hacia delante y hacia atrás por las líneas de las bases. Pero había otra cosa que me inquietaba cuando me fijé en Ernie Banks, el rey del *home run* de la Liga Nacional, que salía del círculo de espera en dirección al plato. De los seis lanzamientos que le había mandado a Robinson, uno o dos me habían parecido alcanzar la zona de strike. Él no había intentado batearlos, y no había ningún árbitro que contradijera sus decisiones.

No había pedido un árbitro por la sencilla razón de que me faltaba confianza. Había tenido el presentimiento recurrente de que iba a perder el control de los lanzamientos y de que un árbitro iba a conceder una sucesión interminable de bases por bolas. Después de todo, cosas así de espantosas ocurrían incluso en las grandes ligas. No hace mucho tiempo, Ray Scarborough, un lanzador de los Washington Senators, después de conceder siete carreras en la primera entrada durante su debut en las grandes ligas, contra los Yankees de Nueva York, fue titular contra los Red Sox poco después y concedió una base por bolas a los siete primeros bateadores a los que se enfrentó. Bucky Harris era por entonces su paciente entrenador, y cuando el séptimo tiró a un lado el bate y empezó a trotar a la primera base, salió andando hasta Scarborough y alargó una mano para coger la pelota. «Chico —dijo al parecer con suavidad—, me parece que ya hemos practicado bastante por hoy, ¿no te parece?»

Teniendo en cuenta la peculiar organización de mi participación como lanzador, si hubiera habido decisiones rigurosas sobre las bolas y los strikes, quizá no me habría costado mucho eclipsar la proeza de Scarborough y, en consecuencia, me habría visto en la sede de la revista, en el centro de la ciudad, nervioso, después del partido, intentando explicar qué había hecho por los mil dólares, a saber: había disfrutado la oportunidad de conceder una base por bolas a todos los jugadores a los que me había enfrentado, que (sin lanzar a los lanzadores) habrían sido un total de dieciséis.

Así que me encargué de que no hubiera árbitros.

Sin embargo, no me planteé la posibilidad de que los bateadores —y con toda la razón, puesto que había dinero en juego— se volvieran quisquillosos con los lanzamientos y esperaran uno que pensaran que podían «enganchar», como suelen decir.

No obstante, mientras observaba sobre el montículo cómo Banks se colocaba en el plato, no estaba demasiado preocupado. Después de todo, había realizado trece lanzamientos a tres bateadores, lo cual indicaba que el control era razonable y que no lanzaba mal —teniendo en cuenta quién era— incluso aunque uno de ellos casi había acabado en un pelotazo en la cabeza de un bateador, otro había sido probablemente la curva más alta que se había lanzado en el Yankee Stadium y el último lo había bateado con fuerza Robinson para conseguir un doble sin tener que deslizarse.

Tuve una magnífica oportunidad para estudiar a Banks. O, más bien, Banks estuvo en el plato tanto rato que, después, durante días, un ligero y lamentado tirón a la memoria lo desvelaba con claridad en la imaginación: un bateador diestro, delgado y tranquilo que se colocaba muy atrás, en los recovecos más apartados del cajón del bateador, sin los movimientos nerviosos de un Mays o de un Ted Williams, con el bate fijo y levantado en posición vertical detrás de la oreja derecha, inusitadamente estabilizado practicando el swing mientras esperaba observando con calma desde debajo de la gorra de los Chicago Cubs, de talla gigante y con visera. Mostraba tal indiferencia que me resultaba turbador lanzarle. De vez en cuando salía del cajón y, con el bate apoyado contra las rodillas, se echaba tierra de una palma a la otra antes de volver a acomodarse dentro con una actitud de ligero desdén, como si pensara que el lanzador era un funcionario de bajo rango de quien solo se esperaba que lanzara una pelota fácil de batear.

De hecho, un lanzamiento fácil de batear era sin duda lo que quería Banks. Aquel año había ganado el premio MVP por su rendimiento, y había atribuido el éxito a su habilidad para descartar los lanzamientos que no fueran buenos. Un excelente hábito, claro está,

que no tenía ninguna intención de romper contra mí. Le hice un
total de veintitrés lanzamientos. A veces se inclinaba y observaba
cómo la pelota se dirigía a la derecha hacia la mascota de Howard,
luego alzaba la vista esbozando una pequeña sonrisa alentadora,
como dando a entender que había pasado cerca: que, si el lanzamiento hubiera ido un pelín más cerca del centro del plato, habría,
por supuesto, bateado como un rayo. De vez en cuando bateaba una
pelota de foul a las gradas, y desde el banquillo de la primera base
alguien lanzaba rodando otra pelota al montículo. Yo la recogía, daba
unos pasos atrás sobre el montículo con aire altivo, miraba con cara
de pena a Banks, luego me concentraba en el bulto de la mascota
de Howard, hacía el *windup* y lanzaba. A medida que me iba desgas-
tando, el control comenzó a desvanecerse debido a la presión. La sensación de bienestar, no perturbada por el doble de Robinson, empezó
a empeorar. Me puse a hablar solo en voz alta. El montículo, la goma
del lanzador, antes tan familiares, se convirtieron en un abrir y cerrar
de ojos en un terreno desconocido con el que tropezaba y al que mis
spikes no lograban acostumbrarse. La propia pelota de béisbol parecía
sensiblemente más pesada, las costuras parecían estar mal. El proceso
de lanzar una pelota de béisbol con precisión se convirtió en una
tarea increíblemente difícil, y, cuando lanzaba, Banks daba la impresión de alejarse en la distancia, junto con Howard, hasta que los dos
eran como figuras observadas por un telescopio al revés.

  ¿Qué hace un lanzador cuando las cosas empiezan a desmoronarse a su alrededor? Casi con toda seguridad busca ayuda, a alguien
que entre trotando hasta el montículo y minimice las dificultades,
que le levante el ánimo con palabras de aliento. Si la situación indica
que no ha podido aguantar la presión, espera que salga el entrenador y lo sustituya. Bob Turley, el gran lanzador de velocidad de
los Yankees, contó en cierta ocasión un incidente que protagonizó
en la Serie Mundial de 1955, en el primer partido donde intervino.
Cargó las bases en la primera entrada y el siguiente en batear era Roy
Campanella. Inquieto, intentando recobrar la compostura a base de
tomar grandes bocanadas de aire, Turley se giró y miró expectante
desde la distancia hacia el *bullpen*. Nada se movía. Miró dentro del

banquillo. El entrenador, Casey Stengel, estaba sentado con las piernas cruzadas, inclinado hacia delante con la vista levantada hacia la
tribuna, donde se sentaban los propietarios de los Yankees. Turley
se vio por un instante trabajando en Washington la siguiente temporada, lo que por aquella época era el máximo castigo de la ineptitud.
Pero entonces Yogi Berra salió andando como un pato hacia él desde
el plato, y Turley se sintió mejor. Por fin —pensó— voy a estar bien
porque aquí viene Yogi para aconsejarme. «Chico —aseguró Turley
que dijo Berra cuando alcanzó el montículo—, chico, estás metido en
un lío de *cuidao*.»

La gravedad de mi situación con Ernie Banks se veía incrementada
por el hecho de no tener a nadie a quien recurrir. Incluso unas palabras de consuelo tan frías como las que brindó Berra a Turley habrían
sido bienvenidas. Pero a Elston Howard, mi receptor, le importaba
tan poco aquello —tenía un partido entero por delante después como
receptor— que, a menudo, si mis lanzamientos iban fuera de la zona
de strike, o a la tierra, dejaba que pasaran botando sin moverse, y las
pelotas golpeaban ignominiosamente con un ruido sordo contra el
backstop. No creo que tuviera nada claro qué hacía metido en aquella
patochada previa al partido. De vez en cuando se alzaba desde su posición, se volvía hacia el banquillo y se encogía de hombros en un gesto
de perplejidad desmesurado. Una vez oí que gritaba a alguien del banquillo. «Pues nada, aquí, echando raíces», dijo refiriéndose a sí mismo.

Una mirada rápida y avergonzada alrededor del cuadro no servía
de nada. Tenían las caras apartadas: Mickey Vernon estaba examinando con rostro serio su guante de primera base; los demás estaban
o bien absortos en los empeines de los *spikes* o raspando con ellos en
la tierra de las líneas de las bases. En el exterior entreví horrorizado
a Mickey Mantle girado hacia uno de los otros exteriores y dándose
palmaditas en la boca a modo de ostentoso bostezo de aburrimiento.

Aparté rápido la vista de aquel espectáculo, subí a toda prisa al montículo y empecé a lanzarle descontroladamente a Banks muy cerca,
como si por la mera acumulación de tiros pudiera conseguir uno que
él intentara batear. De vez en cuando las pelotas de foul se elevaban
lentamente a las gradas y por el rabillo del ojo vislumbraba cómo

se levantaba la gente de aquella zona, con los brazos extendidos, y la pelota caía dentro, tragada como un guijarro arrojado a un trigal. Después del partido pregunté a Bob Silvers, mi estadístico, cómo habían reaccionado los espectadores durante los momentos de apuros con Banks, y me dijo que se lo habían tomado con mucha calma, con más calma, desde luego, que con la que la febril actividad sobre el montículo sugería que estaba tomándomelo yo. Apuntó la siguiente conversación entre dos hombres sentados al sol en mangas de camisa, uno de ellos con un sombrero de paja:

—Oye, ¿quién es ese tío?

—¿Qué tío?

—El lanzador.

—Ni idea. Un tal Prufrock.

—¿Qué?

—¡Prufrock!

—¿Quién narices es Prufrock?

—Qué sé yo.

Cada frase fue seguida de una larga pausa, mientras bebían cerveza de los grandes vasos de papel, con la mente apenas al ralentí bajo aquel maravilloso sol de octubre.

Por fin, en el vigésimo tercer lanzamiento, Banks conectó un fly alto hacia el exterior central-derecho en dirección a Mickey Mantle, que no estaba tan ocupado bostezando para no ver que la pelota trazaba un arco hacia él, y sobre el montículo vi que iba a cogerla, y di un gran suspiro de alivio estremeciéndome al pensar que ya no tendría que mirar en el cajón y ver a Banks allí con aquellos calcetines azules de rayas rojas bien subidos en las piernas, con la cabeza pequeña inclinada sobre el plato, la sonrisa forzada... Y cuando se acercó después del partido y bromeamos sobre aquello le dije que una de las impresiones que perdurarían de aquella tarde sería el alivio que sentí al observar cómo caminaba penosamente de vuelta al banquillo, arrastrando el bate como si se hubiera vuelto pesado durante la larga permanencia en el plato.

Frank Thomas siguió a Ernie Banks en el cajón del bateador. Entonces jugaba en los Pittsburgh Pirates. Fue el único bateador

al que me enfrenté en aparecer imponente sobre el plato. A pesar
de la cara grande, fea y amable sobre la que estaba encaramado el
casco de plástico azul como un gorro de cumpleaños de papel, el
tamaño de Thomas le confería un aspecto peligroso. Adoptaba una
postura erguida para batear, con lo cual era más fácil lanzarle a él
que a Banks, pero el bate parecía pequeño y flexible en sus manos, y
cuando intentó batear sin lograrlo uno de mis primeros lanzamientos, me imaginé que había oído silbar el bate en el aire como una vara
de sauce. Por primera vez, el cajón del bateador daba la sensación de
estar muy cerca, y entendí por qué tantos lanzadores modifican el
acompañamiento del movimiento al lanzar, que los acerca al plato
casi dos metros, de forma que el guante pueda levantarse con un
movimiento rápido para proteger la cabeza en caso de que se produzca un batazo fuerte hacia el montículo. Nunca se sabe. En el año
1947 Rowe el Colegial le lanzó una pelota muy cerca a Stan Musial
y de vuelta le llegó la mitad superior del bate —que se había partido instantáneamente en dos— con la velocidad y la precisión de un
bumerán. El bate acabó impactando con fuerza en el codo de Rowe,
que este tenía levantado. Hasta a los bateadores les preocupa lisiar
al lanzador a esa distancia. Después de todo, una línea bateada con
fuerza recorre esos dieciocho metros y cuarenta y cuatro centímetros
en 0,2 segundos. Babe Ruth tenía pesadillas con una cosa así, y hay
una corriente de pensamiento según la cual el miedo a tumbar de un
pelotazo al lanzador fue la razón por la que cambió de estilo de bateo
(al principio, en la primera época, con los Baltimore Orioles, era un
bateador de líneas) y empezó a batear con todas sus fuerzas balanceándose hacia atrás sobre los talones de las delgadísimas piernas
para conseguir altura y distancia.

De acuerdo con mi estadístico en las gradas, fue el séptimo lanzamiento el que golpeó Thomas en un arco largo y elevado, muy parecido al de un *home run* de Babe Ruth, al fondo del nivel superior en el
exterior izquierdo. En la fase descendente de la trayectoria, la pelota
se curvó hacia dentro, y por encima del creciente rugido del público
oí cómo pegaba contra los listones de un asiento vacío. El nivel superior estaba vacío y pasó mucho tiempo antes de que un muchacho,

correteando y saltando por encima de las filas desocupadas como
una gamuza, encontrara y levantara en alto triunfante la pelota, cuya
blancura apenas era visible a esa distancia.

El batazo fue de unos ciento cincuenta metros, y cuando se hubo
apagado el rugido que había acompañado la trayectoria, se pudo oír
el zumbido del público a continuación.

Mi reacción, mientras estaba sobre el montículo, no fue de vergüenza, o de indignación. Quizá debió serlo, sobre todo después de
las dificultades que había tenido con Banks, pero de hecho mi reacción fue de asombro ante la potencia necesaria para impulsar una
pelota fuera de un estadio de las grandes ligas. Me costaba creer que
pudiera batearse una pelota tan lejos.

En realidad sentí cierto orgullo por aquel *home run*. Siempre que
regreso al Yankee Stadium alzo la vista automáticamente hacia el
sector donde golpeó la pelota, el treinta y cuatro, y recuerdo entonces que no me sentí ridículo, sino que experimenté un poderoso sentimiento de identificación con la proeza de Thomas, como si fuera
su compañero en vez de su contrincante y nos hubiéramos confa-
bulado para concertar lo que había sucedido. Era como si hubiera
dado media vuelta para observar cómo subía la pelota tan lejos hacia
el nivel superior y hubiera gritado: «¡Mirad, mirad lo que he contribuido a fraguar!».

Gil Hodges era el siguiente bateador. Recuerdo varias cosas sobre
su prolongada ocupación del plato. Desde el principio mismo cuando
entró en el cajón del bateador, se remangó los pantalones de béisbol
y luego alargó una mano y pulió la parte gruesa del bate mientras
se colocaba, y volvió a tirar de aquellos pantalones como si estuviera a punto de adentrarse en un estanque poco profundo. Hodges
tiene unas manos enormes que adviertes cuando está en el plato.
Extendidas miden más de treinta centímetros, y Reese el Canica, su
capitán, decía de él, en relación con aquellas grandes manos, que al
principio solo usaba el guante para fildear en la primera base porque
era elegante. Lo llaman Luna, y recuerdo su aspecto, la cara algo
rolliza y agradable debajo del casco azul, y el ribete azul del uniforme
de Los Angeles Dodgers, y recuerdo la línea con la que anotó un sen-

cillo, lo fácil y calculado que fue el swing, la fuerza con que bateó esa pelota... pero sobre todo recuerdo otra cosa.

Fue mientras estuvo Hodges en el plato cuando la voz interior, que al principio había farfullado de forma inaudible, y con calma, empezó a descontrolarse. En el montículo del lanzador uno no era consciente del murmullo del público, ni de los ánimos que recibía de los jugadores del cuadro. Lo que recordabas era esa voz que no paraba de parlotear dentro de la cabeza, consolando, animando, aconsejando. Yo era plenamente consciente de esta separación del cuerpo y la mente: la mente parecía estar situada en una especie de cabina de observación a gran altura sobre el yo físico, que, torpe y poco preparado en aquel entorno inusual, adoptó el aspecto de una máquina poco fiable, un complejo mecanismo bípedo semejante a una grúa que lucía dos apéndices ensamblados, uno de los cuales, con un crujido oxidado de unas partes apenas utilizadas, debía lanzar con precisión un esferoide de piel de caballo a dieciocho metros y cuarenta y cuatro centímetros. Esa era la función de la maquinaria física, y a gran altura por encima, observando detenidamente abajo como un capataz escéptico, el yo mental brindaba comentarios constantes que reflejaban lo bien que estaba haciéndolo la máquina.

Esta condición dicotómica no tiene nada de extraordinario. Tommy Byrne fue un tipo alto y encorvado que trabajó duro para los Yankees a principios de los cincuenta. A veces se le podía oír por todo el estadio, no tanto hablando consigo mismo como brindando comentarios sobre la marcha general de los partidos a quien estuviera lo suficiente cerca para oírlos: los jugadores del cuadro, el bateador, el público. A menudo, si un bateador escuchaba con atención, oía decir a Byrne: «Socio, te va a tirar una curva». Y a veces se la lanzaban y a veces, no. Los jugadores de béisbol tenían un gran apodo para Byrne. El Locutor, le llamaban, y Casey Stengel, cuya famosa forma de hablar siempre da la impresión de ser una extensión del subconsciente, tenía tal aprecio por él que lo mantuvo mucho más tiempo del que merecía su talento. Hay otros: Ed Plank, el gran procrastinador, que no paraba de moverse y empleaba tanto tiempo mirando el plato que al bateador empezaban a llorarle los ojos esperando a que se produjera el lanzamiento, que antes de empezar el movimiento hundía aún más al bateador refiriéndose a él de manera audible: «Tranquilo, amigo. Ni un hit. Uno fuera, quedan dos. Nadie batea ningún hit». Más recientemente, Jim Brosnan, el lanzador de relevo con gafas que denomina la voz interior el Grito Silencioso en su fantástico libro *The Long Season*, alguna que otra vez ha estallado verbalmente: dicen que farfulló «*ils ne passeront pas*» a un sorprendido bateador.

Mi voz se ceñía al inglés. No tenía forma. Se limitaba a charlar desde el limbo tan normalmente como podía habidas las circunstancias. Durante los primeros instantes sobre el montículo del lanzador, mientras Richie Ashburn se colocaba en el plato, estuvo ocupada con la recomendación general de «relajarse y tomárselo con calma». Pero sin embargo notabas la hipocresía... la histeria que acechaba cerca en la aspereza de la voz, como una hiena más allá de la luz de la lumbre, y la boca estaba muy seca.

Después del asombroso éxito con Richie Ashburn y Willie Mays, una vez cogidos en el cuadro los flies de ambos, la voz se volvió casi incontrolable del deleite. Disfrutando de la máquina que observaba, le gritaba «¡queay, *bébé*[1]!» y «¡vaya, chaval!», y también me rebotaban dentro de la cabeza exclamaciones tan extrañas y efusivas como «¡garay!» y «Tios anto!», y cuando la sonrisa intentaba desplegarse por la cara era en reacción a aquella estrecha armonía entre el cuerpo y el espíritu.

Tan buen resultado dio la máquina la primera parte de su funcionamiento que durante un rato la voz interior apenas advirtió que a partir de entonces el rendimiento comenzó a resentirse. Después del desastre de la curva lanzada a Frank Robinson, a gran altura sobre su cabeza y casi por encima de la malla de detrás del home, y del posterior doble de línea, la voz interior permaneció alegre y segura de sí misma, soltando con voz resonante frases a un lado y a otro dentro del cráneo con el entusiasmo de una conversación al final de la tarde en el vestuario de un club de golf. «Vas *mu* bien, ¿oyes? *Mu* bien», decía, por misteriosas razones particulares con una entonación

---

1. Entiéndase «*baby*», o sea «chico». [*N. del T.*]

sureña. Fue durante la prolongada presencia de Ernie Banks en el plato cuando el tono de la voz se volvió algo más agudo y dominado por el pánico. Con todo, permaneció bajo control. Brindó consejos: «*Stás* empujando la pelota, chico», decía. «No empujes así la pelota, todo como rígido. Despacito y buena letra, chico.» Y luego bastante a menudo durante el *windup* decía: «Bueno, senior Banks, vausté a intentar batiar esta pelota, ¿moye? ¿Vale? Ayestá, venga, chico, intenta batiar, INTENTA BATIAR... Madredelamor hermoso, ¿po qué le pasa, senior Banks, es que no la ve?», esto último con un gemido agudo mientras Elston Howard recuperaba la pelota de la tierra, donde la había bloqueado, y me la devolvía como un rayo.

Fue durante la ocupación del plato por parte de Banks cuando la voz interior se negó a permanecer contenida dentro de la cabeza. Los labios empezaron a moverse y la voz farfullada se volvió cada vez más audible sobre aquella solitaria colina, gimiendo y chillando como el agitado aliento de un sabueso agotado.

«Mía eso dallá», dijo con un grito ahogado cuando Banks se había marchado por fin y el largo *home run* de Frank Thomas se dirigía a toda velocidad hacia las profundidades del anfiteatro superior. «¡Madredediós!»

Sin embargo, todavía no era una voz forzada de desánimo, ni siquiera tensa después de aquel tremendo batazo. Estaba evaluando la situación, y aunque había temor en el tono y dificultad al respirar, junto con aquella extraña entonación de paleto sureño, era una voz firme, y habría sido difícil adivinar que en unos cuatro minutos esa misma voz se quebraría completamente por la presión.

Lo que provocó que se quebrara fue una sucesión de siete bolas que lancé a Gil Hodges antes de que bateara tres pelotas de foul seguidas y luego el sencillo, sin que ninguno de aquellos primeros lanzamientos se acercara lo suficiente al plato para que moviera el bate del hombro. Al principio la voz brindaba los acostumbrados consejos para no empujar la pelota y tomarse las cosas con calma; enseguida se exasperó —«Oye, venga, céntrate, hombre»— como un granjero irascible que adiestrara a un cachorro para que le obedeciera. Luego, finalmente, mientras el control seguía decayendo, el pánico la invadió rápidamente, como el bulto de un merodeador que de repente ocupa una entrada, y entró y ahogó la voz de forma que solo salía un chillido débil y agudo.

Y luego ocurrió una cosa curiosa. ¡Se volvió traidora! Se convirtió en derrotista conmigo. Se escapó y salió corriendo, desentendiéndose de todo aquel lamentable asunto. Pero no me abandonó por completo. Mucho peor, se dedicó a brincar allá por los alrededores, burlándose y rechiflando. «¡Gordo atontado!», gritaba, sin que le importara que el objeto de sus pullas fuera delgado como una astilla, y, con los chorros de sudor, cada vez más delgado. «Pobre gordo atontao, tas creído que vas a lanzar ahí to gordo y to espabilao, ¿eh? Pos te va cir una cosita. Tú lanzar no lanzas nun pimiento, ¿moyes? Miá ver. Miá ver si pones la pelota encimal plato.»

Así que yo miraba a ver, y cuando la pelota no alcanzaba la zona de strike bajo la atenta mirada de Hodges, la voz reía estridentemente con regocijo. «Ahí tiés. ¡Madredediós! ¿Ves la pelota rodando por tierra? Señás y señores, fíjense ustés cómo ha caído ahí en la tierra. ¡Ja ja ja!», se carcajeaba impetuosamente en la cabeza. «Ja ja ja.»

Mi estadístico tiene algunas notas más sobre aquellos dos hombres que estaban sentados delante de él. Uno de ellos se había colocado un pañuelo blanco en el cuello para protegerse del sol. Estaban sentados tranquilos, meciendo lentamente la cerveza en los grandes vasos de papel cuando dijeron lo siguiente:

—¿Notas el sol, eh? Veranillo san Martín.

—Ajá.

—Oye, ¿sabes qué? No conozco a ningún Prufrock. ¿Seguro que ese lanzador se llama Prufrock?

—Así han dicho por megafonía, Prufrock.

—Hay uno en la liga que llaman Marv Blaylock, o había, y luego está Ike Delock de los Red Sox, un lanzador, ¿sabes?, pero colega, ese deaí no se parece al bueno de Ike, ¿saes lo que te digo?

Bebieron sorbos de las cervezas y al cabo el del pañuelo alrededor del cuello se inclinó hacia delante y miró el campo a lo lejos entrecerrando los ojos.

—Oye, ¿sabes qué?

—¿Qué?

—Te voy a decir una cosa de ese que está lanzando ahí. Es el lanzador más blanco que he visto. Mira qué cara tiene, brilla como una bombilla de seiscientos vatios. ¿Has visto una cosa igual?

—Sí, y que lo digas...

—Oyes, ¿y sabes qué?

—¿Qué?

—Dime una cosa. ¿A quién le está hablando? Está ahí hablando sin parar. Creo que le ha afectado el sol, o algo así.

—Tienes razón, sí. Mira esos extraños espasmos al lanzar. Se le ve bastante alterado.

Era verdad. La desintegración física había comenzado mientras Hodges estaba en el plato y se incrementó rápidamente. Durante veinte minutos había estado malgastando los lanzamientos, tirándoselos muy cerca, porque pensaba que si paraba e intentaba guiar la pelota a través del plato, perdería el control del todo. No había reservado energías, y para cuando Hodges se colocó en el plato, ya estaba agotado. Notaba cómo se filtraba el aturdimiento por el cuerpo como la bruma. Plenamente consciente del yo físico, me imaginaba que podía ver incluso aquel motor forzándose y ahogándose: el corazón retumbando en la caja torácica como una bomba con demasiado trabajo, los pulmones hinchándose y deshinchándose mientras lanzaban, silbando, densos chorros de aire caliente que ascendían por el largo hueco del cuello, y debajo, el estómago revolviéndose y moviéndose y preguntándose, fastidiado, por qué aquel día no se le había mandado el desayuno, ni de hecho tampoco la comida. Entonces todo aquel edificio oscilante se inclinaba y se balanceaba en un lanzamiento, los músculos retorciéndose y crujiendo, allá iba la pelota, y luego, cuando todo acababa en una pausa de estremecimientos y resuellos al final del acompañamiento, por los largos y estrechos corredores y huecos entre los tensos tendones iba bajando aquella voz interior burlona mía: «¡Chalado! ¡Gordo idiota chalado! ¿OTRA VEZ la has mandao fuera del plato?».

Cuando por fin lancé bien la pelota y Hodges bateó la línea, me entraron ganas de tumbarme. Mi interés por el desarrollo del juego

se vio considerablemente afectado por aquel mareo que estaba
entrándome, con un zumbido agudo como el de un bicho minúsculo gimiente atrapado en los confines de la oreja. Cuando Mickey
Mantle en el exterior central lanzó con fuerza la pelota hacia el cuadro, yo estaba inclinado hacia delante, resoplando con fuerza e intentando desembarazar la cabeza de sus sonidos y brumas. Notaba el
sol de octubre oprimiéndome el cuello. Cuando levanté la vista, Stan
Lopata, el receptor de los Phillies, estaba acomodándose en el cajón
del bateador. Lopata adopta una postura muy curiosa en el plato
mientras espera el lanzamiento. Se encorva hacia delante como si
de repente le hubiera entrado un retortijón en el estómago. Como
es lógico, dicha postura disminuye bastante la zona de strike, a pesar
de que es un hombre grande. Bajé la vista consternado. De hecho, la
voz, que seguía mofándose desde la barrera, hizo un comentario desenfadado sobre Lopata y me reí sin querer. «¡Madredediós!», dijo. «En
qué tas metido ahora.»

Le lancé quince veces. Tenía la boca entreabierta por la fatiga, y
me arrastró la aturdidora desesperación que debe de apoderarse de
los lanzadores de cricket ingleses, que a menudo se ven obligados a
esforzarse en el mismo par de bateadores durante dos o tres horas,
a veces incluso más. Lopata y yo éramos una pareja inquebrantable,
unida por el cordón umbilical de mi falta de control y también por su
propensión a batear fouls. Hizo seis, arremetiendo como una cobra
con el cuerpo cargado atrás; en algunos, la pelota escapaba dando
grandes botes por abajo más allá de los cajones del guía; en otros, se
elevaba hasta las gradas.

Lancé a Lopata cuatro bolas rápidas, lejos del plato. Entonces
Elston Howard, mi sufrido receptor, adoptó un interés repentino,
casi patrimonial, por el desarrollo del juego. Creo que allí, en cuclillas detrás del home, había contado con los dedos y se había dado
cuenta de que si conseguíamos eliminar a Lopata, solo quedaba un
bateador, y entonces podría caminar despacio hacia la oscuridad del
banco, pensando en el ligero zumbido eléctrico del dispensador de
agua fría, en cómo sería aquel chorro de agua fría contra el paladar,
en cómo se dejaría caer en el banquillo; luego, alargaría inmediata-

mente las piernas y notaría cómo iban desapareciendo los calambres. Antes, se había mostrado tan reacio a entrar en ambiente que apenas había podido autoconvencerse para levantar la mascota a modo de blanco. Entonces empezó a levantarse después de cada lanzamiento y a devolver con fuerza la pelota, cada vez a mayor velocidad: muy rápido, intentando romper la racha de malos lanzamientos. Dirigía la pelota con una precisión que ridiculizaba mi control, con más fuerza que yo al lanzársela a él, y al final con tal velocidad a mi guante, mal acolchado, que sufrí una profunda contusión ósea que me dejó manchada la mano izquierda más de una semana. «Venga, chaval, ponla dentro», le oí gritar una vez, con el puño de la mano derecha cerrado y moviéndolo de arriba a abajo hacia mí como si a fuerza de voluntad pudiera conseguir que mis lanzamientos entraran en la zona de strike. Luego se agachaba y miraba con pesimismo hacia la grada, a menudo el banco de su equipo, pensando en el agua o a lo mejor para comprobar si cabía esperar alguna ayuda, y al final se preparaba y plantaba los pies en posición, y justo cuando empezabas el *windup* alzaba con un movimiento rápido la gran circunferencia cubierta de polvo de la mascota, como si levantara una diana en una barraca de tiro al blanco. Observabas la mascota con los ojos llorosos, concentrado en ella de tal forma que daba la impresión de llenar todo el campo de visión. Pero el lanzamiento siempre parecía perder fuerza, fallaba por cinco centímetros, a lo mejor por cincuenta —se te escapaba entonces un gemido— y luego tenías que enfrentarte a la angustia de la devolución de Howard, que golpeaba con la fuerza suficiente en el guante como para obligarte a tomar aire bruscamente.

De repente la voz interior irrumpió en mi conciencia. No había estado diciendo nada importante, solo las acostumbradas pullas, me seguía llamando «gordo idiota» y «chiflado agresivo», pero de lejos, apenas distinguible a veces del agudo gemido de aturdimiento que me zumbaba en los oídos. Pero entonces mi mano subió despacio y tocó la frente para descubrir que estaba tan húmeda y fría como la panza de una trucha. Fue una revelación que mandó la voz dando tumbos en un lamento de fatalidad de Casandra sureña paleta. «Madredediós», gritó, «que te cojun síncope. ¡La Virgen! ¡Que te cojun síncope!»

Acababa de coger la pelota de Howard, con una mueca de dolor
cuando golpeó el guante, y mientras notaba el retortijón de la náusea
y aquel penetrante eco de la revelación en el cerebro solté la pelota
de unos dedos que comenzaban a entrechocar suavemente de una
forma espectral, lo cual sugería que se habían unido a la sublevación
de la voz. Observé los dedos fascinado. Cuando me agaché a por
la pelota, la cabeza se despejó un poco, y recuperé el control de los
dedos. Pero entonces supe que solo era cuestión de tiempo, y no
demasiado, que aquel lamento profético resultara acertado. Y en la
cabeza me daba vueltas una alucinación aterradora: la lona marrón
de la camilla que había visto sujeta a la pared en el pasillo cerca del
banco, unas manos alargadas con brío para cogerla mientras fuera,
de repente, yo parecía suspendido sobre el campo, en el aire despe-
jado donde las palomas del estadio aprovechaban las rápidas corrientes con alas diédricas, y muy abajo veía el despojo físico de mí, abandonado ya por la mente y la vista, con los miembros agarrotados, con
espasmos, tambaleándose por el montículo en un intento de recobrar
la compostura para aquel horrible último lanzamiento. El público
ya estaba de pie, inclinado hacia delante. «¿Me estás diciendo que ese
tipo es Al Schacht? El príncipe payaso[2] del béisbol, ¿ese?... Bueno, no
sé qué le parecerá divertido a él, pero es que es espantoso, es horroroso lo que estamos viendo...» Charlaban entre ellos los camilleros
que esperaban en el pasillo, fumando cigarrillos, y mientras observá-
bamos cómo temblaba la figura grotesca al realizar el último *windup*,
con el brazo derecho moviéndose con la rigidez de una sirvienta
mayor al arrojar su bolsa de hacer punto a algo que se escabulle en
un rincón oscuro, la pelota se le soltó, agarrada sin fuerza, y botó
fuera del montículo, lenta, como una cría de conejo suelta, y detrás
de ella, al precipitarse hacia delante como para capturarla otra vez,
el cuerpo se tambaleó y empezó a desplomarse por partes: la cabeza
contorciéndose en la tierra, luego los hombros, y las rodillas tocán-
dose de forma que, con el cuerpo doblado en dos, como el de un

---

2. «*Clown prince*» en el original, que remite a «*crown prince*», «príncipe heredero». [*N. del T.*]

hombre que busca debajo de la cama un botón de cuello de camisa, solo el trasero permaneció en alto durante un desafiante momento cataléptico antes de ladearse y caer con un ruido sordo sobre la tierra. Observamos cómo los camilleros tiraban los cigarrillos y empezaban a subir los escalones de los bancos, donde los jugadores de béisbol se ponían de pie y se balanceaban de un lado a otro como pasajeros de tranvía chillando y gritando y riéndose entrecortadamente de la defunción del impostor: «Tío, ¿has visto a este tipo alto que se ha venido abajo ahí? ¡Jajajajaja!».

Tuve una visión fugaz y terrorífica de mi Apocalipsis, vívida como un relámpago, y entonces, esperando, sobre el montículo, con un sudor frío que sobresalía en unas gotas que se formaban en cuanto pasaba por ellas un dedo, intenté convencerme de que uno no se desmorona sobre el montículo del lanzador delante de veinte mil personas. Eso no se hace, y por lo tanto no podía pasar. Casey Stengel cuenta la historia de un *shortstop* novato que se desmayó en su debut cuando la primera pelota bateada salió dando botes hacia él. Pero aquello fue por culpa de los nervios —si uno se creía la historia—, no del agotamiento.

Pero yo sabía, allí de pie en esa calma momentánea de la autoevaluación, que la energía se me escurría como la harina de un saco de arpillera pinchado, y que pronto tropezaría y me caería como la figura de la visión.

Era inexorable. Por supuesto, pude haber abandonado el campo. Pero olvidarlo todo —parar, sin más— parecía demasiado complicado. ¿Qué podía pasar, entonces? No había nadie para terminar el trabajo. Por lo tanto, la Liga Americana no podría batear. ¿Qué iba a decir Mickey Mantle? ¿Cómo se repartirían los mil dólares? Cualquier cosa daba la impresión de ser infinitamente más complicada que quedarse. Así que me resigné a continuar, aunque ello conllevara caer desplomado, tan flácido y blanco sobre el montículo como una bolsa de resina enorme, mientras en el centro de la ciudad, en la sede de la revista, alguien que refunfuñaba a través de la gruesa maraña de un puro mordido decía a los redactores por teléfono que uno de sus periodistas había perdido el conocimiento en el montículo del lanzador y los encargados de mantenimiento del campo preguntaban qué tenían que hacer.

Quedaba una pequeña esperanza: si lograba aguantar a Lopata y a Bill Mazeroski, de los Pittsburgh Pirates, el último bateador de la Liga Nacional, a lo mejor tenía alguna posibilidad de jadear un poco al fresco en el banco mientras los equipos cambiaban de lado, de ponerme una toalla mojada alrededor de la nuca, y quizá de recobrar fuerzas para superar a Fox y a Mantle y a Kuenn y a todos los demás bateadores de la Liga Americana. Era una esperanza vana, y no una que entusiasmara. En cuanto comencé a lanzar de nuevo a Lopata, el peso de haber lanzado con fuerza durante los veinte minutos anteriores —por entonces había hecho casi setenta lanzamientos— me oprimió tanto como un calor tropical sofocante... El campo parecía tan ilimitado bajo aquel sol abrasador como un desierto, al no dejar de extenderse por todas partes, irreal, y los jugadores parecían rígidos y lejanos como obeliscos en un paisaje surrealista. El quejido aumentó en los oídos, la náusea se agravó rapidísimo, las rodillas se volvieron de goma, tan temblorosas que la estabilidad del desierto se vio alterada y el propio suelo empezó entonces a ondularse suave y densamente, como una ciénaga, y a veces el movimiento se volvía impetuoso y el montículo del lanzador se encogía debajo de mí, de forma que me tambaleaba sobre la cima, sobre el cono de un inmenso hormiguero cuyas faldas palpitaban con aquel zumbido de insecto; otras veces el aspecto físico se invertía, y me veía al fondo de un lóbrego hoyo —el aire era denso y húmedo— y me retorcía y me enroscaba y lanzaba hacia arriba por los largos costados de aquella hondonada una pelota de béisbol tan pesada y maleable como un mango maduro, hacia Lopata, encaramado en aquel lejano borde, tan implacable como una Esfinge en cuclillas.

No recuerdo que Lopata quedara eliminado con un *rolling*, pero así fue, finalmente: conectó un potente roletazo que salió botando hacia la posición del *shortstop* donde —según mi estadístico— Billy Martin primero dio un saltito sobresaltado, como si le hubiera sorprendido oír el golpe del bateo, y luego fue a por la pelota apoyándose en unas piernas que parecían «agarrotadas por el desuso», como dijo mi amigo estadístico (después de todo, había estado de pie en su posición durante un tiempo) y la cogió no sin dificultad enseguida. No recuerdo nada de aquello.

Tampoco recuerdo a Bill Mazeroski. Solo sé que le lancé aquella tarde porque mi estadístico escribió en sus notas «Mazeroski en el plato... coge:» y luego cuatro trazos hacia abajo seguidos con el lápiz para señalar que el bateador estuvo de pie con el bate sobre el hombro y observó cómo pasaban o bien cuatro o bien mil ciento once bolas.

Estando Mazeroski en el plato apareció de repente Ralph Houk, el guía de los Yankees, un tipo duro y seguro de sí mismo que masca tabaco al que los jugadores llaman el Comandante por el rango que tuvo en las tropas de asalto durante la guerra, y que ahora es el sustituto de Casey Stengel como entrenador de los Yankees. Me di cuenta cuando noté un movimiento en la línea de foul de la primera base y me di la vuelta para ver cómo venía hacia mí. Lo fulminé con la mirada. Sin que me importara la fama que tenía, cuando salió por la línea de la base lo observé como si fuera un intruso. Avanzó a paso lento, despreocupado, con la vista apartada hacia el exterior, luego miró hacia abajo, delante de los pies, pero en ningún momento me miró. Aparentemente andaba sin ningún propósito en mente —solo era un hombre que atravesaba tranquilamente el cuadro—, pero luego entró dentro del círculo de tierra del montículo del lanzador, subió con las piernas rígidas hacia mí y alargó una mano para que le diera la pelota.

A lo mejor pensó que me aliviaría verlo. No creo que esperara la beligerancia que centelleaba en aquella pálida cara. Cambió de lado el taco de tabaco para hablar, y vi que torcía la boca con una sonrisa burlona. Después me dijo que en sus tiempos había relevado a muchos lanzadores (había sido entrenador del equipo de Denver en la Asociación Americana), pero que nunca había visto a nadie así, era como... bueno... Y meneando la cabeza dejó la frase sin acabar, como si aquello fuera indescriptible.

—¿Tayúo?

—¿Qué? —le grité.

—¿Te ayudo un poco, o qué? —Le clavé lo ojos con furia—. Chico,

te veo un poco agotado —dijo con paciencia—. ¿No quieres un poco
de ayuda? —Mantuvo la mano alargada para que le diera la pelota.
—No, no, no —dije, y me salió una voz ronca—. Voa terminar. Voa
lanzar un poquillo más. —Pero Houk no se volvió hacia el banco.
Sonrió, esta vez de oreja a oreja, y mantuvo la mano alargada.

Como a muchos lanzadores, no me hacía ninguna gracia que me
quitaran, a pesar de que estaba tan débil como un convaleciente. Es
curioso que, independientemente de lo despiadados que estén siendo
los adversarios con el lanzador, este suele volverse tozudo cuando
el entrenador llega al montículo. En casos extremos reacciona a la
humillación de ser relevado tirando la pelota hecho una furia. Walter
Beck, de los Dodgers de Los Ángeles, una vez en Filadelfia volvió la
espalda al entrenador, y en vez de entregar la pelota, hizo el *windup* y
golpeó con ella el cartel de Lifebuoy, a una distancia larguísima desde
el montículo en el viejo Baker Field. Early Wynn, de los Chicago
White Sox, optó por tirarle la pelota al estómago de su entrenador,
Al López, que había salido a relevarlo, con tal precisión y fuerza que,
según la leyenda, López regresó a trompicones al banco murmurando que su lanzador estrella había demostrado que no merecía que
le sustituyeran.

Houk no tuvo ese tipo de problemas conmigo. Dije «no, no» unas
cuantas veces más, pero al final di un paso adelante, dejé caer la
pelota en su mano y abandoné el montículo a trompicones.

Caminé despacio hacia el banco de la primera base. La mayoría
de los jugadores del banco estaba de pie, observando cómo entraba,
y muchos sonreían burlonamente. Justo cuando alcancé la línea
de la base, detrás de mí Ralph Houk hizo un único lanzamiento a
Mazeroski, que, en una especie de ironía final, bateó alto y flojo a
Bob Cerv, en el exterior izquierdo. Al estar de espaldas al diamante
no vi cómo cogía la pelota, pero cuando lo hizo, los jugadores fueron
corriendo hacia el banco, pasando en tropel junto a mí sin decir nada,
y bajaron las escaleras apoyándose en las manos, la mayoría de ellos
hacia el dispensador de agua fría. Me dejó perplejo aquella avalancha
de movimiento que me pasó por delante. No supe qué estaba ocurriendo hasta que Billy Martin se puso a andar despacio a mi lado.

—Ya está, tío —dijo sonriendo de oreja a oreja—. Hemos terminado.

—Sí —dije con voz débil, y fui al banco con él, donde me di la
vuelta y me dejé caer.

El fotógrafo de *Sports Illustrated* al que le asignaron la noticia se
inclinó dentro del banco e hizo una fotografía en ese momento: en
ella se ve a Whitey Ford, el lanzador de los Yankees, con una sonrisa burlona y observando la figura sentada a su lado, manifiesta-
mente en alguna fase de shock: la boca entreabierta, los ojos fijos,
el propio cuerpo flácido y dislocado como si hubieran arrojado al
banco una bolsa llena a medias. Algunos meses después, un coronel
inglés mayor vio aquella fotografía y dijo que la cara le recordaba
el aire anonadado de un gaitero que había sobrevivido a la ofensiva
británica de Passchendaele en 1917. Otra persona, más falta de referencia donde apoyarse pero sobrada de imaginación, dijo no, era
la cara de un hombre que ve que su mujer se inclina fuera del sofá
durante las copas y de forma inexplicable agarrota el gato de la familia con un trozo de cuerda. En cualquier caso, tenía un aire sombrío, y
recuerdo a Ford y a Martin, que se acercaron y se apretujaron contra
mí, riendo mientras estaba sentado entre ellos.

—¿Sabes qué? —dijo Ford—. Hemos hecho apuestas aquí en el
banco a ver cuándo te ibas a desplomar.

—¿En serio? —dije con voz débil.

—Sí. Ha sudado de lo lindo ahí fuera, ¿verdad, Billy? Le salía el
sudor como si fuera serrín. —Se inclinó hacia el otro lado esperando
la corroboración y el comentario de Martin. Ya estaba sonriendo burlonamente de antemano.

—¿Serrín? Eso era sangre, amigo. Ha sido la primera vez —dijo
Martin— que he pensado que al ir corriendo a una reunión en el
montículo iba a descubrir que era un funeral. —Él y Ford se inclinaron fuera del banco, se rieron a mandíbula batiente y llamaron
la atención a lo largo del banco. Quisieron saber qué había dicho
Martin, así que lo repitió, y por toda la línea de foul se pusieron a
mirarme y a reírse. Formularon las preguntas: «¿Qué, chico, qué
ta parecido? ¿Ta gustao estar ahí fuera? Es bastante duro, ¿eh?». Me

tomaban el pelo de una forma simpática, pero se los veía satisfechos
por el hecho de que su profesión me hubiera maltratado de aquella
manera.

—Es laediós —dije.

—¿Qué ha dicho? —preguntó alguien en voz alta.

—Laediós, ahí fuera —repetí.

No vi a nadie en el vestuario. Me quité la equipación de béisbol despacio y me quedé sentado durante un buen rato observando los
dedos de los pies desnudos, subiéndolos y bajándolos, sin pensar
en nada, intentando mantener la mente en blanco, porque cuando
recordabas lo que había pasado solo unos minutos antes la agitación
volvía a recorrerte nerviosamente el cuerpo. Al final me levanté de
golpe, fui a la ducha y me puse debajo de una boquilla que funcionaba mal, a maliciosas ráfagas. En las jaboneras metálicas había un
jabón de un rosa asombroso. El agua salía fría. El preparador físico
me dijo después que no había esperado que hubiera nadie en las
duchas tan pronto; después de todo, ¿a cuántos lanzadores mandaban a las duchas antes de que hubiera empezado el partido? Pero el
agua fría era agradable. Debajo de ella, disfrutando, me acordé de
Bruce Pearson, el receptor que apenas sabe expresarse de *Bang the
Drum Slowly* —la gran novela de béisbol de Mark Harris, que nuestra
generación consideraba mucho mejor que el artificio epistolar de
Ring Lardner, *You Know Me, Al*—, y pensé en Pearson haciendo con-
jeturas por pasar el rato con los compañeros de equipo acerca de los
mejores momentos del béisbol... Cómo incluso batear una pelota de
foul formaba parte de ellos, levantar la vista y ver lo alto que la has
mandado, y cómo lo mejor de todo quizá era entrar apestando de
sudor, arrancarse el uniforme, meterse debajo de la ducha y pensar
en comer. Me pasó por la mente todo eso porque por primera vez
en todo el día de repente tuve hambre. Roy Campanella dijo una vez
que tenías que tener mucho de niño pequeño para ganarte la vida
jugando al béisbol. Y así era como, cuando lo recordabas, venían a la
mente las sensaciones simples y básicas, por ejemplo tener hambre
cuando había terminado todo, y el agua de la ducha en los brazos,

y antes de eso, en el campo, el calor del sol, y el olor del cuero, y el aceite de pata de buey que exudaba de la bolsa del guante con el calor, y el frescor de la hierba y la tierra cuando la sombra caía a través de ellas al final de la tarde, y los sonidos penetrantes del corcho de los bates que entrechocaban, y el olor fragante de la hierba arrancada por los *spikes*. Todos ellos aderezos del objetivo, desde luego, que era el partido en sí, y ganar, por supuesto. Pero, con todo, eran una parte tan importante del béisbol, junto con los demás sonidos, y el resto de cosas que veías y sentías, que al final el evento en sí se veía eclipsado: el partido y las proezas y el marcador se convertían en mera estadística, y lo que recordabas eran los mismos apremios por los que en su día tú y los demás os quedabais durante las largas noches de verano hasta que salían las luciérnagas y las luces de la calle brillaban con una luz tenue a través del pálido dorso plateado de las hojas, y andabas a tientas al borde de la madreselva y lanzabas aquel último fly alto para que alguien lo cogiera y esperabas que lo vieran contra aquel cielo profundo, y el hecho de que tu equipo, en las horas más luminosas de la tarde, hubiera perdido veinticuatro a seis y de que tu hermana hubiera cometido ocho errores en el exterior derecho no era importante. Los desastres no eran gran cosa. Debajo de la ducha, me vi pensando no en el suplicio tembloroso de los últimos minutos en el montículo, sino en aquellos dos batazos de fly altos de Ashburn y Mays, en cómo subieron a aquel cielo claro, y en cómo sabías que eran inofensivos y que los cogerían. Podías ser un excelente lanzador como Hal Kelleher de los Phillies y sufrir la humillación de permitir doce carreras en una entrada —como hizo en 1938— y, desolado, dar patadas al guante por el vestuario mientras el preparador físico se quedaba en un rincón fingiendo doblar toallas... y sin embargo aquella alarmante estadística no era lo que iba a recordar Kelleher del béisbol. Lo que iba a recordar era lo que hacía que le envidiaras, a él y a todos los que fueron buenos antes y después de él, y te preguntabas cómo podían aceptar retirarse cuando las piernas les fallaban. Por supuesto, hubo unos cuantos que no estuvieron tan convencidos. En 1918, un novato llamado Harry Heitman salió al campo para debutar en una liga mayor con los Brooklyn Dodgers, concedió de

manera consecutiva un sencillo, un triple y un sencillo... lo mandaron
al banco, se fue al vestuario, se duchó, abandonó el estadio de béisbol
en dirección a una oficina de reclutamiento y se alistó en la marina de
los Estados Unidos. Al carajo, dijo.

Pero cuando me puse la ropa de calle lamenté meter la equipación
de béisbol en la bolsa. Me vi mirando alrededor del vestuario detenidamente para poder recordarlo, no tanto para escribir sobre él como
para convencerme de que había estado allí. Me fijé en las cajas rojas
que seguían encima de la mesa, llenas de pelotas que los jugadores
habían estado firmando antes, y me acerqué y bajé la cabeza para
observarlas. Noté un impulso irresistible de firmar una, quizá solo
con una inicial garabateada. Empecé a buscar un bolígrafo. Pensé
que la tarde estaba tocando a su fin y que había que conmemorarla,
aunque fuera con aquel triste grafiti, grabando un nombre para que
hubiera una prueba, por muy insignificante que fuera, de aquel día.
Me pareció muy importante. Pero la puerta del vestuario se abrió.
Entraron algunos jugadores, y no pudo ser.

BOXEO

Después de la experiencia con el béisbol, los redactores de Sports Illustrated sugirieron que quizá estaría bien hacer lo mismo con el boxeo. Escribí una educada carta a Archie Moore, el campeón del mundo del peso semipesado, conocido en el mundillo como «la Mangosta». Lo hice a pesar de algunos datos inquietantes que constaban en los libros de los récords, a saber, que había noqueado a más rivales que nadie en la historia de este deporte (ciento cuarenta y seis almas), empezando por un hombre llamado Jones el Cargador de Pianos. ¿Por qué iba a subir al cuadrilátero para pelear contra alguien que había derrotado a un hombre con un nombre tan imponente? La respuesta es que uno se compromete muy pronto. Uno le dice al director sí, claro que saltaré de un avión, escalaré el K-2, pelearé contra el campeón del peso semipesado o lo que sea, y después de decir eso al director uno tiene que estar a la altura de la promesa. Luego el asunto se hace público. En un cóctel, hablando con una guapa joven muy afablemente, uno dice, sí, estoy preparándome para luchar contra fulano, el campeón; ella abre bien los ojos. Me he preparado. He dejado de fumar. He corrido alrededor del embalse de Central Park. He entrenado en una pista de squash en el Yale Club. Inexorablemente, como en una escalera mecánica, me vi arrastrado hasta el día del compromiso.

El combate, o la exhibición, o lo que la gente después llamó «aquella vez que tú...» tuvo lugar en el viejo Stillman's Gym, un conocido local de boxeadores desvencijado de la Octava Avenida, justo debajo de Columbus Circle. Unas escaleras oscuras subían a una lúgubre sala abovedada, bastante parecida a la bodega de un antiguo galeón. Uno oía el sonido antes de que los ojos se aclimataran: el *plas plas* de los que saltaban a la cuerda, el ruido sordo del cuero contra los sacos grandes y pesados cuyas cadenas chirriaban con el balanceo, el traqueteo de las peras de boxeo, los sonidos apagados de las zapatillas sobre la lona de los cuadriláteros (había dos), el resuello de los púgiles que exhalaban por la nariz, y, cada tres minutos, el ruido metálico agudo de la campana. El ambiente era el de un hediondo campamento de vagabundos al anochecer. Cuando Gene Tunney entrenaba en Stillman's quiso abrir las ventanas, tan encostradas que costaba distinguirlas en la pared.

—Vamos a airear un poco todo esto —había dicho, y todo el mundo le había mirado con cara de asombro.

Johnny Dundee, el campeón del peso pluma de aquella época, hizo un comentario que luego fue muy repetido:

—¿Aire fresco? ¡Eso puede matarnos!

El dueño era el mismo Lou Stillman. En realidad se llamaba Lou Ingber, pero llevaba tanto tiempo dirigiendo el Stillman's —abierto originalmente por un par de filántropos millonarios como una organización benéfica para sacar a los chicos de la calle— que acabó con el apellido del gimnasio que él hizo famoso. Veía su local de la siguiente manera: «A esta gente, cuanto más mugriento, más le gusta. A lo mejor así se sienten más en casa». Esto lo declaró con la que Budd Schulberg calificó en cierta ocasión de «voz de triturador de basura». Estaba sentado con la espalda recta en un taburete alto debajo del contador automático que hacía sonar la campana.

Le recuerdo porque se inclinó hacia delante desde el taburete y lanzó una sucesión de diminutos salivazos —digamos del tamaño de un balín de escopeta de aire comprimido— y aunque había carteles clavados por todas partes donde ponía NO TIRAR BASURA O ESCUPIR AL SUELO BAJO PENA DE LA LEY, el propio Stillman expectoraba casi a cada suspiro. A lo mejor pensaba que él quedaba exonerado por el tamaño infinitesimal de sus ofrendas.

Había ido hasta allí para preguntarle si podíamos disponer del local una hora o así; le hablé de Archie Moore y lo que queríamos hacer. *Sports Illustrated* le pagaría una pequeña suma por las molestias. No pareció sorprenderse mucho. A lo sumo levantó una ceja. Resultó que aprobaba casi cualquier cosa que rompiera el aburrimiento monótono de las sesiones de ejercicios, el interminable sonido metálico de la campana del juicio final cada tres minutos, el embotador golpeo de los sacos. En la lúgubre atmósfera de bodega de pasajeros de tercera tenían lugar más travesuras y bromas, quizá a modo de terapia, por así decir, de lo que uno habría esperado. Durante años el cabeza de turco de las bromas había sido un boxeador negro con cicatrices en la cara llamado Norfolk el Luchador, contratado por Stillman de masajista, que hasta tal punto se convirtió en el blanco de la broma de una cerilla en el calzado, o de un cubo de agua en la nuca, que iba por el gimnasio girándose, dándose la vuelta para asegurarse de que no estaba echándosele encima nadie por detrás. No le dejaban respirar. Cuando cogía el teléfono, estallaba una carga explosiva; una vez colocaron un esqueleto en la pequeña cabina de la parte posterior del gimnasio donde daba los masajes, y cuando lo vio allí, brillando en la luz tenue, pegó un grito y según decían se desmayó y se derrumbó contra el tabique de madera.

A lo mejor Stillman me consideraba alguien del estilo de Norfolk el Luchador. Accedió a cedernos el local, aunque me dijo lo serio que era el establecimiento que dirigía, y la gran molestia que iba a suponer suspender la actividad durante la hora o así de la exhibición. ¿No podía poner más guita *Sports Illustrated*? Le dije que vería lo que podía hacer. Y que, a decir verdad, aquello era lo que menos me preocupaba.

Cuando se acercó el día de la pelea, empecé a recibir mensajes en el correo. No sé quién los enviaba. La mayoría iban firmados con nombres de boxeadores, eran aforismos, escuetos, como es debido, y casi todos en un tono algo violento. Yo sospechaba de Peter Gimbel, mi sparring, pero él no lo admitía.

Uno de ellos decía: «Si te dan una paliza y ves a tres boxeadores a través de una niebla, ve a por el del medio. Eso es lo que me perdió: ir a por los otros dos». —MAX BAER

Otro, en reverso de una postal que tenía un gato sentado junto a un jarrón de rosas en el anverso, declaraba de manera sucinta: «Sal a boxear, él no puede hacernos daño». —LEO P. FLYNN, MÁNAGER DE BOXEO.

Otro contenía las curiosas palabras que murmuró Eddie Simms cuando Art Donovan, el árbitro, se acercó a su esquina para ver lo lúcido que estaba después de que lo tumbara Joe Louis en el combate de Cleveland: «Venga, vamos a pasear por el tejado. Necesito un poco de aire fresco».

Una mañana apareció el famoso comentario de Joe Louis sobre Billy Conn: «Sabe correr, pero no sabe esconderse». Y también la descripción que hizo James Braddock de cómo era un jab de Joe Louis: «Como si te metieran una bombilla en la cara y la reventaran».

Uno de los mensajes más largos era una parodia de un tipo de columna que de vez en cuando escribía Jimmy Cannon en el *New York Journal-American*, donde utilizaba la segunda persona para producir un efecto dramático y de proximidad. «Te llamas Joe Louis» —podía empezar una columna—. «Estás en el ocaso de tu carrera...» La que recibí rezaba lo siguiente: «Te llamas George Plimpton. Tienes una cita con Archie Moore. Tu cabeza es ahora una sala de conciertos donde no deja de sonar música china».

Alguna que otra vez alguien con más sentido práctico que el misterioso remitente de los mensajes llamaba por teléfono con algún consejo constructivo. Una de las sugerencias más extrañas fue que me valiera de los servicios de un hechicero llamado Finkel Mal de Ojo. Poseía lo que denominaba la «mirada de Slobodka», que, según alardeaba, fue lo que finalmente acabó con Adolf Hitler.

—Lo pensaré —dije.

—Mal de Ojo tiene un representante —me dijeron—. Se llama Farfulla Sobrio. Se puede contratar a los dos por un precio que va de los cincuenta dólares a los quinientos, dependiendo —es lo que pone en el folleto— de «la riqueza del empleador y la dificultad del trabajo».

Me pregunté en voz alta cuál sería la diferencia de precio entre salvarme el pellejo en la palestra contra Archie Moore y lo que había costado proteger las democracias occidentales del fascismo.

—No lo sé —me dijeron—. Pregúntaselo a Farfulla.

Al final, escogí a unos segundos más versados en letras que en el mal de ojo, o incluso en el boxeo: la clase de amigos que uno pondría a cargo de los asientos en una boda (o quizá, más apropiadamente, como señaló alguien, de portadores del féretro en un funeral), más que en un combate de boxeo en un gimnasio. Eran Peter Matthiessen, el novelista y explorador (apareció el día de la pelea y me dio la tibia de una liebre ártica a modo de talismán, la pata de conejo más grande que había visto); Tom Guinzburg, de Viking Press; Blair Fuller, el novelista; Bob Silvers, por entonces un redactor de *Harpers*; y, por supuesto, George Brown, mi entrenador, el único profesional entre nosotros, que naturalmente tenía contactos literarios por su amistad con Ernest Hemingway. Ninguno de ellos, a excepción de Brown, tenía nada que ver con aquello, esa era la verdad. Les pregunté si querrían almorzar conmigo el día del combate. Podrían tranquilizarme a lo largo del almuerzo y conseguir que comiera un poco. Podrían distraerme con historias divertidas.

La mañana de la pelea, para saborear las sensaciones que tiene un boxeador el día del enfrentamiento, me personé en la sede de la Comisión de Boxeo, justo encima del Madison Square Garden, para que me pesaran con el resto de los púgiles que tenían previsto combatir en varios programas aquella noche en la ciudad. John Conden, del Garden, que era el responsable, había dicho que se aseguraría de que me pesaran junto con todos los demás. La sala estaba abarrotada de boxeadores, mánager y más periodistas de lo habitual: un policía boxeador de Nueva Jersey llamado Dixon había suscitado bastante interés.

Me puse en la fila. Los boxeadores que tenían previsto pelear en el Garden aquella noche y se alojaban en hoteles de mala muerte de la zona venían preparados para desvestirse rápido, con abrigos encima de los calzoncillos. Uno o dos llevaban zapatos con los cordones ya desatados, así que lo único que tenían que hacer era quitarse el abrigo, sacar los pies de los zapatos y ponerlos en la báscula. El encargado de la báscula movía las pesas y anunciaba las cifras. Arrastramos los pies adelante. Yo llevaba el abrigo en un brazo. Iba con un traje de Brooks Brothers, un chaleco que me gustaba ponerme por entonces, una camisa con el cuello abotonado, una corbata a rayas de regimiento y un par de zapatos oscuros raspados encima de unos largos calcetines de media pierna.

Cuando estaba a ocho boxeadores de la báscula, empecé a desvestirme. Me quité la chaqueta del traje, la eché junto con el abrigo encima de una silla al pasar, y empecé a quitarme la corbata, tirando del nudo. Pero entonces vi a alguien que estaba observándome —uno de los periodistas, probablemente— y dándole golpes con el codo al hombre que tenía al lado para atraer su atención, y los dos me observaron, tan sorprendidos como si el mismo presidente de la Comisión de Boxeo hubiera decidido bajarse los pantalones. Ya era suficiente. No podía seguir con aquello. Los dedos se deslizaron de la corbata y puse los ojos en blanco mirando hacia el techo para sugerir lo sofocante que me parecía la sala.

No hablé a mis segundos en el almuerzo de la experiencia de aquella mañana en el despacho del presidente de la comisión. No era apropiado para el carácter del día detenerse en meteduras de pata de ninguna clase. Almorzamos en el Racquet Club. Mis amigos me observaban con una sonrisa extraña. Pedimos la comida de unas cartas rígidas de gran tamaño que hacían un crujido seco al abrirlas.

Encargué unos huevos benedictinos, un filete Diana y una compota con helado de chocolate. Alguien dijo que no era la clase de lugar, o de comida, que uno relacionaría con alguien que iba a enfrentarse al campeón del mundo del peso semipesado, pero yo dije que iba a tomarme aquello para tranquilizar los nervios. La elegancia del sitio, y de la comida, que llegaba a la mesa en fuentes de plata, me ayudaba a olvidar dónde iba a estar a las cinco aquella misma tarde.

Saqué la pata de conejo de Matthiessen.

—¿Cómo puedo perder con esto? —dije.

Hablamos de amuletos y yo dije que en la biblioteca que había siguiendo el pasillo había leído que cuando Tom Sharkey estaba preparándose para un combate contra Gus Ruhlin, Bob Fitzsimmons, el antiguo campeón del peso pesado, le mandó un par de pavos reales. A Sharkey le inquietó un tanto el regalo, porque dijo que había oído afirmar a una anciana irlandesa que el dueño de un pavo real nunca tenía buena suerte. Pero Fitzsimmons era tan buen amigo que Sharkey no quiso insultarle devolviéndole los pájaros. Así que se los quedó, pasaba al lado de sus plumas algo apresuradamente y, de hecho, cuando perdió el combate contra Ruhlin en el undécimo asalto, echó la culpa a los que denominó «pájaros de Jonás».

—¿Estás diciéndome que te sientes incómodo con esa pata de conejo? —preguntó Matthiessen.

Tenía la sensación de que, para empezar, le había costado dármela. Era una pata enorme, enorme de verdad, y probablemente era muy importante para él.

—A lo mejor podrías guardármela —dije.

—Más vale que te la quedes —contestó.

Durante el almuerzo no dejé de preguntarme qué estaría haciendo Archie Moore. Sabía que estaba en la ciudad, en algún lugar no lejos de allí. Me lo imaginaba acercándose, moviéndose físicamente hacia el lugar de nuestra confrontación, quizá a medio kilómetro en aquel momento, en algún restaurante, pidiendo un filete grande con miel encima para tener energía, mientras todo el mundo en el local estiraba el cuello para observarlo, esbozando sonrisas, porque un mes antes había ganado un combate increíble contra Yvon Durrelle, un

noqueador canadiense de origen francés, en el que se había levantado
de la lona cinco veces para terminar ganando, de forma que se oiría un
breve aplauso de entre las mesas cuando abandonara el restaurante;
entonces se dirigiría hacia la parte alta de la ciudad sintiéndose bien
con el mundo, la gente le saludaría con la cabeza en las avenidas, y
le sonreiría, y luego a lo mejor entraría en una tienda de la Quinta
Avenida para comprar un sombrero, y después quizá deambularía
junto al Plaza y entraría en el parque, donde puede que echara un vistazo al yak que hay allí en el zoológico. Entonces miraría el reloj. Eso
a lo mejor lo trastornaba. Perturbaba la serenidad del día. ¿Pero quién
era ese tipo? ¡Menuda cara! Aquel pelota que le había escrito una carta.
Así que la distancia se acortaría. Ya estaba cruzando la ciudad, después
subiendo las escaleras de Stillman's, a solo unos cientos de metros de
mí en la laberíntica oscuridad de los vestuarios, y luego finalmente en
el ring, a solo unos metros, viéndome por vez primera, mirándome
con aire inquisitivo, y a continuación, cuando me diera con el puño en
el estómago, ¡ya no habría ninguna distancia entre nosotros!

Después averigüé qué estaba haciendo en realidad. Mientras yo
almorzaba con mi séquito, él estaba sentado en un restaurante con
Peter Maas, un periodista amigo mío. Durante los postres Moore le
preguntó a Peter quién era yo, aquel tipo con el que había aceptado
disputar tres asaltos aquella tarde. Maas, que estaba al corriente de
los preparativos —le había invitado al Stillman's— no pudo resistirse:
se vio, un poco para su sorpresa, diciéndole a Moore que yo era «un
campeón de boxeo interuniversitario».

Después de soltar aquello, Peter empezó a entusiasmarse con el
tema.

—Es algo desgarbado, pero no te dejes engañar, Arch. Tiene un jab
de izquierda que pega, es rápido, y es muy capaz de noquearte con un
gancho de izquierda. Es un boxeador impresionante, y la cuestión es
que quiere ser el campeón del mundo del peso semipesado. Es muy
ambicioso. Y seguro de sí mismo. No ve por qué tiene que escalar con
esfuerzo por todos los combates preliminares de las ciudades pequeñas: cree que está listo ahora.

Moore arqueó las cejas al oír eso.

—Ha invitado a todos sus amigos —continuó Maas como si tal cosa—, a unos cuantos periodistas, a un par de tipos que van a estar esta noche en la cena del Premio McNeil de Boxeo —la verdadera razón por la que Moore había ido a la ciudad—, y delante de toda esa gente va a entrar contoneándose en el cuadrilátero y a derrotarte. Lo que ha hecho es embaucarte para que subas a la palestra.

Maas me contó todo esto después. Dijo que nunca sospechó poseer tan satánicas habilidades; le salió todo con la mayor soltura.

Al final Moore intervino.

—Si me pone una mano encima lo dejo seco de un puñetazo. —Sentado a la mesa, hizo crujir los nudillos de forma preocupante.

Entonces Peter Maas se dio cuenta de que, no muy alejado de las prácticas del Dr. Frankenstein, había creado un monstruo, y después de una risa algo apagada intentó arreglarlo:

—Bueno, Arch, en realidad es amigo mío. —Intentó decir que había estado liándola en broma. Pero eso solo sirvió para que Moore desconfiara todavía más, llegando a la conclusión de que Maas y el misterioso hombre «capaz de noquearte con un gancho de izquierda» estaban conchabados de alguna manera.

En ese momento yo no sabía nada de todo esto. Estuve toda la tarde holgazaneando y llegué pronto al Stillman's. Me acompañaba George Brown, que llevaba una pequeña maleta de cuero con los guantes y algunos «instrumentos» que pensaba que a lo mejor tendría que utilizar si las cosas se me complicaban en el ring.

Subimos las escaleras del edificio en la Octava Avenida, cruzamos el torniquete, y Lou Stillman nos condujo a través de la parte posterior del local hacia unas cabinas dispuestas tan caóticamente como una barriada de Tánger, con George Brown arrugando la nariz mientras nos acompañaban al fondo a la penumbra y buscaban un compartimiento. George me sentó en un rincón y, tras abrir de un chasquido el maletín, se preparó para vendarme las manos. Expresé en voz alta mi preocupación por que no apareciera Archie Moore, y tanto George como yo nos reímos del tono de inquietud de la voz, como si un preso condenado a muerte se impacientase por que el responsable de los trámites del alba se hubiera podido quedar dormido.

Empezamos a oír que llegaba gente fuera, el murmullo de voces empezó a aumentar. Había avisado a varias personas, el rumor de la extraña exhibición a la hora del cóctel se había extendido. Llegó Blair Fuller. Era el único de mis segundos que daba la impresión de estar dispuesto a vincularse con lo que estaba pasando. Los demás dijeron que iban a sentarse atrás. Fuller llevaba una camiseta donde ponía THE PARIS REVIEW de un lado a otro de la pechera.

De repente, apareció el mismísimo Archie Moore en la puerta de la cabina. Iba con ropa de calle. Llevaba un maletín y un par de guantes de boxeo; los largos cordones blancos colgaban sueltos. Había un montón de personas detrás de él mirando dentro por encima de los hombros; una de ellas era Miles Davis. Y me pareció distinguir también a Doc Kearns, el legendario mánager de Moore, con sus grandes orejas que se alzaban a los lados de la cabeza y un ligero olor a agua de colonia que refrescaba el aire de la cabina (era conocido por el aroma de sus colonias). Pero todo esto no fue más que una impresión rápida, porque yo estaba con la cabeza levantada observando a Moore desde el taburete. Él me miró bajando la vista y dijo lo siguiente: «Um». No hubo saludos. Empezó a desvestirse. Se bajó los pantalones y los calzoncillos y se los quitó. Por encima de la cadera empezó a subirse una coquilla grande que parecía un arnés. La observé sobrecogido. No había pensado en comprarme una, no se me había ocurrido que el campeón me lanzara un golpe bajo. Desde luego, me disgustó darme cuenta de que él pensaba que yo sí que era capaz de hacer algo así.

—Yo no tengo eso —murmuré.

No creo que me oyera. El hombre que imaginaba que era Doc Kearns estaba diciendo:

—Arch, vámonos de aquí. Esto es un espectáculo de feria. —Más allá de la cabina se oía el murmullo creciente de la gente.

—No, no, no —dije—. Esto es muy serio. —Moore me miró con aire inquisitivo.

—Sal ahí fuera y haz lo que puedas —dijo.

Se ajustó la coquilla alrededor de la cadera y tocó ligeramente la superficie con una uña. Emitió un sonido metálico sordo. Se puso el pantalón corto, de punto, como un bañador de los años veinte. Empezó a vendarse las manos, el chirrido del esparadrapo arrancado a tirones del rollo, el trajín de los puños mientras giraba la venda alrededor de ellos. Al mismo tiempo, nos brindó un curioso monólogo sobre una serie de victorias de su época en el peso welter.

—A aquel lo mandé al hospital, ¿verdad? Sí, le golpeé alrededor de los ojos, así que la cuestión era si volvería a ver. —Me miró de nuevo—. Tú haz lo que puedas, ¿me oyes? —Asentí con la cabeza vagamente. Él volvió a su letanía—. Oye, Doc, ¿te acuerdas de aquel que no recordaba cómo se llamaba después de que acabáramos con él? Le saqué el nombre del mismo cráneo a puñetazos. —Alisó la venda sobre las manos y se enfundó los guantes de boxeo. Entonces se dio la vuelta y lanzó un puñetazo contra la pared de la cabina con tal fuerza que hizo saltar un botiquín de madera del colgador. Cayó al suelo y estalló en una lluvia de listones desvencijados—. Estos guantes están ajustados —dijo mientras salía.

Un rollo de esparadrapo deportivo cayó de los restos del botiquín y se deshizo a lo largo del suelo. Más allá de la pared de la cabina oí una voz que atravesó el murmullo:

—Fuera lo que fuera, Arch, no era un elefante.

¿Pudo ser Kearns? ¿Una valoración del contrincante? En ese momento no tenía ni idea de que Peter Maas me había convertido con sus elogios en un aspirante demoníaco que tenían que evaluar antes del combate.

—¿Qué rayos es esto? —dije.

Miré suplicante a George Brown. Él se encogió de hombros.

—Tú no te preocupes. Recuerda lo que hemos estado haciendo todo este tiempo, nada más —dijo mientras alisaba el esparadrapo sobre mis manos—. Muévete y picotéale.

—Al menos no sabe lo de la respuesta simpática —dije.

—¿El qué? —preguntó Brown.

—Bueno, ese llanto que has notado cuando me zurran.

—A lo mejor piensa que es sudor —dijo Brown tan pancho.

Al rato alargó una mano para coger los guantes y dijo que teníamos que salir ya.

El local estaba repleto. Los asientos, que se extendían hacia atrás desde el ring (una instalación de los tiempos en que los grandes boxeadores se entrenaban en Stillman's) estaban llenos, y detrás de ellos la gente estaba de pie al fondo, a lo largo de la pared. Archie Moore estaba esperando en el ring. Cuando subí, me daba la espalda, inclinado sobre las cuerdas y gritando a alguien del público. Vi cómo aporreaba las cuerdas del cuadrilátero con un puño enguantado y noté cómo temblaba la estructura de la palestra. Ezra Bowen, un redactor de *Sports Illustrated*, saltó al ring para hacer de árbitro. Dio unas floridas instrucciones y luego nos hizo una señal para que nos juntáramos los dos. Moore se dio la vuelta y empezó a arrastrar los pies rápido hacia mí.

Había leído en algún sitio que si uno estaba condenado al sufrimiento en el ring, lo mejor era que se lo impartiera Archie Moore. Tenía un rostro amable, con una expresión como reconfortante —a la gente no le costaba ponerse a hablar con él en los autobuses y los aviones—, y que te durmiera en el ring no sería distinto de que te arropara una niñera negra de Haití.

No recuerdo haber pensado nada de esto entonces. Se me echó encima con bastante brío, y mientras le golpeaba con timidez, alargó la izquierda y me dio un puñetazo alarmante. Al moverse por el cuadrilátero emitía un curioso sonido inarticulado con la garganta, tranquilo y sin ningún propósito, que uno podría hacer al podar un arriate, solo que de vez en cuando se elevaba con notable brusquedad, y ¡pum!, me sacudía en la cabeza. Notaba la pesada sensación de ser golpeado, el tufillo casi acre del cuero que despedían sus guantes, y parpadeaba durante la respuesta simpática e intentaba centrarme en su rostro, que tenía un aire como de sorpresa, como si le costara creer que hubiera hecho algo así. Luego volvía a oír el sonido inarticulado, apenas distinguible ya al lado del zumbido de mi cabeza.

En la mitad del asalto Moore se resbaló —casi hincó una rodilla—, no por nada que hubiera hecho yo, sino porque le había fallado el equilibrio por algún motivo. Se oyeron risas desde los asientos, y casi como represalia me lanzó un jab seguido de un gancho de izquierda largo y lento que fue a parar contra la nariz y me la hundió un poco.

Empecé a sangrar. Hubo bastante respuesta simpática, y aunque la reacción física, el jab («picotea, picotea, picotea»), se lanzó en un arrebato, y con bastante coraje, los esfuerzos chocaban contra la guardia de Moore tan ineficazmente como si no diera una al golpear. Las lágrimas atravesaron las mejillas. Giramos alrededor del ring. Oía al público —un rumor impreciso— y de vez en cuando mi nombre: «Oye, George, devuélvele los golpes, dale en las rodillas, George». Era consciente de lo inadecuado que era el nombre de George para el ring, era un poco como oír «Timothy» o «Warren» o «Christopher». A veces me daba cuenta de las caras que se cernían por encima de los asientos como filas de globos, irreconocibles, muchas de ellas con ligeras sonrisas burlonas de anticipación, como si estuvieran esperando a que se contara un chiste que iba a ser bastante bueno. Tenían algo de inhumano, recuerdo que pensé, aquellas filas que miraban hacia arriba, y de repente me apareció en la mente una escena de *El amo de Croxley*, de Conan Doyle: la magnífica descripción de un combate visto por unos mineros galeses, cada uno de ellos con su perro sentado detrás. Los acompañaban a todas partes, de forma que los boxeadores bajaban la vista y en todos los lados entre las caras humanas estaban las cabezas de los perros, aullando desde los bancos, con los hocicos hacia arriba y las lenguas fuera.

Entramos en un cuerpo a cuerpo. Me quedé sorprendido al ser apartado, cuando vi el brillo de la sangre en la camiseta de Moore. Parecía un poco alarmado. El torrente de lágrimas sin lugar a dudas lo desarmaba. Se adelantó y me envolvió en otro cuerpo a cuerpo. Me susurró al oído: «Oye, respira, amigo, respira». Sonó la campana y me aparté de él hacia mi esquina, ansioso por sentarme.

Lou Stillman no había proporcionado un taburete. «No hay taburete», dije sorbiéndome la nariz a George Brown. La tenía obstruida. Me atendió a través de las cuerdas: me secó un poco la cara con la toalla, me examinó la nariz, me dio un trago de sales para despejarme y el previsible consejo, «tú lánzale jabs, mantenlo lejos, que no quite el guante de la nariz, picotea, picotea, lo estás haciendo muy bien». Miró desde la distancia por encima de mi hombro a Moore, que debía de estar bromeando con el público, porque oía las risas detrás de mí.

Durante los dos asaltos siguientes Moore aflojó bastante, convencido —aunque es poco probable que le hubiera llegado a preocupar— del nivel del contrincante. En el último asalto dejó que le zurrara de vez en cuando, y luego me arrastraba a un cuerpo a cuerpo y me propinaba unos puñetazos inofensivos que estallaban en la parte posterior de los omoplatos como ráfagas de artillería. Una vez le oí preguntar a Ezra Bowen si iba perdiendo por puntos.

Pero a George Brown y a Blair Fuller no les gustaba nada lo que estaba pasando... Sobre todo, creo, por la naturaleza imprevisible de mi contrincante: su estado de ánimo daba la impresión de cambiar a medida que avanzaba el combate. Evidentemente no estaba del todo seguro sobre cómo actuar. Hacía el payaso unos segundos, y luego el sonido inarticulado aumentaba, y ellos hacían una mueca cuando lanzaba unos cuantos puñetazos con más autoridad. Veían cómo se me entreabría la boca. En el tercer asalto Brown empezó a pensar que Moore había ensayado todo el repertorio que podía idear, y que el boxeador, al preguntarse cómo podía acabar de una forma estética, estaba exasperándose. Me dijeron que Tom Guinzburg, uno de mis segundos, se acercó a la esquina y lanzó una toalla al ring... pero si lo hizo porque estaba preocupado o para hacer reír a la gente —como efectivamente sucedió—, no lo llegué a descubrir. Sin embargo mucho después del evento me enteré de que Brown había alargado una mano abajo y había adelantado la aguja del contador. La campana sonó repentinamente cuando faltaba por lo menos un minuto. Erza nos llamó para que nos juntáramos y levantáramos los dos el brazo, y, para hacerlo gracioso, dijo que habíamos empatado. Recuerdo el alivio de haber terminado, un tanto preocupado por que aquello no hubiera sido más convincente o artístico. No podía agradecer más la sangre de la nariz.

—El último asalto se me ha hecho cortísimo —le comenté a Brown, que estaba secándome la cara con una toalla.

—Me imagino que estabas preparándote para tumbarlo —dijo George.

Gran parte del público nos acompañó de vuelta a los vestuarios. En mi compartimento, me apartaron a un rincón otra vez. Moore se quedó en la entrada, mientras los admiradores le gritaban: «¡Eh, Arch, eh, Arch!». Hubo muchas felicitaciones y parloteo a cuento del gran combate contra Yvon Durelle. Oí que alguien preguntaba: «¿De quién es la sangre de la camiseta, eh, Arch?». Y que otro contestaba: «Bueno, ¡seguro que no es suya!». Y también las carcajadas cuando el diálogo circuló a lo largo de los sombríos pasillos más allá de la pared de la cabina.

El tipo de gente había empezado a cambiar. Había corrido la voz por la zona de que Archie Moore estaba en Stillman's, y los bares donde había peleas a lo largo de la avenida se habían vaciado. Un montón de gente subió las escaleras de Stillman's, algunos a tiempo para ver el último asalto, otros empujando contra los espectadores con corbatas a rayas que se marchaban.

—¿Se ha acabado? ¿Qué rayos hacía Arch peleando en Stillman's?

—No lo sé —dijo uno de los otros que empujaban escaleras arriba—. He oído que ha matao a alguien.

—Un ajuste de cuentas, ¿eh?

Empujaron al fondo hacia la zona de las cabinas. Aumentó el humo de puro. Alcancé a ver a Lou Stillman. Estaba hecho un basilisco. Había encontrado a dos mujeres, una madre y su hija, en la zona de las cabinas, cosa que lo había puesto nervioso. Pero lo que más le fastidiaba era que el local estaba lleno de gente que no había pagado por cruzar el torniquete. Alguien me dijo que se había quedado tan pasmado al ver la gente que había aparecido para la exhibición, la cantidad de abrigos y corbatas, que indicaban que ellos sí que podían pagar, que al final lo venal se había apoderado de él. Corrió al torniquete y las últimas veinte o treinta personas que entraron empujando tuvieron que pagarle dos dólares por cabeza. Luego me enteré de que había intentado recuperar lo que había perdido cobrando a la gente, al menos a los que llevaban corbata, cuando estaba yéndose.

Me senté en el taburete, con la sensación de que me habían sacado del bullicio y el griterío. Mientras mordisqueaba los cordones de los guantes, de repente delante de mí un hombre se volvió —yo había estado mirando la parte posterior del abrigo que llevaba— y dijo:

—Bueno, muchacho, ¿qué has sacado de esto?

Era un hombre negro mayor, con una cara melancólica marcada por una nariz casi aguileña. Tenían unas orejas deformadas, aunque muy pequeñas.

—De momento, sangre en la nariz —dije, y sonrió un poco.

—Así es como hay que empezar, ese es el principio.

—Imagino que sí —dije.

—Hay mucho más —continuó, y yo debí de poner cara de desconcierto—. No lo dejes. Tienes mucho que aprender. No lo abandones, ¿de acuerdo?

—No —dije distraídamente—, no lo haré.

Nunca supe quién era. Pensé en él un par de veces después aquella noche.

Stillman's se quedó por fin sin público. Los boxeadores, que habían estado de pie a lo largo de la pared del fondo para ver el extraño evento, tomaron de nuevo el local. Subieron a los cuadriláteros. Los entrenadores se sentaron en las primeras filas chismorreando; las cosas volvieron a la normalidad.

Me comentaron que a las siete o así había llegado la duquesa d'Uzès. Por entonces no era duquesa (todavía le quedaba un matrimonio o así para serlo), pero los aires no le faltaban: la dejaron en la puerta de Stillman's en un Rolls-Royce. Salió del coche y subió corriendo las escaleras. Tenía fama de llegar tarde —incluso a sus lujosas fiestas, donde los invitados esperaban bostezando de hambre a que bajara por la larga y curvada escalera e hiciera su entrada— y se detuvo en el torniquete, una muchacha preciosa y elegante que siempre llevaba vestidos de chifón largos de color azul claro para realzar el cabello dorado.

Escudriñó en la penumbra.

—¡¿Dónde está todo el mundo?! —gritó. Tenía una voz clara y musical, perfecta para atravesar el alboroto de un cóctel.

Lou Stillman se acercó. No sé si echó uno de sus escupitajos infinitesimales. Digamos que carraspeó.

—Todo el mundo no está aquí —dijo.

FÚTBOL
AMERICANO

Que yo recuerde, escribí a seis equipos de la Liga Nacional de Fútbol Americano con la esperanza de que uno de ellos me aceptara de último quarterback durante la pretemporada. Al final me admitieron los Detroit Lions, un equipo veterano, muy imbuido de la actitud despreocupada de Bobby Layne, el quarterback que había estado allí unos años antes. El momento crucial llegó cuando George Wilson, el entrenador, delante de la puerta del aula adonde entraba en fila el equipo, valoró la posibilidad de darme un libro de tácticas. El libro de tácticas es el símbolo de la aceptación, de la pertenencia. Mientras el jugador lo posea, será miembro del equipo. Es lo que debe entregar si lo despiden. El segundo entrenador le dice: «El entrenador quiere verte. Lleva el libro de tácticas».

Al principio, junto a la puerta del aula, Wilson había dicho:

—No, no puedes entrar. —Debí de poner cara de angustia.

—¿Es que no entiende lo que estoy intentando hacer?

Así que lo pensó, un instante nada más, todo estaba en el aire, y luego sonrió y me dio el libro de tácticas. Si no lo hubiera hecho, habría estado tan lejos de los Lions como un periodista sentado en la tribuna de prensa.

El partido descrito es un amistoso de pretemporada disputado en Pontiac, Míchigan. Tenía un repertorio de cinco jugadas.

Jack Benny decía que cuando estaba en el escenario con una corbata blanca y un frac para dar los conciertos de violín y levantaba el arco al empezar el número —interpretar a trancas y barrancas «Love in Bloom»—, se sentía un gran violinista. Argüía que si no era un gran violinista, ¿qué hacía vestido de frac, a punto de tocar ante un gran auditorio?

En Pontiac me sentí un quarterback de fútbol americano, no un intruso. Mi plan de juego estaba organizado y sabía lo que tenía que hacer. Los nervios parecían estar bajo control, mucho más que cuando había permanecido en el banquillo. Trotaba con soltura. Era muy consciente de lo que ocurría a mi alrededor.

Oía una voz por megafonía, un murmullo apagado que decía al público lo que estaba pasando, que le decía que el número cero, que estaba entrando en el terreno de juego, en realidad no era un *rookie*, sino un aficionado, un escritor que había estado entrenando con el equipo tres semanas y había aprendido cinco jugadas, las cuales iba a poner en práctica contra la defensa titular de Detroit. Era como una pesadilla hecha realidad, le dijo al público, como si a uno de ellos, mientras mecía una cerveza en un vaso de papel, con una chica guapa inclinándose por delante de él para pedirle mostaza al vendedor de salchichas en el pasillo, de repente lo bajara debajo de las gradas un siniestro puñado de acomodadores. Protestaría, pero se vería embutido en la equipación, el casco plateado, con las dos barras sobresaliendo de la máscara, calado sobre las orejas, y luego lo arrojarían al centro del campo para que tomara el control del equipo; esas fueron en esencia las palabras, que iban llegando a través del campo, mecidas y cortadas por la brisa constante que se levantaba por el extremo abierto del estadio Winser desde el desvanecido crepúsculo. El público estaba interesado, y fui consciente, solo vagamente, de un persistente rugido de ánimo.

El equipo estaba esperándome, agrupado en el *huddle*, viéndome llegar. Me metí entre ellos. Bajaron la cabeza para la señal.

—¡Veintiséis! —grité con energía para estimularlos.

—Más bajo, más bajo, te oye todo el estadio —dijo una voz de uno de los cascos.

—Veintiséis —les dije entre dientes—. Veintiséis cerca de cero pellizco; a la tercera. ¡*Break*! —Sus manos restallaron al unísono, y yo me di media vuelta y fui hacia la línea detrás de ellos.

Tenía una gran confianza. Me acerqué con toda tranquilidad hasta colocarme detrás de Whitlow, el *center*, que estaba preparado abajo sobre la pelota, y tuve la presencia de ánimo suficiente para hacer una pausa apoyando una mano en la base de su columna, como en la repisa de una ventana —un gesto desenfadado que había admirado en ciertos quarterbacks— y miré a lo lejos por encima de la longitud de la espalda para fijar en la memoria lo que veía.

Todo lo bueno de ser un quarterback —la encarnación de su poder— estuvo contenido en aquella docena de segundos: dar las instrucciones a diez hombres atentos, separarse del *huddle*, caminar hacia la línea y luego hacer una pausa detrás del *center*, entreteniéndose entre hombres preparados y a la espera, controlados por el gatillo de su voz, catalépticos, hasta que se entrega a sí mismo y los entrega a ellos al futuro. El placer del deporte era muy a menudo la oportunidad de rendirse a la suspensión del propio tiempo: el lanzador que se entretiene en el montículo, el esquiador listo en lo alto de una pista en la montaña, el jugador de baloncesto con la rugosa piel del balón contra la palma preparándose para un tiro libre, el tenista en un punto de set a su favor, todos ellos paladeando el instante antes de entregarse a la acción.

Era como un rastrillo bajado. Al otro lado de los barrotes imagi-

narios, los jugadores de línea estaban listos, las luces refulgían de
sus cascos, y cerca, detrás de ellos, los *linebackers*, Joe Schmidt justo
enfrente de mí, con el gran número cincuenta y seis reluciendo en
la camiseta blanca, haciendo saltos de tijera de un lado a otro con
pasos rápidos y espasmódicos, las manos en equilibrio delante de él
y gritando una sucesión de contraseñas defensivas. Percibí la furia
en la voz y la tensión en aquellas filas de cuerpos a la espera, como si
hubieran apretado demasiado unos rollos que mi voz, al gritar una
señal, como una palanca, activaría para soltarlos a todos. «¡Azul, azul,
azul!», oí que chillaba Schmidt.

Dentro del casco, la voz del maestro me murmuró: «Muchacho, no
hagas ni caso, ni caso».

Me incliné sobre el *center*. Rápidamente repasé lo que debía suceder.
Recibiría el *snap*, daría dos pasos inmediatamente atrás y entregaría la
pelota al back número dos, que vendría por un lado cruzando desde
la derecha a la izquierda y que luego giraría de repente hacia el hueco
número seis. Eso era lo que indicaba el veintiséis: el back dos al hueco
seis. Las misteriosas palabras en clave «cerca de cero pellizco» hacían
referencia a funciones de bloqueo de la línea, y nunca llegué a saber
exactamente qué querían decir. Lo importante era mantener la pelota,
girar y conseguir que el back que cruzaba desde un lado la controlara.

Carraspeé. «¡Set!», grité, con una voz fuerte que me asombró al
oírla, como si perteneciera a alguien que gritara por los agujeros de
la orejas del casco. «Dieciséis, sesenta y cinco, cuarenta y cuatro, *hut*
uno, *hut* dos, *hut* tres.» Y a la tercera la pelota golpeó con fuerza en la
palma de mi mano, y el trasero de Whitlow corcoveó hacia arriba con
garra para intentar bloquear a los defensas rivales que tenía enfrente.

Las líneas entrechocaron violentamente con un alarido y un chasquido de protecciones y equipamientos. Tuve la sensación de que se
estaba produciendo un movimiento rápido y fuerte, y cuando me
giré hacia el *backfield*, sin que hubiera pasado un segundo, recibí un
duro golpe desde un costado, y mientras daba un grito ahogado la
pelota se me fue de las manos a causa de la sacudida. Salió volando y
rebotó una vez, y fui detrás de ella a trompicones y la arrastré debajo
de mí cinco yardas atrás, oyendo la carga de los pies y los fuertes

resuellos y sacudidas de los bloqueadores que rechazaban la defensa, un gran estruendo que se levantaba del público, y por encima de él, un alivio de oír, el pitido del silbato del árbitro. Lo primero que pensé fue que en el *snap* de la pelota el lado derecho de la línea se había desmoronado justo en el segundo del *handoff,* y uno de los *tackles,* Roger Brown o Floyd Peters, había atravesado la línea para provocar mi *fumble.* Alguien, supuse, la había pifiado en las funciones designadas por las misteriosas palabras en clave «cerca de cero pellizco». En realidad, como supe después, me derribó un compañero, John Gordy, cuya función como *guard* ofensivo era retrasarse desde la línea para unirse a la interferencia al otro lado del *center.* Debía retrasarse e ir como una bala en paralelo a la línea de *scrimmage* para salir delante del corredor. En teoría su trayectoria pasaba entre el *center* y yo. Pero el segundo adicional que tardé en controlar la pelota, y la lenta ejecución del giro, me pusieron en su camino, algo rara vez visto por Gordy —que el quarterback de su equipo le bloqueara el paso era como doblar una esquina en un coche a toda velocidad y toparse con un alce cruzando tranquilamente la línea central—, y rebotó contra mí y solté la pelota de la sacudida.

No había perdido la confianza. Me levanté. El árbitro me cogió la pelota recuperada. Tuvo que tirar para llevársela, con un leve gesto de sorpresa. Mi voz interior estaba asegurándome que la culpa del *fumble* no había sido mía. «Están fallándote», decía. «El bloqueo ha salido mal.» Pero la razón principal de la confianza era la siguiente jugada de la lista, el pase noventa y tres, una jugada que había llevado a cabo con éxito en los entrenamientos de Cranbrook. Me metí en el *huddle* y dije con bastante entusiasmo:

—¡Bueno, bueno! ¡Vamos allá!

—Baja el volumen —dijo una voz—. Se van a enterar de la jugada.

Me incliné dentro pegado a ellos y dije:

—Verde derecha —«verde» designaba una jugada de pase, «derecha» situaba al *flanker* en el lado derecho—, tres derecha —que situaba al back tres a la derecha—, noventa y tres —que indicaba los dos principales receptores: nueve, el extremo derecho, y tres, el back tres— a la tercera... ¡*break!* —El batir de palmas de nuevo al unísono, el equipo pasó por mi lado en tropel hacia la línea y yo fui con brío detrás de Whitlow.

Una vez más, sabía exactamente cómo iba a desarrollarse la jugada: hacia atrás al *pocket* defensivo aquellas siete yardas para los tres o cuatro segundos que debía aguantar, y Pietrosante, el back tres, subiría diez yardas en línea recta, luego giraría de repente por el medio del campo y yo le mandaría la pelota.

—¡Set! ¡Dieciséis! Ochenta y ocho, cincuenta y cinco, *hut* uno, *hut* dos, *hut* tres.

La pelota me golpeó con fuerza contra la palma a la de tres. Me giré y empecé a retrasarme. Notaba que perdía el equilibrio y dos yardas detrás de la línea de *scrimmage* me caí a plomo, como si los pies hubieran quedado inmovilizados debajo de un cable trampa desplegado a través del campo. Nadie me había tocado. Oí un rugido del público. Rebosante como había estado de confianza, me costaba entender lo que había pasado. ¿Los tacos se enganchaban en el césped? ¿Un resbalón en el rocío? Sentí que la mandíbula se me entreabría en el casco.

—¿Poqué? ¿Poqué? —La vergüenza empezaba a asomar.

Me puse apresuradamente de rodillas al pitido del árbitro y vi cómo los grandes cascos plateados de mis compañeros de equipo, con los logos azules estampados, se giraban hacia mí. Algunos jugadores se alzaron de bloqueos que habían realizado para protegerme, con las caras enmascaradas, autómatas, prognatas con las barras de los cascos que sobresalían hacia mí, sin personalidad. Sin embargo la consternación estaba en la postura del cuerpo mientras volvían trotando al *huddle*. La voz del maestro me fustigó dentro del casco: «¡Torpe!», gritó. «¡Zoquete patoso!»

Me uní al *huddle*.

—Lo siento, lo siento —dije.

—Di la jugada, tío —dijo la voz de uno de los cascos.

—No sé qué ha pasado —dije.

—Dila, tío.

La tercera jugada de la lista era la cuarenta y dos, otra jugada de carrera, una de las más sencillas del fútbol americano, en la que el quarterback recibe el *snap*, da un giro completo y mete la pelota en el estómago del back cuatro, el *fullback*, quien ha subido derecho desde su posición como yendo a iniciar bloqueos, con las rodillas arriba, y desaparece con la pelota en el hueco número dos justo a la izquierda del *center*: una jugada sencilla de poder y que vista desde las gradas no parece ofrecer ninguna dificultad.

Pues esta también se me atragantó. De nuevo, la velocidad de liebre del *backfield* profesional fue demasiado para mí. El *fullback* —Danny Lewis— estaba alejado de mí y en la línea antes de que pudiera completar el giro y colocarle la pelota en la barriga. Así que hice lo requerido: me metí la pelota en la barriga y seguí a Lewis a la línea, con la esperanza de que hubiera abierto un pequeño hueco.

Lo intenté, contrayendo el rostro, con los ojos casi cerrados del todo, y esperando el impacto, que llegó antes de que hubiera dado dos pasos: me agarró Roger Brown.

Me placó arriba, y me enderezó con su fuerza, de forma que me revolví contra la mole de ciento treinta kilos como un ciclista cómico. Empezó a zarandearme. Para mi sorpresa, me mantuve erguido, sacudido a un lado y a otro, y me di cuenta de que él estaba peleando por la pelota. Tenía los brazos alrededor de ella, e intentaba quitármela de un tirón. Las barras de nuestros cascos casi se trabaron, y pude mirar a través de ellas y verlo dentro —la primera cara con casco que reconocí aquella noche—, los pequeños ojos marrones sorprendentemente tranquilos, aunque resoplaba con fuerza y le brillaba la cara del sudor, y tuve tiempo de pensar «¡es Brown, es Brown!» antes de que me arrebatara la pelota, y con una rodilla hincada en el suelo observé cómo avanzaba pesadamente diez yardas hasta la *end zone* detrás de nosotros para anotar un *touchdown*.

El árbitro no se lo quiso conceder. Dijo que había pitado pelota muerta mientras estábamos peleando por ella. Brown estaba furioso. «¿Me lo vas a quitar?», dijo con una voz aguda y chillona. «Tío, me he llevado la pelota limpiamente.» El árbitro se dio la vuelta y puso la pelota en la línea de diez yardas. Había perdido veinte yardas en tres intentos y, de hecho, todavía tenía que completar una jugada.

Los veteranos volvieron muy despacio al siguiente *huddle*.

Me quedé apartado a un lado, escuchando las recriminaciones de Brown al árbitro. «No he anotao así nunca. ¿Me lo vas a quitar?» Se notaba en la voz que estaba molesto. Apartó la vista hacia las gradas, al resonante tumulto, y extendió las grandes palmas apesadumbrado. Lo observé, indiferente, ni siquiera afectado por su insistencia en que sufriera la humillación de un robo de pelota para anotar un *touchdown*. Si el árbitro se lo hubiera concedido, yo no habría protestado. El golpe de que las tres jugadas hubieran salido tan mal me había dejado abatido y atontado, olvidado ya el propósito del ejercicio. Hasta la voz del maestro parecía haber desaparecido, y se había apoderado de mí una desesperación lúgubre, de forma que mientras me movía intranquilo observando cómo regañaba Brown al árbitro, estaba de lo más dispuesto a entrar trotando en el banquillo y acabar con aquello.

Entonces, por casualidad, vi a Carl Brettschneider en su posición de *linebacker* exterior, observándome, y, más allá de las barras de la máscara, aprecié el gesto de una sonrisa burlona. Eso puso de nuevo en marcha todas mis energías: la idea de que en alguna pequeña medida obtendría una recompensa si lograba completar un pase en el territorio del Tejón y ponerlo en un aprieto. Tenía una jugada así en la serie, un pase oblicuo al *tight end*, Jim Gibbons.

Volví andando al *huddle*. Se formó despacio.

—El Tejón está dormido. Está gordo y está dormido —dije.

Nadie dijo nada. Todo el mundo bajó la vista. En el silencio, de repente me fijé en los pies. Hay veintidós en el *huddle*, la mayoría muy grandes, en un área pequeña, y mientras el quarterback cavila y los demás esperan la instrucción, no hay nada más que atraiga la atención. La visión me aguijoneó la mente, el óvalo de veintidós zapatillas de fútbol americano, y puede que fuera la culpable del error que cometí al anunciar la jugada. Olvidé dar la señal a la que el *center* tenía que darme la pelota en el *snap*.

—¡Verde derecha nueve oblicuo *break*! —dije.

Uno o dos jugadores batieron palmas, y cuando el *huddle* se separó, al dirigirse algunos de ellos de forma automática a la línea de *scrimmage*, alguien dijo entre dientes:

—Venga, la señal, cuál es la señal, por amor de Dios.
Había olvidado decir «a las dos».
Debí mantener la calma y formar el *huddle* otra vez. En cambio, grité con fuerza en un aparte «¡dos!», dirigiéndome primero a un lado, luego al otro. «¡Dos, dos!», mientras andábamos hasta la línea. Para quienes no hubieran estado lo suficiente cerca como para oír, para los que a lo mejor no se habían enterado de la señal, alargué dos dedos en forma de uve, que mostré con disimulo, intentando ocultárselos a la defensa con la esperanza de que solo los vieran mis compañeros.

El pase fue incompleto. Di dos pasos atrás (la jugada era un pase rápido, lanzado sin la protección de un *pocket*) y vi que Gibbons arrancaba de repente de su posición y luego se detenía y hacía una ruta de gancho. Irguió una mano, que utilicé de blanco, pero lancé la pelota demasiado alta. Se levantó un grito del público al ver la pelota en el aire (era la primera jugada de la noche que no se había pifiado), pero luego se alzó un quejido cuando la pelota pasó de largo y atravesó botando las *sidelines*.

—Última jugada —estaba ordenando George Wilson, que se había acercado andando con una tablilla con sujetapapeles en una mano y estaba junto al árbitro—. La pelota está en la línea de diez yardas. ¡A ver si la lleváis hasta el final! —gritó animadamente.

—¿A qué *end zone* se refiere? —preguntó uno de los jugadores.

La última jugada de la serie era un *pitchout*, que en algunos equipos llaman *flip*, un pase largo lateral al back número cuatro que corre en paralelo a la línea y luego gira de golpe hacia el hueco ocho en el lado izquierdo. El pase lateral, aunque era largo, me resultaba fácil. Lo que tenía que recordar era seguir corriendo tras la trayectoria de la pelota. El hueco que quedaba detrás de mí mientras lanzaba el pase lateral quedaba desprotegido por un *lineman* ofensivo que salía de su posición y, si no me iba rápido de la zona, el *tackle* defensivo podía atravesar la línea y cogerme por detrás en la carga, sin saber que ya había pasado el balón.

Logré enviar el pase lateral y evitar al *tackle*, pero por desgracia la defensa tenía la clave de la jugada. Conocían mi repertorio, que era solo de unas cinco jugadas, y dudaron que dijera la misma jugada dos veces. Uno de mis *linemen* me dijo después que el defensor que tenía delante en la línea, Floyd Peters, había dicho: «Bueno, ahora viene el *pitchout* cuarenta y ocho». Y así había sido, ciertamente, y pudieron meter al back número cuatro, Pietrosante, que había recibido el pase lateral, atrás en la línea de una yarda, a solo una yarda de la vergüenza de haber retrasado un equipo desde la línea de treinta yardas a la *end zone* propia para anotar un *safety*. En cuanto vi caer a Pietrosante, me fui hacia el banquillo, junto a las *sidelines* en el centro del campo, una carrera larga que realicé arrastrando los pies y con sensación de agotamiento.

Empezaron a sonar aplausos desde las gradas, y levanté la vista, sorprendido, y vi a gente de pie y las manos moviéndose. En aquel momento no tenía sentido. No era una burla, parecía algo unánime y respetuoso. «¿Poqué? ¿Poqué?», pensé, y me pregunté si los aplausos no eran para otro, si el alcalde había entrado en el estadio y estaba saludando desde un coche descubierto. Pero cuando me acerqué al banquillo vi que la gente me miraba a mí, y las manos moviéndose.

Más tarde pensé en los aplausos. A lo mejor, en parte, eran en agradecimiento a la locura de mi participación y a la fortaleza que requería. Pero sobre todo, aunque fuera de manera subconsciente, decidí que eran por el alivio de que lo hubiera hecho tan mal: se verificaba lo que debía de suponer el hincha medio sobre un aficionado que se metiera atolondradamente en el mundo brutal del fútbol americano profesional. Lo machacarían. Si por alguna casualidad hubiera soltado un pase de *touchdown*, habría habido un reconocimiento desaforado —porque oía cómo se alzaban los gemidos en cada desastre sucesivo—, pero luego los espectadores se habrían sentido incómodos. Su visión de las cosas habría quedado trastocada. El intruso no estaba en su sitio, y había cierto consuelo en que eso se demostrara.

Al final resultó que una parte de los aplausos era de gente que había disfrutado de los aspectos cómicos de mi intervención. No pocos pensaron que estaba entreteniéndolos un cómico profesional en la tradición de Al Schacht en el béisbol, o de los Charlie Chaplins, los payasos de las corridas de toros. Bud Erickson, el responsable de relaciones públicas, me dijo que se le había acercado un amigo suyo para felicitarle: «Bud, ha sido la hostia de divertido... Ese tío es buenísimo», dijo aquel hombre, casi incapaz de controlarse.

No me quité el casco cuando alcancé el banquillo. Era fatigoso hacerlo y daba seguridad llevarlo. Era consciente del gran cero en la espalda de cara al público cuando me senté. Se acercaron algunos jugadores y dieron unas palmaditas en la parte superior del casco. Brettschneider se inclinó y dijo: «Bueno, has aguantado... Eso es lo que cuenta».

Empezó el amistoso. Estuve viéndolo un rato, pero mi mente regresaba a mi actuación. La artera voz interior estaba a mano otra vez. «No has aguantado», dijo irritada. «Te has rajado.»

En el descanso Wilson llevó a los jugadores a la concha acústica en un extremo del estadio. Yo me quedé en el banquillo. Llevaba las tablillas con sujetapapeles, y vi cómo señalaba y explicaba, con un gran semicírculo de jugadores alrededor, sentados en las sillas de la banda. Desde el otro extremo del campo subieron al cielo unos fuegos artificiales, y las carcasas lanzaron a ráfagas racimos de luz que iluminaban los rostros del público vueltos hacia arriba de color plata, luego rojo, y después los estallidos se apagaban, retumbando con un sonido penetrante, y en las gradas al otro lado del campo vi las manos de los niños subiendo rápido sobre los oídos. A través del ruido oí a alguien que chillaba mi nombre. Me di la vuelta y vi a una chica que se inclinaba sobre la baranda de la tribuna. La reconocí del Gay Haven, en Dearborn. Llevaba un jersey italiano de mohair, del color del algodón de azúcar, y unos pantalones ceñidos, y sujetaba una gruesa cartera plegable con una mano junto con unas gafas negras, y con la otra una bandera de los Lions, que agitaba, con la cara rebosante de entusiasmo, perecedera e infantilmente guapa, y gritaba: «¡Magnífico, ha sido magnífico!».

Los fuegos artificiales la iluminaron y levantó la vista, la cara blanca como la tiza en el veloz resplandor de aluminio.

La miré a través del casco. Luego levanté una mano, solo tímidamente.

HOCKEY
SOBRE HIELO

Como escribí en las páginas iniciales de Open Net *(de donde he recogido este fragmento), el hockey sobre hielo era un deporte en el que nunca pensé que participaría a nivel profesional. Los patines se me dan muy mal. No tengo bien los tobillos. Los amigos dicen, bromeando, que tengo la misma altura sobre el hielo que fuera de él. No obstante, a través de* Sports Illustrated *se arregló que entrenara de portero con los Boston Bruins y me vi en Fitchburg, Massachusetts, donde tienen la ciudad deportiva. Antes de ir, hice que me decoraran la máscara protectora con un gran ojo azul, con la esperanza de que distrajera a los alas que vinieran por el hielo hacia mí. Mi compañero de habitación, portero como yo, señaló hasta qué punto la máscara parecía una diana. Así que la deseché por otro modelo. Los Bruins no paraban de divertirse con mis problemas sobre el hielo, sobre todo con mi incapacidad de parar en seco. A menudo chocaba contra las vallas para detenerme. Los Bruins decían en broma que yo era el único jugador de la historia que se cargaba a sí mismo contra las vallas. Allí, en Fitchburg, durante un par de semanas, intentaron prepararme para que me enfrentara a los Philadelphia Flyers en el Spectrum.*

Cherry leyó en voz alta la alineación: Mike Forbes y Al Sims en la defensa, y la línea de McNab, con Dave Forbes y Terry O'Reilly en las alas, empezarían el partido. Me pareció que leyó en voz alta mi nombre de portero un poco de pasada, sin darle importancia, sin hacer ninguna broma, como si fuera una elección totalmente normal, y luego me miró y dijo: «Ha llegado el momento. Guíalos fuera».

Me puse la máscara y me dirigí con fuertes pisadas a la puerta del vestuario. Me había olvidado el stick. Alguien me lo entregó. Fui el primer jugador de los Bruins en el túnel. Oí cómo empezaban a gritar detrás de mí mientras arrancábamos.

El túnel que lleva a la pista es oscuro, con el hielo allí mismo al borde, de forma que uno sale de él volando, como un murciélago de un tubo de hierro fundido, a la luz más brillante que hay: el hielo es un cristal opaco gigante. Las grandes filas de espectadores se elevaban desde él en una masa que lo rodeaba, de la que caía en cascada una atronadora arremetida de abucheos y silbidos. Cherry tenía razón. Los Bruins no gustaban nada en Filadelfia.

Dimos vueltas en nuestra mitad de la pista... los Flyers en la suya. No había comunicación entre los dos equipos. De hecho, parecía que los jugadores bajaban la cabeza al aproximarse a la línea central y pasaban deslizándose a medio metro de distancia unos de otros sin dirigirse ni siquiera una mirada. Mi compañero de habitación, Seaweed, me había dicho: «En el hockey uno no cruza ni media palabra con los tíos del otro equipo, nunca. Uno no los levanta cuando se caen, como en el fútbol americano». Me habló de un calentamiento antes de un partido de las Summit Series entre Canadá y la Unión Soviética en el que Wayne Cashman había visto a un jugador ruso atravesar la línea central detrás de una pastilla que se había escapado de su mitad del campo. Cashman se acercó patinando para interceptarlo y lo cargó con violencia contra las vallas. «El tío estaba donde no debía», dijo Seaweed cuando le manifesté mi asombro. «Tenía que haberlo sabido.»

Me acerqué patinando a las vallas, apretando el cierre del mentón para ajustar la máscara. Los aficionados se inclinaron hacia delante y escudriñaron dentro a través de las barras de la máscara, como observando dentro de una jaula de animales salvajes a algún extraño ocupante. «Oye, déjame ver.» Se presentó a la vista un rostro, a solo unos centímetros de distancia, con la boca entreabierta, y luego se retiró para ser sustituido por otro, de alguien que estiraba el cuello para ver. Oí la voz por megafonía que anunciaba que yo sería el portero durante un partido especial de cinco minutos. Los Bruins me hacían señas para que me colocara en la portería. Nos quedaba un minuto o así. Me aparté de las vallas de un empujón, alcancé la portería deslizándome despacio y me detuve y me di la vuelta poco a poco y con cuidado.

Los tres árbitros salieron al hielo. El organista estaba tocando una melodía alegre estilo vals cuyo ritmo uno no podía evitar seguir con los pies, pero me fijé en que los árbitros intentaban deliberadamente no patinar al ritmo de ella mientras daban vueltas por la pista para calentar, acaso porque habría parecido que rebajaban su prestigio como preservadores del orden y el decoro. Ellos también se me acercaron y me inspeccionaron brevemente, mirando a través de las barras de la máscara sin decir palabra y con la misma cara de vago asombro que había advertido en los aficionados.

Los Bruins empezaron a pasar patinando y golpeándome en las guardas con los sticks. Dar un toque en las guardas del portero es un gesto muy característico antes de los partidos. La mayor parte de las veces es, por supuesto, un simple gesto de aliento, como una palmadita en la espalda.

Me tambaleé un poco por el impacto de algunos de los golpes de los Bruins, pero me invadió un sentimiento de agradecimiento y simpatía hacia ellos por hacer aquello. Dos de los Bruins se detuvieron y me ayudaron a raspar el hielo delante de la portería. Esto se hace para que el portero consiga un buen agarre con los patines, y siempre se encarga él mismo, con largas cuchilladas laterales para quitar el brillo del hielo nuevo. Después se me ocurrió que la ayuda que me brindaron en este ritual era comparable a la de un par de jugadores de béisbol que salieran a ayudar a un compañero de equipo a prepararse en el cajón del bateador, que se arrodillaran y arañaran para él puntos de apoyo para los pies, que alisaran la tierra, que quitaran el polvo del mango del bate, como si el bateador fuera tan incapaz de arreglárselas solo como un maniquí de escaparate. Por muy extraño que pudiera parecer desde las gradas —los tres afanándonos delante de la red—, aquello aumentó la sensación que tenía de que éramos un equipo. «Gracias, gracias», murmuré.

Otros jugadores de los Bruins se acercaron mientras estábamos en ello y, escudriñando en la máscara, me dieron consejos de última hora. «¡Túmbalos, túmbalos!» Miré hacia fuera a Bobby Schmautz y asentí con la cabeza. Movía la mandíbula frenéticamente por alguna sustancia que había tomado. «¡Túmbalos!», repitió mientras se alejaba patinando. Poco a poco el resto de jugadores de los Bruins se fue patinando pista arriba hacia el banquillo o a sus posiciones para escuchar de pie el himno nacional.

Me pasé el himno (que era una grabación de Kate Smith en vez del auténtico) preguntándome vagamente si la máscara equivalía a un sombrero, y si debía quitármela. Lo que me preocupaba era que si tocaba cualquier parte del equipo a lo mejor no lo tenía a punto para el saque inicial. Soltarían la pastilla... y los Flyers se deslizarían por el hielo hacia un portero que estaría con la cabeza al descubierto, mirando hacia abajo, toqueteando el barboquejo de la máscara, con la gran caza metida debajo del brazo para tener libres los dedos y manosear el cierre, el stick tumbado de lado a lado de la parte superior de la red.... No, no merecía la pena planteárselo. Canté en voz alta dentro de la máscara para compensar cualquier irreverencia.

Hubo una explosión de júbilo cuando concluyó el himno. Aquel tumulto tenía algo sombrío, de anticipación, como si dijeran, ¡caramba!, ahora vamos a ver algo bueno de verdad, y vi a los jugadores en el centro de la pista separar los patines, con las piernas extendidas y rígidas, los sticks abajo, la parte superior del cuerpo ya paralela al hielo, en línea —como en un friso de tensión—, y supe que el árbitro, con la camisa a rayas, él mismo preparado en el círculo, dispuesto a huir una vez que hubiera soltado la pastilla, estaba a punto de desencadenarlo todo. Recuerdo que pensé: «Por favor, Señor, no dejes que me marquen más de cinco», con la idea de que un gol por minuto era un destino lo suficiente desalentador para suplicar contra él a una Autoridad Superior. Enseguida oí los chasquidos secos de los sticks contra la pastilla.

Durante los dos primeros minutos los Bruins mantuvieron el juego en la mitad de los Flyers. Quizá se dieron cuenta de que atacar con brío era la única esperanza de evitar un marcador sonrojante. Jugaron como si su portería estuviera vacía... como si hubieran quitado al portero en el último minuto de un partido que querían empatar con la ayuda de un delantero adicional. Vi volar una guarda del portero de los Flyers para desviar un tiro.

«Bueno, esto no está nada mal», pensé.

No hay nada más fácil en el deporte que ser portero de hockey cuando la pastilla está en el otro campo. La despreocupación es la actitud apropiada. Uno puede dedicarse un poco a las tareas domésticas y deslizar a un lado las virutas de hielo con el stick. Tararear una melodía corta también es posible. Tretiak, el gran portero ruso, tenía varios ejercicios de relajación a los que se obligaba cuando la pastilla estaba en el otro campo. Encorvaba los músculos de los hombros para relajarlos y hacía un esfuerzo consciente por quitarse las arrugas de la frente. «Para relajarte, presta atención a la cara. Ponla tersa», añadía, el tipo de consejo que seguiría una modelo.

Es un momento de reflexión y observación. Durante una de estas fases, Ken Dryden, portero de los Montreal Canadiens, se dio cuenta de que el gran marcador colgado por encima del Boston Garden estaba ligeramente torcido.

Con la pastilla en la otra mitad, aquello no era distinto (se me ocurrió) de estar al borde de la represa de un molino, mirando a lo lejos a través de una extensión silenciosa alguna actividad imprecisa en el extremo opuesto, casi demasiado apartada para ser discernible —¿estarán pescando percas?—, pero luego, de repente, el azaroso revoloteo distante de chinche de agua se convierte en una ola de movimiento que se aproxima cuando todo —jugadores, sticks, la pastilla— empieza a avanzar en línea recta, casi como si un tsunami, ese imponente maremoto del Pacífico Sur, hubiera aparecido de golpe al otro extremo de la represa y empezara a avanzar rápidamente hacia uno.

—¿Un tsunami? —había preguntado un amigo mío.

—Bueno, la verdad es que es lo que parece —dije yo—. Una gran ola llena de cosas —sticks de hockey, cascos, caras sin dientes, esos pantalones negros de hockey que son como toneles, los patines, y allí en alguna parte aquella horrible pastilla— arrastradas hacia ti a toda velocidad. Y luego, por supuesto, el ruido.

—¿El ruido?

—Bueno, el público ruge cuando los alas avanzan por el hielo, y por eso da la impresión de que el ruido lo produce la propia ola. Y después está el barullo de los patines contra el hielo, y los golpazos de los cuerpos contra las vallas, y el chasquido de la pastilla contra los sticks. Y también tiendes a gritar un poco tú mismo dentro de la máscara, esa clase de sonidos que emiten los personajes de los dibujos animados cuando sufren de mala manera.

—¿Arrrgh?

—Exacto. El hecho es que de repente hay mucho ruido, y no solo eso, también hay mucha gente. Se juntan un montón de personas —dije—, y muy rápido. Hay tanto movimiento y correteo en el área que casi te sientes asfixiado.

A lo que a uno le entrenaban en esa situación, le dije a mi amigo, era a no perder de vista la pastilla bajo ningún concepto. Yo solo la veía fugazmente, se deslizaba de manera esquiva entre los patines y los sticks, tan huidiza como una rata en un seto: parecía imposible prever su paradero... Mi cuerpo saltó y se tambaleó en una serie de intentos fallidos. Cheevers me había explicado que en momentos así él entendía de forma instintiva lo que estaba pasando. Era plenamente consciente de los patrones de juego que se desarrollaban, al stick de quién había ido la pastilla, qué haría con ella el jugador. El movimiento de la pastilla para él era tan significativo como el de un caballo en un tablero de ajedrez. Su mente se entretenía con las posibilidades y las soluciones. Para mí, ya era bastante recordar las instrucciones más sencillas de Cheevers: «¡Levántate! ¡Mantén el stick en el hielo!».

El primer lanzamiento que hicieron los Flyers entró. Solo atisbé un brevísimo instante la pastilla... que llegó a toda velocidad desde el lado derecho, un lanzamiento fantástico que golpeó la red en el poste largo, después de que un jugador de los Flyers colocado al lado del área y que, según resultó, respondía al nombre de Kindrachuk lo desviara en el aire. Concedieron las asistencias a Rick Lapointe y Barry Dean. Oí la triste noticia por megafonía, distinguiendo a duras penas los nombres por encima del tumulto de un público de Filadelfia más contento que unas pascuas por que hubieran marcado a los Bruins, por muy cauto e inseguro que fuera el portero.

Seaweed me había dado algunos consejos adicionales de última hora en el *stage* sobre qué hacer si me marcaban. Su teoría era que el portero nunca debía dar a entender por sus acciones en el hielo que tuviera ningún tipo de responsabilidad en lo que había pasado. El portero debía seguir mirando hacia delante, colocado en cuclillas con aplomo (aunque fuera consciente de que la pastilla había pegado con fuerza contra las redes detrás), como si le hubieran tapado completamente la visión y no supiera que se había producido un lanzamiento. En los casos donde el hecho de que a uno le hubieran tapado la visión del lanzamiento no era, evidentemente, la causa que hubiera contribuido al gol, Seaweed proponía hacer un gesto violento y grosero a un defensa, como si aquel pobre jugador hubiera cometido el error responsable del tanto.

Cuando los Flyers marcaron, no tuve ni la presencia de ánimo ni las ganas de hacer nada de lo que me había recomendado Seaweed. Chillé a voz en cuello consternado y golpeé un lado de la máscara con la caza. Debí de parecer la viva imagen de la culpa y la ineptitud. «¡No he visto la maldita pastilla!», grité. Al alargar una mano atrás para sacarla, me abrumó pensar que los Flyers habían marcado justo al primer intento: el promedio de lanzamientos era perfecto.

La poca confianza que pudiera haber tenido se debilitó aún más cuando poco después del saque neutral que siguió al gol de los Flyers uno de los jugadores de los Bruins fue mandado al banquillo de sancionados por zancadillear. Los Flyers se aprovecharon de la superioridad numérica, y durante el resto del partido la pastilla no se movió del campo de los Bruins.

He visto una filmación de esos minutos, a cámara lenta, de forma que se ponen de relieve mis reacciones retardadas a la ubicación de la pastilla. La gran caza se alza y se agita despacio mucho tiempo después de que haya pasado la pastilla. Parece haber un intento casi estudiado de mantenerme de espaldas a ella. Hay un momento en que me golpea en las guardas y hace que me dé la vuelta. Da la sensación de que me hubiera girado para ver si por casualidad pasaba algo interesante en las redes detrás de mí. Mientras los jugadores pelean por la pastilla tentadoramente delante del área, la cámara me capta observando en las profundidades de la portería, ajeno a la batalla que se dirime justo detrás de mí.

La filmación también muestra que pasé mucho tiempo tirado en el hielo, ¡ay!, justo donde Cheevers y Seaweed me habían advertido que no estuviera. No hacía falta gran cosa para que fuera a parar allí: un empujoncito, el golpe de la pastilla. En una ocasión un lanzamiento duro rozó el poste largo, y al tratar de atraparlo me fui al suelo, como si me hubiera tirado el aire de la pastilla al pasar por delante mío. En la filmación se me ve un instante agarrando una pierna de un defensa, que tiene el stick y los patines bloqueados asido por mí, mientras intento volver a ponerme derecho, sirviéndome de él como un borracho que abraza una farola.

De hecho, la parada más espectacular la hice cuando estaba postrado en el hielo... La pastilla apareció delante de mis narices, de la forma más inexplicable, y pude poner encima el guante rápido. Oí a los Bruins respirando y riendo entrecortadamente mientras se apiñaban sobre mí para impedir que un stick de los Flyers la sacara tanteando.

Lo asombroso de aquellos momentos frenéticos fue que los Flyers

no marcaron. Cinco de sus lanzamientos fueron a puerta y todo...
pero por casualidad mi cuerpo, a la manera de un molinete, totalmente independiente de lo que estaba sucediendo, estuvo donde
debía cuando apareció la pastilla.

Un amigo, que observaba desde los asientos, dijo que el momento
cómico culminante durante todo esto llegó cuando uno de los lanzamientos de los Flyers me pasó por encima de un hombro, golpeó en
el larguero y salió rebotado.

—Lo divertido —dijo mi amigo— fue que al principio no hubo ninguna reacción por tu parte; tú estás allí, en la posición que te habían
recomendado, un poco agachado, vuelto hacia fuera, hacia la acción,
con el stick bien colocado sobre el hielo, y entonces la pastilla pasa a
tu lado, a la altura de la cabeza, y sale del larguero como una pelota
de golf que rebota de un golpe seco contra una rama. Tuvieron que
pasar unos cuatro o cinco segundos para que giraras despacio la
cabeza y echaras un vistazo con disimulo a donde la pastilla había...
bueno... sonado. Fue el súmmum de la lenta reacción retardada.

—No me acuerdo —dije—. No recuerdo que sonara nada.

—Fue divertidísimo —dijo mi amigo—. Toda nuestra sección
estaba desternillándose.

Entonces, solo unos segundos antes de que terminara mi intervención de cinco minutos, Mike Milbury, uno de los defensas de los
Bruins que estaba delante de mí, lanzó el stick en dirección a la trayectoria de un ala de los Flyers que se acercaba con la pastilla. No
llegué a preguntarle por qué. A lo mejor me había caído, había resba-
lado y había dejado la portería desatendida, y entonces pensó que se
requería alguna medida desesperada. Más probablemente, le habían
empujado a hacerlo sus compañeros de equipo y Don Cherry. De
hecho, me dijeron que habían arrojado varios sticks. Los Bruins quisieron asegurarse de que mi experiencia incluyera el desafío más
pesadillesco que puede sufrir el portero... solo en el hielo defen-
diendo contra un lanzador que se le echa encima en un uno contra
uno. ¡El penalti!

Al principio no sabía qué estaba pasando. Oí unos silbatos. Volví a
la portería. Supuse que iban a pitar un saque neutral. Pero los Bruins

empezaron a pasar junto a la portería dándome un toque en las guardas con los sticks, igual que habían hecho al principio, con leves sonrisas, y luego se dirigieron al banquillo. Abandonaron la pista, que se extendía enorme y vacía desde mi posición. Me fijé en un corrillo de jugadores junto al banquillo de los Flyers.

En Fitchburg me habían preparado para lo que tiene que hacer el portero contra el lanzamiento de penalti... que es, de hecho, la forma de maniobrar contra la escapada: cuando el lanzador cruza la línea azul con la pastilla, el portero debe salir de la boca de la portería y patinar hacia él para reducir el ángulo de disparo. El lanzador, en ese momento, tiene dos opciones: puede disparar, si cree que puede mandar la pastilla como una bala más allá de la mole del portero que se aproxima a toda prisa, golpeándola con fuerza por cualquiera de los dos lados. O puede mantener la pastilla en el stick e intentar driblar al portero. En tal caso, por supuesto, el portero debe frenar en seco y luego ir a toda prisa hacia atrás, maniobrando siempre para mantenerse entre el lanzador y la boca de gol. Yo siempre decía a Seaweed o a Cheevers, con quienquiera que charlara sobre el lanzamiento de penalti, que confiaba en que el lanzador, si llegaba a producirse tal situación, no supiera que era incapaz de parar. Lo único que debía hacer el lanzador era parar él mismo y apartarse, y yo pasaría deslizándome al lado de él, en dirección a las vallas al otro extremo de la pista.

Los lanzamientos de penalti se producen en contadas ocasiones. Gump Worsley, en una carrera de veintiún años, solo se había enfrentado a dos, con sendos fracasos, cosa que quizá no era sorprendente, porque los tantos habían salido de los sticks de Gordie Howe y Bum Bum Geoffrion. Pero Seaweed me había dicho —a pesar de la estadística de Gump Worsley— que pensaba que las probabilidades favorecían al portero... que si salía y controlaba el ángulo, podía obligar al lanzador a tomar riesgos. Además, señalaba que como el lanzador era el único jugador en la pista, el portero siempre tenía en el punto de mira la pastilla, mientras que en el frenesí de un partido a menudo él la había perdido de vista en una refriega, o bien otro jugador la había desviado a gol, o había atravesado el hielo hasta una posición que requería un desplazamiento rápido en la portería. Otros estaban de acuerdo con él. Emile Francis creía que el portero debía parar el penalti tres de cada cinco veces. Señalaba que aunque el portero tiene bastante presión, el otro también: la humillación de fallar es mayor, porque se supone que el lanzador parte con ventaja. Es el depredador, veloz y rapaz, que se abate sobre el defensor, relativamente inmóvil. Las estadísticas parecen confirmar que está en lo cierto. Hasta el momento en que me uní a los Bruins, solo un penalti de los diez lanzados en partidos de la Copa Stanley había terminado en gol: el que le había marcado Wayne Connelly, de los Minnesota North Stars, en 1968, a Terry Sawchuck.

La confianza que habría podido infundirme conocer tal estadística no era en modo alguno manifiesta en mi caso. Estaba en la portería, mirando a lo lejos la pista vacía, sintiéndome solo y que me habían tomado el pelo, con la inmensa atención del público estrechándose sobre mí mientras se anunciaba por megafonía que Reggie Leach iba a realizar el lanzamiento de penalti. ¿Leach? ¿Leach? El apellido no me decía mucho. Luego me comentaron que le apodaban el Rifle. Solo había oído una cosa relacionada con él que pudiera recordar del historial que tenía de los jugadores de los Flyers, que era que había marcado cinco goles en un partido de play-off, un récord. Me vino vagamente a la memoria que era indio de nacimiento. También un especialista del *slap-shot*... información suficiente para que me ardiera la cara de sudor debajo de la máscara.

Me di una última instrucción a mí mismo, murmurando de forma audible dentro de la jaula de la máscara facial que no iba a permanecer clavado inútilmente en la boca del gol, sino que iba a lanzarme hacia Leach... y precisamente entonces lo vi saliendo desde las vallas, justo al otro lado de la línea azul, cogiendo velocidad, y vi la pastilla, que controlaba moviendo de un lado a otro en la curva de la pala del stick.

Cuando cruzó la línea azul, me puse en marcha y salí patinando con brío para enfrentarme a él, moviendo arriba y abajo los brazos, y, cuando convergimos, me entregué por completo a la esperanza de que disparara en vez de intentar esquivarme. Me tiré de lado al hielo (alguien dijo después que pareció un sofá del año de la pera que se

venía abajo), y efectivamente, disparó. De una manera algo mecánica, levantó la pastilla, que golpeó la cuchilla de uno de mis patines y
se alejó deslizándose, lejos de la portería.

Un digno rugido de sorpresa y satisfacción estalló desde las gradas. A aquellas alturas, creo, los seguidores de los Flyers me consi-
deraban menos un odiado jugador de los Bruins que un sustituto de
sus semejantes. Yo representaba una manifestación de la curiosidad
que podían tener por imaginarse alguna vez allí abajo en el hielo.
En cuanto a los Bruins, llegaron rápido del banquillo trepando por
encima de las vallas para salir patinando en una oleada de color negro
y dorado. Se me ocurrió pensar que estaban saliendo simplemente
para volver a ponerme derecho sobre los patines —después de todo,
estaba tirado en el hielo—, pero se les veía sonreír de oreja a oreja:
me levantaron y empezaron a aporrearme de lo más contentos. Los
grandes guantes me envolvían la máscara, de forma que apenas pude
ver mientras íbamos lentamente hacia el banquillo en un grupito
compacto y jubiloso. A medio camino, se me salieron los patines
—quizá por un tropiezo, o ladeados por los golpes de felicitación— y
de nuevo me caí al suelo. Me levantaron como si fuera un saco de
patatas y me llevaron al banquillo. Me senté. Fue muy emocionante.
Les sonreí feliz. Alguien me metió en la boca el tubo de una botella
de plástico. El agua entró a chorros y me ahogué durante unos instantes. Me extendieron una toalla sobre los hombros.

—¿Cuántas paradas?

—Bueno, veinte o treinta. Por lo menos.

—¿Qué te ha parecido el lanzamiento de penalti?

—Leach está acabado. A lo mejor no vuelve a jugar. Mira que fallar
un lanzamiento de penalti contra ti... Los Flyers igual no se recupe-
ran. —Estaba disfrutando de lo que decían.

—¿En serio?

Pero volvieron a dirigir la atención al hielo. El partido se reanu-
daba. El sonido del público era diferente: retumbante y violento.
Miré de un lado a otro del banquillo buscando más reconocimiento.
Quería oír más. Quería contarles cómo había sido. Pero ya habían
apartado las caras.

JUEGO DE
LA HERRADURA

Sports Illustrated *me encargó un extenso artículo sobre George Bush y su pasado deportivo. Estaba a un mes de la presidencia. Quedamos en el Observatorio Naval, la residencia oficial del vicepresidente.*

El ambiente era muy distendido. La entrevista iba bien. El presidente electo hablaba mucho de pesca, de cómo le daba tiempo para descansar de los rigores del trabajo, y para meditar un poco. Citó el verso de Izaak Walton que dice que el día que pasa un hombre pescando no debería restarse del tiempo en la tierra. Solo había tenido una temporada larga de servicio en el Gobierno sin pescar, cuando había sido jefe de la Oficina de Enlace de Estados Unidos en Pekín de 1974 a 1975. En una fiesta de la embajada soviética le invitaron a sentarse en una barca en un extremo de una piscina ceremonial. En el otro, un batallón de batidores se metió en el agua y empezó a empujar un banco de carpas grandes hacia él.

—Daba miedo —dijo Bush—. Aquel montón de carpas gigantescas que se movía con estrépito por el agua. Las esperamos con varas con redes en la punta.

Barbara Bush recordó que lo que pescaron lo limpió al momento el personal de cocina ruso y lo preparó para llevar a casa.

—Los rusos tenían un complejo muy bonito construido durante la época de Pedro el Grande —dijo—. Recibían a menudo.

—Partidos de hockey —dijo el presidente electo—. En el lago. Nunca se me dio muy bien patinar, así que no salía al hielo. No me gusta hacer cosas que no hago bien. No bailo bien, así que no bailo. ¿Ve esta cicatriz? —preguntó de pronto. Señaló el dorso de una mano. Una anjova de casi tres kilos le había mordisqueado cerca de la costa de Florida—. Luego tengo otra cicatriz aquí al lado de la ceja, de un choque al intentar cabecear una pelota jugando al fútbol en Andover. ¿No la ve? Bueno, ¿y esto qué? —Se apartó la camisa del cuello para mostrar un prominente bulto en la paletilla del hombro derecho—. Esto me lo hice jugando a dobles mixtos con Barbara en Kennebunkport. Me di contra un porche.

—Su madre siempre decía que aquella pelota era mía —dijo Barbara Bush—. No corrí a por ella, así que lo hizo él. Seguramente mi madre tenía razón.

El presidente electo sonrió y se encogió de hombros.

—Se me salió el hombro —dijo—. Dislocado.

—Después de aquello pusieron el porche en otro sitio —dijo su mujer con una sonrisa.

Bush dijo que llevaba jugando al tenis desde los cinco años, más o menos. Había dejado los individuales no mucho después de primaria y se había centrado en los dobles, sobre todo porque sus golpes de fondo eran «malísimos», a excepción de un resto de revés corto con mucho efecto que va a parar a los pies del jugador que saca cuando este se aproxima a la red, y que él llamaba «la hoja que cae».

—¿Cómo dice, señor? —pregunté.

—La hoja que cae.

Continuó diciendo que la red es el único sitio donde se siente cómodo de verdad y que sube siempre que tiene ocasión, incluso después de un segundo saque.

—O de la hoja que cae —añadió riéndose.

A lo largo de los años habían surgido varias expresiones propias de la familia Bush, y me contaron algunas de ellas. Un golpe flojo provoca el grito despectivo de «¡apagón!». La más abstrusa es «suelta a Chiang», que viene del clamor en los círculos gubernamentales para permitir a Chiang Kai-shek la invasión de la China continental desde Taiwán y que, en la pista de los Bush, alude a una posible fuente de potencia.

—George mira hacia atrás —explicó Barbara Bush— e insta a su pareja, «¡suelta a Chiang!». Lo interesante de estas expresiones —prosiguió— es que se extienden fuera. La gente se las lleva consigo, y a lo lejos, desde alguna otra pista, de repente oyes: «Venga, ahora suelta a Chiang».

Cuando terminó la entrevista, el presidente electo me miró y me preguntó:

—Oiga, ¿qué me dice de una partida al juego de la herradura? Usted ha hecho todas esas cosas... fútbol americano con los...

—Detroit Lions.

—Exacto. Y los Boston Bruins y todo eso. Tiene que probar el juego de la herradura.

Asentí con la cabeza y dije que sería un gran honor.

De camino a la pista del juego de la herradura, Barbara Bush me detuvo.

—Tendrá que llevar un sombrero vaquero —dijo—. Nadie con un poco de dignidad juega al juego de la herradura sin sombrero vaquero.

Rebuscó en un armario al lado de la puerta principal. En una balda de arriba había una colección de sombreros de Bush. Me probé unos cuantos del tipo del oeste. Tiene una cabeza mucho mayor que la mía, de forma que los sombreros tendían a deslizarse por la frente casi hasta los ojos.

—Parece que estos sombreros son todos de la misma talla —observé, un comentario algo disparatado, puesto que daba a entender que el Sr. Bush llevaba sombreros de distintas medidas.

Al final escogí un modelo de copa alta con el nombre del presidente electo estampado en oro en la parte interior. Lo llevé al salir a la pista del juego de la herradura en un ángulo extraño, hacia atrás, para poder ver adónde iba. El presidente electo lo observó unos instantes. El suyo estaba decorado con un cordón indio trenzado que complementaba la cinta. Me alargó algunas herraduras.

—Puede escoger —dijo—. La de ocho, forjada a martillo, o la de diez.

—Voy a coger... —El presidente electo se rio. Miró abajo las herraduras y las levantó para calcular el peso—. Ni siquiera yo sé cuál es la diferencia —dijo—. Me dicen que cuanto más duro es el metal, más tiende a rechazarlo la estaca.

Entonces me explicó las reglas. Un punto por la herradura más próxima a la estaca y tres si daba en el clavo; el ganador sería el pri-

mero que alcanzara los quince puntos. Hicimos unos cuantos lanzamientos de práctica. Yo tiraba las herraduras de forma que giraran
paralelas al suelo hacia la estaca. Esto sorprendió algo al presidente
electo, dado que es el estilo (aunque yo lo desconocía) utilizado por la
mayoría de los lanzadores experimentados.

—¡Eh! ¿Qué es eso? —preguntó con recelo.

Él prefiere coger la herradura por el extremo cerrado y lanzarla de
forma que gire una vez, al revés, mientras atraviesa la pista.

—¿Ha jugado a esto alguna vez?

—Hace treinta años —dije siendo sincero.

Empezó la partida. Al presidente electo le apoyaba a voz en cuello su nieta Jenna, que tiene siete años, sentada al lado de la pista y
abrigada con una parka de color naranja vivo. Se parloteó bastante
durante la partida: aguijoneos y una plétora de expresiones familiares: «apagón», o sea un lanzamiento desganado, «sdi[3]», un tiro con un
arco más elevado de lo normal, y «qué pista más fea», las veces que
ninguna herradura se acercaba a la estaca. En una ocasión fue imposible decidir cuál de las dos herraduras había caído más cerca. El presidente electo gritó: «¡La herramienta! ¡Traed la herramienta!», una
petición que fue repetida por quienes estaban alrededor de nosotros
viendo la partida.

La herramienta, que trajeron del cobertizo del jardín, resultó ser
un enorme compás de puntas fijas de oficial de derrota. El presidente
electo se arrodilló en la pista y quitó la tierra de las dos herraduras.
Manejaba el artilugio con gran deleite. De hecho, todos los aspectos
del juego se seguían con gran entusiasmo. De vez en cuando se volvía
hacia mí y me hacía preguntas retóricas: «¿Verdad que es un juego
sensacional? ¿Se lo ha pasado mejor alguna vez? ¿Verdad que es sensacional? ¡Dios!».

La verdad es que estaba pasándomelo bien. El hierro era frío y
agradable al agarrarlo. Atisbé en la distancia desde debajo del ala del
sombrero y de repente, después de varios lanzamientos de un punto,

---

3. Siglas en inglés de Iniciativa de Defensa Estratégica. [N. del T.]

di en el clavo. Me vi con catorce puntos, a solo uno de ganar. El presidente electo tenía trece. Se alzaron gritos de alarma desde la silla de Jenna.

Empezó a preocuparme ganar. ¿Qué supondría para la confianza del presidente electo perder con alguien que no había lanzado una herradura en treinta años? ¿Le daría vueltas? ¿Se golpearía de repente una muñeca contra la frente en las reuniones del gabinete ministerial? ¿Tropezaría con los arbustos del Jardín de Rosas? ¿Hablaría en voz alta solo en cenas de Estado? ¿Sería brusco con Sununu?

Decidí que atribuiría la victoria al sombrero. «La suerte del principiante», iba a decir. «Y este sombrero suyo. Si no hubiera sido por este sombrero de vaquero...»

Parecía la solución perfecta. Cortés. Modesta. Justo lo que había que decir.

—Mire, no podemos permitir que pase esto —estaba diciendo el presidente electo mientras daba un paso adelante para lanzar.

Apuntó el tiro abajo. Al balancear hacia atrás el brazo emitió una de las frases familiares para motivarse. En este caso no fue «suelta a Chiang».

—¡Recuerda Iowa! —dijo en voz alta, en alusión a cuando se recuperó allí de la adversidad política durante las primarias republicanas.

Vimos cómo la herradura roja abandonaba la mano, giraba en el aire, caía hacia la pista con las puntas por delante y, con un horrible ruido metálico, se recogía alrededor de la estaca. ¡Había dado en el clavo! Dieciséis puntos y victoria para el presidente electo. Levantó triunfalmente los brazos al instante, con una sonrisa enorme. Desde la silla, Jenna empezó a dar gritos de alegría.

Yo dije lo siguiente:

—¡Cáspita!

No recuerdo la última vez que utilicé aquella antigua expresión. El presidente electo se me acercó con la mano extendida.

—¿Verdad que es sensacional? —dijo mientras le felicitaba.

No se refería a su victoria, sino al hecho de que la partida había sido muy divertida. Coincidí con él—. ¡Dios! —dijo.

Volvimos andando a la residencia. En el porche, la Sra. Bush sugirió que dejáramos los zapatos, llenos de barro de la pista del juego de la herradura, junto a la puerta principal, para no manchar las alfombras. Me quité los mocasines de pie. Un calcetín tenía un agujero. El dedo gordo relució un momento hasta que tiré del calcetín hacia delante para que colgara de la punta del pie, y luego se agitó mientras seguía al presidente electo dentro de la casa. Quería enseñarme el edificio. Le seguí escaleras arriba, primero a su despacho, tamaño gabinete, con sus fotografías de la lancha *Fidelity*, que saca para pescar anjovas, y un macabí disecado (CUATRO KILOS Y OCHOCIENTOS CUARENTA Y SEIS GRAMOS, pone en la placa de debajo), con un pequeño tiburón de goma montado en el lomo, que algún nieto había dejado tirado allí encima.

Subimos a una habitación tipo dormitorio colectivo en la parte de arriba de la casa donde los hijos mayores de los Bush duermen en el suelo en sacos cuando van de visita. Lo más parecido a una vitrina de trofeos está allí arriba, un estante abarrotado de recuerdos de caja de zapatos que uno podría encontrar al fondo del armario de un adolescente, pelotas de béisbol raspadas, una de ellas, me fijé, firmada por Joe DiMaggio con una dedicatoria: «Haces que el despacho parezca fantástico»; una pelota de fútbol americano firmada por Roger Staubach, que escribió: «Gracias por preocuparte por los amigos»; un mascotín de primera base modelo Keith Hernández; un banderín de los Chicago Cubs; una gorra de béisbol de la Serie Mundial de los Dodgers de 1988; una pelota de fútbol de la NASL[4]; dos cascos de albañil, y un sombrero de broma de color rojo sangre de los Arkansas Razorbacks con la forma de una cabeza de jabalí. El presidente electo cogió el sombrero del estante y se lo probó, el hocico asomó por encima de la frente.

—No sé si le queda bien, señor —dije—. Su electorado se asustaría.

—El de Arkansas, no —dijo dejándolo donde estaba.

Cogió una de las pelotas de béisbol y empezó a lanzarla hacia arriba con una mano.

---

4. Siglas en inglés de la North American Soccer League. [*N. del T.*]

—Ahora la única vez que manejo una de estas es en los lanzamientos de honor.

Empezó a describir uno de los momentos más embarazosos cuando —por lo visto, obstaculizado por un chaleco antibalas— en la ceremonia de una inauguración había lanzado una pelota al receptor de los Houston Astros que se quedó a medio camino tras dar unos botes.

—Tiendes a olvidar la distancia —dijo—. Se trata de apuntar más alto. Aprendes. La vez siguiente das en el blanco.

Mientras bajábamos las escaleras vimos un pequeño grupo en el vestíbulo, miembros del Gobierno electo. Reconocí a Quayle, a Sununu, el jefe del Estado Mayor, y a Nick Brady, el secretario del Tesoro. También a Scowcroft. Por lo que parecía, el presidente electo había programado una reunión de gabinete. El dedo gordo del calcetín colgaba sobre un peldaño. Por lo visto Sununu estaba al tanto de mi carrera de periodista participativo.

—¿Qué? —dijo levantando la voz en tono divertido—. ¿Un nuevo fichaje para el gabinete?

El presidente electo me acompañó a la puerta. Al volver a ponerme los mocasines me instó a regresar para la revancha.

—Cuando la pista del juego de la herradura en la Casa Blanca esté lista, habrá una ceremonia de inauguración con corte de cinta. Tiene que venir. —Le dije que iría.

—Pero ese día llevaré mi sombrero vaquero —dije.

MÚSICA: UN DISCURSO EN UN ALMUERZO DE LA FILARMÓNICA DE NUEVA YORK

Era bastante evidente que el periodismo participativo podía extenderse más allá del mundo de los deportes. Hice varias participaciones de este tipo, algunas para documentales de televisión de una hora (todos ellos producidos por David Wolper): interpretar un pequeño papel en una película del Oeste protagonizada por John Wayne, probar de monologuista (en el Caesars Palace de Las Vegas), practicar la fotografía de la fauna silvestre en África, actuar en el circo Clyde Beatty-Cole Brothers de trapecista, llamado por mis compañeros «El Poste Telegráfico Volador». Lo que sigue es el relato de cuando toqué con la Orquesta Filarmónica de Nueva York. David Wolper filmó lo que sucedió para un programa especial de The Bell Telephone Hour. Lo que hizo que esta participación me resultara particularmente angustiosa (y sin duda también a Leonard Bernstein, el director) fue que los conciertos en los que toqué no fueron ensayos, sino actuaciones de verdad. Una metedura de pata por mi parte no pasaría desapercibida de ninguna manera por los críticos sentados en el auditorio ni por los entendidos en música, ni desde luego por el público entero si sucedía algo grave, como que se me cayeran los platillos en el escenario. Me intimidaba no solo la importancia de mi papel, sino sobre todo Bernstein, a quien ya conocía. Era un buen amigo de varios familiares, en especial de los que estaban vinculados con la música en Nueva York, como mi padre, que pertenecía a la junta directiva de la orquesta sinfónica. Siempre fue un placer ver a «Lenny», como le llamaba todo el mundo, en varias reuniones. Pero después ya no tanto. En parte, por haber estado en presencia de tamaño genio. De cualquier modo, ahora verlo de repente en un cóctel, por ejemplo, hace que me lata con fuerza el corazón y o bien salgo furtivamente por la puerta o me escapo a la barra. Lo que sigue podría explicar por qué.

A menudo me preguntan cuál de los ejercicios participativos en los que he tomado parte ha sido más amedrentador. La gente siempre se sorprende cuando digo que el que más me amedrentó no fue jugar al fútbol americano con los profesionales, o al baloncesto, o boxear, sino tocar con la Orquesta Filarmónica de Nueva York.

Toqué el triángulo. Y algunos otros instrumentos de percusión.

Una razón de que fuera amedrentador estribaba en que en la música no puedes cometer un error. Casi todos los deportes se basan en la idea de que un error acabe siendo un factor determinante en el resultado: en el tenis le das un efecto a la pelota con la esperanza de que el rival cometa un error; en el boxeo fintas y esperas que el otro baje la guardia para poder sacudirle; el fútbol americano es una lucha titánica para intentar que los otros cometan errores: que no estén donde deberían.

Pero en la música no puedes cometer un error. No forma parte del *Zeitgeist*. Si cometes un error, un gran error, destrozas una obra de arte. La idea de hacer algo así, por supuesto, desasosiega la conciencia de todos los músicos, incluso de los muy buenos. En las salas de ensayo de los grandes auditorios los músicos que se preparan para un concierto importante tienen esa mirada vidriosa que he visto en las caras de profesionales que iban a salir a enfrentarse a los Chicago Bears. De hecho, acabé conociendo a un violinista de la Filarmónica que me dijo que le amedrentaba tanto cometer un error —sobre todo en los ensayos, donde el director puede pararlo todo, fulminarte con la mirada y advertir que es un si bemol, no un si— que le daba vueltas a la idea de enjabonar las cuerdas del violín, de forma que cuando lo tocara apenas emitiera sonido alguno. Su idea era hacer esto hasta tener una sensación más clara de dónde estaba, hasta coger confianza.

Bueno, ya se imaginan qué efecto tuvo todo esto en mi sensación de bienestar. Mis conocimientos musicales son de lo más superficiales. Había ido a ver a Leonard Bernstein, el gran director, y le había preguntado si podía unirme a la Filarmónica en la próxima gira de un mes por Canadá... para poder investigar el funcionamiento de una orquesta de talla mundial. El Sr. Bernstein conocía mi trabajo. Había leído alguna cosa mía, creo. Se refería a mí llamándome «profesional aficionado». En aquella ocasión me planteó algo bastante obvio: ¿qué sabía tocar?

Déjenme decir unas palabras sobre esta cuestión. Toco el piano de una forma muy elemental. De niño, había ido durante años a clases y todavía recuerdo algunos pequeños fragmentos... unos cuantos compases de un estudio de Chopin, la escala del principio de *Rhapsody in Blue*, la marcha de *Aida*. Algunos motivos de Wagner (tocados con una mano). Mis dos mayores logros son «Deep Purple» y «Tea for Two», pero incluso con estas dos a menudo tengo que repetir algunas partes, las más difíciles, para que mis dedos, oxidados por la falta de práctica con el teclado, encuentren el camino.

Repentizar me sobrepasa. Sigo haciéndolo como uno de los primeros arqueólogos al resolver los jeroglíficos de la piedra Rosetta. En las Navidades mi familia alarga lo que esté cantando mientras yo busco el siguiente acorde. Le hablé al Sr. Bernstein de «Deep Purple» y «Tea for Two».

«Bueno, esas cosas no nos hacen mucha falta aquí», dijo. Me mandó a aprender percusión, para que me uniera al conjunto, al fondo de la orquesta, en lo que denominó el «rincón de la sombra».

Menuda pandilla eran: Saul Goodman, el timbalero principal, que me enseñó a sujetar el triángulo y a rebotar la varilla metálica del acero para conseguir distintos efectos; Buster Bailey, que llevaba una boina y era un apasionado del circo: tocaba como invitado en las bandas de circo, cuando venían a la ciudad, los largos redobles de caja en el momento en que el trapecista estaba a punto de lanzarse al triple salto mortal; Walter Rosenberg, el hincha de béisbol que escuchaba los partidos con un pinganillo en un oído durante los ensayos. Rosenberg era el entrenador y el guía del equipo de béisbol de la Filarmónica, que era conocido con el muy apropiado nombre de Penguins (Pingüinos). Jugaban en la Theather League. Se notaba quiénes eran los violinistas. Tenían que preocuparse por los dedos, de forma que cuando bateaban una pelota hacia ellos se giraban y corrían al lado de ella hasta que casi se detenía. Entonces se abalanzaban sobre ella y la mandaban a la segunda base. Los violinistas siempre mandaban la pelota a la segunda base.

Allí atrás, en el rincón de la sombra, me ayudaron todo lo que pudieron. Durante los ensayos uno de ellos se inclinaba hacia delante y señalaba dónde estábamos en la partitura, o susurraba cuántos compases quedaban antes de que entrara. Se ladeaban hacia mí en el momento del compromiso, como si desearan que captara la entrada del director y tocara de manera correcta. Yo observaba sombrío a Bernstein por encima de la punta del triángulo, con la varilla metálica bien agarrada, en busca de una mirada o de algún gesto insignificante en medio del torbellino de sus movimientos que indicara que había llegado mi momento. Entonces, ¡tin!

Bernstein agitaba la batuta de lado a lado para señalar que quería parar para repasar cosas —primero los violines, en relación con la técnica del arco en cierto momento, luego los instrumentos de viento de madera, un pequeño ajuste aquí por favor, cierto fraseo, a lo mejor alguna bromita con Harold Gomberg, el gran oboe, o una exhortación vocal referida a cómo quería que sonaran las trompas («Vaarum» o lo que fuera) y luego desde el podio, a través de todas aquellas cabezas, me miraba—.

—Bueno, George.

A esto le seguía el sonido de las sillas moviéndose un poco, los músicos se daban la vuelta, porque sabían que Lenny, como le llamaba todo el mundo, iba a divertirse un poco.

—George, ¿nos puedes tocar otra vez esa nota? —Yo cogía el triángulo.

—¡Tin!

—Otra vez, por favor.

—¡Tin!

—Una vez más, por favor. —Se llevaba una mano a una oreja para oír mejor.

—¡Tin!

Una pausa para causar efecto.

—A ver, ¿a cuál te refieres? —preguntaba—. Son todas diferentes.

—Carcajadas—. Práctica, práctica, práctica —decía Bernstein en voz alta, y volvía a su partitura.

Nunca tuve el descaro de participar en la diversión («escoge la que quieras, Lenny») ni nada parecido. Me quedaba lívido, el corazón me latía con fuerza, y pensaba en mis amigos sentados en las mesas de las editoriales y revistas sin otro quebradero de cabeza que el de dónde comer.

A veces tenía algún indicio de que había cumplido mi papel de manera satisfactoria. Los músicos tienen una forma de aplaudirse mutuamente mientras la música continúa: arrastran rápido una pizca un pie en el suelo del escenario de la sala. Así reconocen la brillantez de los demás. Harold Gomberg, por ejemplo, al completar un dificilísimo pasaje de virtuoso, coloca el oboe sobre la rodilla mientras alrededor de él los pies se arrastran: sus colegas rinden homenaje a su maestría. Cuando superaba mis entradas sin errores, los pies se arrastraban por toda la orquesta, muy probablemente de alivio. ¡Qué visión más extraña sobre la que devanarse los sesos para un auditorio, la repentina convulsión de pies que se arrastran, como si un ejército de hormigas rojas, a alguna señal de algún director minúsculo, hubiera atacado a la altura del tobillo al unísono!

Nos fuimos de gira por Canadá. Llegamos a la ciudad de London, en Ontario, donde teníamos previsto interpretar la *Cuarta sinfonía* de Mahler. Esa sinfonía comienza con dieciocho toques de «cascabeles», un instrumento que se parece un poco por la forma y el tamaño a una mazorca grande: los cascabeles (como los de los arreos de los caballos) están en hileras a lo largo de una vara central. El músico sujeta el instrumento por el mango (el mío era de color rojo vivo) y le da golpecitos o lo agita. La partitura de Mahler exige que el percusionista dé golpecitos a los cascabeles con las yemas de los dedos el número de veces necesario, *diminuendo*. Las notas son importantísimas porque son lo primero que uno oye en el auditorio, cristalinas, radiantes, rítmicas, y apagándose, al final, cuando entran los instrumentos de viento de madera.

Yo estaba a cargo de los cascabeles.

Ocurrió algo en London, Ontario. Sigo sin saber del todo qué. El Sr. Bernstein subió andando al escenario, con un gran aplauso de bienvenida del público. Hizo una reverencia, se giró hacia su orquesta, inclinó la cabeza hacia ellos, y después me miró a través de todas aquellas cabezas. Yo estaba preparado en mi rincón de la sombra, tendiendo los cascabeles delante de mí, listo para darles toquecitos y empezarlo todo. Estaba muerto de miedo.

Su rostro dibujó una curiosa expresión. Desde entonces no he parado de pensar en ella: un poco triste, desilusionada, quizá suplicante, como si deseara contra toda esperanza que las cosas salieran bien. Levantó la batuta. El blanco de los ojos brilló cuando alzó la vista hacia el techo. Entreabrió un poco la boca.

Empecé a dar toquecitos. Puede que golpeara el instrumento veintitrés veces, llevado por el terror. O no lo suficiente. O de forma desigual. En cualquier caso, supe que había pasado algo. Para empezar, no hubo arrastre de pies. En ningún sitio. Me percaté de ello. No solo eso, sino que los hombros de los músicos que tenía justo delante estaban como curvados hacia delante. No era muy alentador. Mis colegas percusionistas tenían la vista clavada al frente. Más de una vez durante la sinfonía, el Sr. Bernstein me echó una mirada, con una expresión tensa, exasperada, casi acusatoria, como si le hubiera hecho partícipe de una broma vergonzosa. De hecho, cuando terminó la sinfonía apareció en los camerinos, buscándome. Casi gritando, me comunicó que había «destrozado» la *Cuarta* de Mahler, que no quería volver a oír un sonido tan horrible saliendo del fondo de su orquesta nunca más y que, por lo que a él respectaba, estaba acabado, ¡del todo! Dicho lo cual, aquel hombre atormentado se dio la vuelta y salió a toda prisa a la noche canadiense. Lo seguí con la mirada, horrorizado.

Pueden imaginarse cómo me sentí en aquel momento... después de que me dijeran que había destrozado una sinfonía, que había desacreditado la orquesta: expulsado del rincón de la sombra a las regiones salvajes de Ontario, a algún lugar al norte de la frontera canadiense.

Llegó la pandilla de la percusión. Se aglomeraron alrededor. Me aseguraron que no tenía nada de que preocuparme. «El típico berrinche de director», dijo uno de ellos. «Mañana estarás de vuelta con la orquesta.»

Me llevaron de juerga por London para ayudarme a olvidar. Fuimos a varios bares. No dejaron de hablarme de historias de músicos, sobre todo percusionistas, que —como decían— «habían fallado». Pensaban que así me sentiría mejor. Me contaron una relacionada con el sonido más fuerte en música, que es supuestamente la salva de cañones de la *Obertura 1812* de Tchaikovsky. Al aire libre se hace con cañones de verdad, fuegos artificiales y demás. Bajo techo, el percusionista está entre bastidores, escrutando por un agujerito del telón de fondo, y cuando el director le da la entrada, dispara un aparato que es una especie de escopeta en un barril, lo cual produce el sonido retumbante del cañoneo que exige la partitura. En la ocasión que contaron, que fue en los viejos tiempos de la Filarmónica en el Carnegie Hall, el percusionista (sus dedos a lo mejor apretaron el gatillo de forma involuntaria) disparó aquel instrumento sesenta —sesenta— compases antes. ¡Algunos músicos de delante pensaron que alguien se había suicidado allí atrás!

Había otras historias. Me contaron que un cimbalista había entrechocado su instrumento en un inmenso clímax orquestal y uno de los platillos se había caído y había rodado entre las sillas de los músicos como un cubo de rueda en una carretera. Me hablaron de un hombre que tocaba el carillón —esos cilindros que cuelgan de un bastidor de hierro— y que, en vez de golpear el cilindro más largo, el que cuelga justo al lado del armazón, miró al director para la entrada y luego con el macillo le dio al armazón, golpeó el hierro, ¡clong! «La obertura de *Romeo y Julieta*», dijo uno de ellos. «¡El auditorio se vino abajo!» Me hablaron de una pianista de la Orquesta Sinfónica Nacional de

Suiza que había subido al escenario, se había sentado al magnífico piano delante de la orquesta, había toqueteado los tiradores a ambos lados de la banqueta para ponerse cómoda, había levantado la cabeza hacia el director indicando que estaba lista, y entonces había bajado las manos en un acorde inicial con una sacudida tan tremenda que de alguna manera había desplazado el piano de los calzos y lo había puesto a rodar. Este había cogido un poco de velocidad y había empezado a moverse hacia las candilejas. Dijeron que se había lanzado detrás de él y había hecho todo lo posible en unas condiciones muy adversas.

No tengo ninguna duda de que algunas de las historias eran inventadas, sobre todo la de la pianista. Hacían lo que podían por levantarme el ánimo. Pero mi mente no paraba de volver a aquel momento anterior de la noche... La expresión suplicante de Bernstein, el sonido de los cascabeles, tin, tin, tin, sorprendentemente fuerte en el silencio de aquel gigantesco auditorio, las filas de espectadores que se extendían hacia atrás... la desesperación del director...

Entonces uno de los músicos —creo que Walter Rosenberg— recordó que en unas cuantas noches en Winnipeg estaba previsto que la orquesta interpretara la *Segunda sinfonía* de Tchaikovsky, *La pequeña rusa*. Al final, dijo, había una tremenda carga explosiva en el gong.

—Es un gran momento —continuó—. Justo al final. ¡Entra como un signo de admiración! Luego los violines tocan un par de compases y se acaba.

Los otros músicos metieron cuchara. Iríamos a ver al maestro, al Sr. Bernstein, para ver si me dejaba tocar el gong en Winnipeg. Sería justo la terapia necesaria después del apuro de los cascabeles.

—Has tropezado —dijo uno—. Tienes que volver a levantarte.

—Oye —dije—. No estoy seguro de esto.

Añadí que no sabía nada de la *Segunda sinfonía* de Tchaikovsky, que no la reconocería si la oyera y me dieran veinte oportunidades para acertar. Y, lo que era más importante, jamás había tocado el gong, y aunque ya era bastante grave cometer un error con los cascabeles, o el triángulo, hacer algo mal con el gong era totalmente distinto.

—Se enterarían en Massachusetts —dije.

Insistieron. Cuchichearon entre ellos como conspiradores. A la mañana siguiente me sacaron de la cama y fuimos a ver al Sr. Bernstein. Yo era muy reacio. El Sr. Bernstein llevaba un albornoz de felpa, si no recuerdo mal. No quería mirarme. Los percusionistas me apoyaron contra una pared, por así decir. Le suplicaron. Le dijeron que sería fatal para mi bienestar psíquico no tener otra oportunidad. Dijeron que me prepararían. Y siguieron dale que dale.

Al final, el Sr. Bernstein me miró.

—De acuerdo —dijo—, puedes tocar el gong en Winnipeg con varias condiciones. —Puso una voz de lo más severa—. Para empezar, quiero que me observes a lo largo de toda la sinfonía. No bajes la vista a la música. Todos sabemos que no sabes leer una partitura. No engañas a nadie cuando pasas las páginas. Es desconcertante, todo ese arrastre de pies allí atrás. Así que fíjate en mí. Cuando hayan pasado unos nueve minutos del último movimiento, te daré una entrada como no ha visto nunca ningún músico. En ese momento —dijo el Sr. Bernstein mirándome con dureza—, ¡sacúdelo!

Así que un día o así después allí estaba, en Winnipeg, de vuelta en el rincón de la sombra, con corbata blanca y frac, detrás del gong, que colgaba gigantesco de las cadenas. El sitio estaba a rebosar de melómanos que habían entrado en tropel para oír la orquesta más grande del mundo, sin saber que uno de sus músicos a duras penas podía terminar de tocar «Tea for Two» y «Deep Purple».

El Sr. Bernstein apareció de entre bastidores. Prolongado aplauso. Se volvió para darnos la cara y empezó la sinfonía.

Uno de los horrores de la música orquestal es que una vez que ha comenzado no hay manera humana de pararla. Es totalmente distinta del deporte, donde, si uno lo piensa, el atleta tiene una capacidad casi divina para detener el tiempo en sí. El quarterback cruza los dedos en forma de equis para señalar un tiempo muerto y todo se para. Una saltadora olímpica, suspendida en el trampolín, puede tomarse su tiempo, moviendo los dedos de los pies y consiguiendo sentirse bien antes de proceder a lanzarse agua abajo trazando un arco.

Pero en la música, en cuanto la batuta del director está abajo, uno entra de inmediato en una rueda que le lleva arriba de forma inexorable hacia el momento de la verdad, y no se puede hacer nada. Bueno, entramos al cuarto movimiento. Había agarrado el gran mazo casi en cuanto había empezado, para estar seguro, nada más, y para indicar al Sr. Bernstein que no iba a pillarme desprevenido.

En los ensayos me dijeron que a algunos percusionistas les gusta hacer vibrar ligeramente el gong justo antes de golpearlo. Hace que el sonido sea un poco más melodioso. Uno consigue que el gong tiemble tocándolo una pizca con el mazo, solo se necesita un ligerísimo efecto de fricción. A mí me tenía sin cuidado. No iba a correr ningún riesgo jugueteando con aquel gong, igual que no haría el tonto con un frasco grande de nitroglicerina. Pendía inmóvil.

Al entrar al cuarto movimiento me imaginé que de tanto en tanto el Sr. Bernstein me lanzaría una mirada fugaz, quizá con la esperanza de que su perdición se hubiera esfumado y de que en su lugar estuviera la presencia más tranquilizadora de uno de los profesionales del rincón de la sombra. ¡Ay!

La música avanzó a toda prisa. Me resultaba vagamente familiar porque había estado escuchando una cinta de la *Segunda* de Tchaikovsky una y otra vez en la habitación del hotel, con Walter Rosenberg, para que me preparara y contara los compases. Walter fingía ser el Sr. Bernstein, y cuando me daba la entrada golpeaba una almohada con un periódico enrollado. Lo hice bien unas tres de cada cuatro veces.

En aquella ocasión, allí atrás en el rincón de la sombra, en la sala de conciertos de Winnipeg, Walter no estaba para prestarme ayuda. Tenía sus responsabilidades. Miré al Sr. Bernstein. De repente, desde un frenesí de movimiento, me miró a través del escenario. Los ojos se le abrieron de par en par, de forma que el blanco se veía de manera alarmante en la cara, abrió la boca involuntariamente, la batuta me señaló, y yo me sobresalté y golpeé el gong con mucha más fuerza de la que quería. Le di soltando toda aquella energía acumulada, aquella emoción y aquel miedo... con tal fuerza que surgió una enorme onda sonora que se extendió a través de las cabezas de los músicos

—muchos de ellos se giraron a medias en las sillas para ver qué había pasado allí atrás— más allá del Sr. Bernstein, cuyos ojos se abrieron de golpe todavía más cuando la onda le pasó al lado, y hacia el auditorio, donde poco a poco se disipó una vez que entraron los violines. Estaba aterrorizado. Dios mío, pensé, ¡lo he vuelto a hacer! He destrozado otra sinfonía, y esta vez del todo, no hay duda.

Pero entonces, mientras rascaban los violines hacia el final, los pies empezaron a moverse, sí, hubo un arrastre elogioso por todas partes del escenario. Tardé un poco en convencerme. Por lo visto, había salido bien. La sinfonía terminó. Algunos músicos se giraron y sonrieron mientras el Sr. Bernstein hacía una reverencia al público. Sonreí radiante. Blandí el mazo. Walter me tocó un brazo.

—¡La has clavado!

—Está tirado —dije.

En el camerino se acercó el Sr. Bernstein. Llevaba una toalla alrededor del cuello.

—Nadie le ha pegado al gong tan fuerte nunca —dijo. Era todo sonrisas—. Si lo hubiera oído Tchaikovsky, y no me cabe duda de que lo ha hecho, bueno, le habría encantado.

Los músicos de la Filarmónica todavía bromean con el ruido tremendo que produje. Lo llaman «el sonido de Winnipeg». Cuando el Sr. Bernstein quiere un *fortissimo* verdaderamente fuerte durante un ensayo, dice en voz alta: «¡A ver, quiero el sonido de Winnipeg, haced el favor!».

Llamó alguien de la junta directiva el otro día. Dijeron que la Filarmónica planeaba grabar *La pequeña rusa*. Esperaban que fuera al estudio de grabación y (esas fueron sus palabras) «desatara el sonido de Winnipeg».

Así que lo hice. Fui y le di otro porrazo. Me pidieron moderarlo un poquitín. Pero no mucho. A lo mejor incluyen mi nombre en la contraportada del álbum como solista: «Gong... Plimpton». ¿Verdad que estaría bien? Querría decir que al menos una vez en el calamitoso mundo del periodismo participativo habría disfrutado de un pequeño éxito.

PERSONAJES

MUHAMMAD ALI

Uno de los problemas persistentes a los que se enfrentan los periodistas deportivos, sobre todo en los grandes eventos, es encontrar un punto de vista nuevo. Encerrado con doscientos periodistas en una tribuna de prensa, siempre he tenido la sensación de estar pasando un examen final, compitiendo con mis iguales. Creo que rindo mucho más fuera, solo. En las olimpiadas de 1984, a raíz de un encargo de la revista Time, intenté convencer a las autoridades para que me dejaran ocupar el puesto del buzo, al fondo de la piscina de saltos, que está ahí para echar una mano si algún deportista tiene algún problema. Eso me proporcionaría material desde un ángulo original. No, era imposible, me dijeron. Uno de los motivos era que el buzo, una figura oscura en una esquina de la piscina, era una mujer. Esto se debe a que los bañadores de las saltadoras a menudo «se sueltan» cuando se zambullen en el agua, y tienen que volvérselos a ajustar de camino a la superficie. Un hombre rana podría resultar intimidante, me dijeron.

«Ya, claro», dije.

Así las cosas, escribí un artículo sobre lo que caía de los bolsillos de la gente que estaba sentada en las gradas de madera viendo los eventos de natación. Me coloqué allí abajo con mi cuaderno, pertrechado con un casco para fisgonear tranquilo.

No recuerdo cómo conseguí colarme en el vestuario de Muhammad Ali antes del combate con Jerry Quarry; muy probablemente gracias a la influencia de Bundini Brown, el segundo entrenador de Ali, él mismo una figura extravagante que había acuñado la famosa descripción de su púgil: «Flotar como una mariposa, picar como una abeja».

La pelea marcó el regreso de Muhammad Ali al ring tras la prohibición de tres años que le habían impuesto las comisiones de boxeo por negarse a alistarse («No tengo nada en contra del Vietcong»).

El vestuario de Muhammad Ali era pequeño, no mucho más ancho que la longitud de la mesa de los masajes que había en una punta, y de solo unos tres o cuatro pasos de largo: apenas había espacio suficiente, como dijo Bundini al verlo, para que Ali «sudara un poco». Había tocadores contra las paredes de los dos extremos, con los espejos perfilados por bombillas.

Ali llegó una hora antes del combate. Incluso antes de quitarse la ropa de calle ya estaba moviéndose por la sala, soltando jabs y observándose en los espejos.

—Hay demasiada gente en la sala —dijo—. Necesito espacio para descansar.

Se fueron todos, excepto el séquito que iba a llevar al ring, junto con dos internos a los que les asignaron el combate y el reverendo Jesse Jackson. A mí me permitieron quedarme. Me puse en cuclillas en un rincón con un cuaderno abierto. Ali se desvistió rápido. Se puso un pantalón corto blanco y se giró despacio frente al espejo.

—Soy el campeón —dijo en voz baja—. Tiene que caer. —Probó su característico arrastre de pies, y las zapatillas blancas se movieron rápido contra el suelo—. Angelo —dijo—, esta noche no voy a llevar la coquilla.

Angelo Dundee, su entrenador, levantó la vista. Bundini y él estaban discutiendo en el rincón. Los días inmediatamente anteriores al combate había habido bastantes peleas a cuento de la coquilla reglamentaria. Ali quería llevar una pequeña en vez del artefacto de cuero,

que le hinchaba el pantalón corto y le hacía parecer, al menos a sus
ojos, gordo. Pero Dundee había insistido en la reglamentaria. Había
advertido a Ali que Quarry no solo golpeaba al cuerpo, sino que no
tenía nada que perder: se sabía que había pegado «por debajo de la
cintura», y era una locura correr riesgos.

Bundini había hecho la maleta con todo el equipamiento dos días
antes y la había revisado dos veces para ver si estaba todo, sobre todo
la coquilla, que era roja y llevaba el nombre de Ali. Para su asombro,
cuando abrió la maleta en el vestuario faltaba la coquilla. Así que él y
Dundee, que pensaba que Bundini se la había olvidado en la cabaña,
tuvieron un intercambio de palabras en voz baja pero duro. El campeón, entrenándose contra un adversario imaginario en la parte de
atrás, no parecía ser consciente de lo que sucedía: quizá no hacía falta,
porque la coquilla apareció debajo de su cama la mañana siguiente.
Dundee abrió la maleta, que pertenecía a Rachaman, el hermano de
Ali —que había peleado en el programa antes aquella noche— y sacó
el protector de este, un modelo negro donde ponía STANDARD. Ali lo
miró con recelo. Se volvió hacia los espejos y empezó a boxear contra un adversario imaginario con ligereza, espirando enérgicamente
en cada puñetazo que lanzaba, un resoplido fuerte, inconfundible,
explosivo. Al cabo de un minuto o así paró y se fue del vestuario al
baño. Quedaban cuarenta minutos. Le acompañé corriendo con el
cuaderno. De vuelta, Ali pasó por delante del vestuario de su contrincante, a un paso del suyo en el pasillo. Tenía un letrero escrito a mano,
QUARRY, clavado con chinchetas en la puerta. Ali no pudo resistir la
tentación. Empujó la puerta y escudriñó dentro. Por encima del hombro de Ali vi a Quarry sentado frente a él, moviendo las rodillas.

«Eh, amigo —dijo Ali con una voz sepulcral—, más vale que estés
en forma, porque si me machacas, habrás machacado al mejor boxeador del mundo.»

Cerró la puerta de un chasquido antes de que Quarry pudiera pensar una réplica, y de vuelta en el vestuario contó lo que había hecho
con un placer malicioso; el tipo de tretas que le encantaba hacer: la
aparición inesperada. Recordé que en una ocasión, el año anterior,
conduciendo por Queens con un periodista, Ali había detenido el

coche y se había colocado subrepticiamente detrás de un camionero que estaba cambiando un neumático. «He oído que vas diciendo por ahí que puedes machacarme», dijo el púgil. «Pos aquí me tienes.»

Las orejas del camionero se habían puesto rojas como un tomate y se había dado la vuelta en cuclillas para levantarse. Y entonces, al ver a Muhammad, y al reconocerlo, se había quedado boquiabierto, medio encorvado de un modo curioso, repiqueteando la llave de ruedas al caérsele de la mano mientras el boxeador le sonreía burlonamente y volvía andando al coche.

Cuando faltaba una media hora apareció un representante del equipo de Quarry en el vestuario para supervisar el vendaje de las manos de Ali. Se llamaba Willie Ketcham. Era un hombre mayor que llevaba una toalla sobre un hombro de la chaqueta y movía constantemente la mandíbula al masticar un chicle. A Ali le brillaron los ojos.

—Vaya, mira quién ha venido —dijo—. Esta noche vais a tener un problema.

—¿Quién va a tener un problema? —dijo Ketcham. Sabía que iban a chincharle un poco.

—Tu amigo va a vivir una experiencia nueva —dijo Ali—. Se enfrenta al peso pesado más veloz vivo, rápido y esbelto. Mira —se dio unos cachetes en la barriga—. Mira qué delgada y bonita.

—Ya verás qué bonito te va a dejar Jerry —dijo Ketcham—. Te va a dar de lo lindo.

—¿Y cómo va a hacerlo? —Ali pareció sinceramente sorprendido—. Angelo, ¿cómo puede escapar al jab? ¿Cómo va a verlo?

Dundee se encogió de hombros. Hizo un gesto a Ali para que fuera a la mesa de los masajes y empezó a vendarle las manos.

Ketcham lo retó.

—¿Y si Jerry se te echa encima, con los golpes largos? ¡Jo, jo!

—Le doy en toda la banana⁵ —dijo Ali resueltamente—. No ha visto una derecha igual.

—Si ganas a Quarry esta noche, serás el mejor peso pesado de la

---

5. Así denominaba Angelo Dundee la mandíbula. [*N. del T.*]

historia —dijo Ketcham—. Sí, y si eso pasa, vengo aquí y te doy un beso —añadió en un intento de sonar sarcástico.

—No, por el amor de Dios —dijo Ali. Miró la mano vendada que había terminado Dundee—. Oye —dijo—, os damos quinientos mil dólares en efectivo si me dejáis meter una herradura en los guantes.

Ketcham parpadeó incrédulo.

—¡Aj! —dijo.

Dundee acabó de vendar y Ketcham se inclinó hacia delante y entrecruzó la venda con trazos de bolígrafo. Cuando retrocedió, Ali se levantó y se acercó para mirar a los ojos a Ketcham. Ketcham es alto. De pie, se encararon como dos boxeadores recibiendo instrucciones del árbitro.

—Mírame a los ojos —dijo Ali—. Yo soy el auténtico peso pesado. Soy el peso pesado más veloz que ha habido.

Ketcham no se echó para atrás. Seguía moviendo la mandíbula sin inmutarse.

—Una vez gané algo de dinero contigo —dijo—. Aposté cincuenta dólares siete a uno a que machacarías a Sonny Liston.

Ali empezó a apartarse.

—Van a ver un buen combate esta noche —dijo—. No podía escoger un rival mejor.

—Bien, chico —dijo Ketcham. Le dio un cachete afectuoso en la cabeza y se dio la vuelta para marcharse.

—Veinte minutos —dijo alguien.

—Vamos a calentar contra las cuerdas —dijo Ali—. Vamos a ir ahí fuera y vamos a apoyarnos contra las cuerdas...

—No digas «vamos» cuando dices eso —dijo Bundini—. Dale rápido con el jab, ¿me oyes?

—¿Quién de los dos sube primero al ring? —preguntó Ali.

—Quarry —le dijeron.

Se tumbó en la mesa de los masajes, con la cabeza contra la pared. Uno de los jóvenes internos se inclinó y preguntó con gran desparpajo a Ali qué estaba pensando, justo en aquel instante.

Ali comenzó su letanía. Dijo que estaba pensando en la gente de Japón y Turquía y Rusia, de todo el mundo. En cómo estaban empezando a pensar en el combate y en él; y en los televisores que encendían apretando un botón; y en los atascos delante de los cines que recibían la señal en circuito cerrado; y en cómo los grandes camiones de las televisiones detrás del auditorio de Atlanta, al lado de la entrada de los artistas, estaban calentando motores para enviar su imagen por satélite a toda aquella gente, en cómo iba a bailar para ella.

—Tengo que bailar —dijo con la voz suave y sedosa que pone cuando hace este tipo de cosas, casi como la voz de una madre que tranquiliza a su hijo para que se duerma con canciones infantiles.

—¿Qué tal una rima? —preguntó el interno.

—Quarry/lo siento[6] —dijo Ali. El interno estaba encantado.

—Eh, eso es muy corto —dijo—. ¿Qué tal otra?

—No tengo tiempo para encontrar una rima[7] —respondió Ali amablemente. Y siguió con sus pensamientos, cómo al final pensaba sobre todo en Alá, su Dios, el Todopoderoso Alá, que le había hecho tantos regalos. Empezó a enumerarlos con su voz cantarina, una larga oda en verso libre al zumo de zanahoria, la miel, a las cosas que cultivaba en su huerto y que comía, nunca nada artificial que viniera en latas, eso ni probarlo, solo lo que venía fresco de los huertos; y luego el bosque donde corría «antes de que llegaran los coches, y su veneno»; y habló de cómo se ponía mirando al este y daba las gracias al Creador por todo aquello, que le había proporcionado la fuerza para vivir bien y rezar bien. Dijo que al pensar en todo lo que había hecho el Creador le resultaba fácil mirar a Quarry y ver lo pequeño que era y lo fácil que era darle una paliza.

Ali giró los pies al suelo y se levantó. Quedaban quince minutos. Su segundo, Sazriah, aplicó un ungüento de vaselina sobre los hombros del púgil y empezó a restregárselo en el torso. El cuerpo empezó a brillar. Un policía asomó la cabeza y el ruido de la multitud, que rugía por la entrada de alguna celebridad, irrumpió un instante e hizo que la sangre palpitara antes de que lo cortara la puerta.

—Están esperando mi baile —dijo Ali.

6. *Quarry/sorry.* [*N. del T.*]
7. *I don't have time/to find a rhyme.* [*N. del T.*]

118

MUHAMMAD ALI

Arrastraba los pies. Jesse Jackson levantó una mano a modo de blanco y Ali pegó unos cuantos jabs, resoplando con energía, y luego paró y se miró en el espejo.

—Ahí fuera están los Temptations —dijo—. También las Supremes y Sidney Poitier. —Se observó con detenimiento—. Que alguien me traiga un peine.

Extendió una mano detrás de sí mientras seguía mirando al espejo y alguien colocó el peine en la palma con fuerza, como uno aprovisionaría a un cirujano atareado.

Movió el peine por la corta mata de pelo y se dio unas pasadas rápidas en un mechón díscolo, hasta que se acercó Dundee con la coquilla y los guantes de boxeo, nuevos y de color rojo resina de la caja de embalaje.

Ali se plantó.

—No me voy a poner eso —dijo. Por toda la sala se elevó un coro de consternación.

—Tú pruébatelo a ver —le exhortó alguien.

Enfurruñado, Ali se quitó el pantalón corto y meneándose subió la protección por encima de los muslos. Volvió a ponerse el pantalón corto encima. Se levantó un murmullo de voces.

—Queda perfecto.

—Elegante, amigo, elegante. De maravilla.

Ali empezó a hacer sentadillas con los brazos extendidos y cada vez que subía por encima del nivel de los tocadores se daba la vuelta para mirarse en los espejos. Luego se levantó y dio un cachete al pantalón corto con repugnancia.

—¿Dónde está el pantalón corto de mi hermano?

—Campeón, ese queda de primera.

—Esbelto y elegante, campeón, esbelto y elegante.

Se alzó un coro suplicante de los que estaban en la sala. Ali se quitó el pantalón. Dundee abrió la maleta de Rachaman y, tras rebuscar, sacó un pantalón corto blanco con una raya negra en el costado. Ali alargó una mano para cogerlo, se lo puso sobre la protección y se giró despacio delante de los espejos. Todo el mundo se le quedó mirando.

—Esto está mejor —dijo al cabo de un rato. Llegó un coro de aprobación de alrededor de la sala.

—Claro que sí, amigo.

—De lo más elegante.

—Te baja el trasero lo justo. —Todo el mundo estaba preocupado.

—¿Cuánto queda? —preguntó alguien.

—Diez minutos.

Ali empezó a boxear muy concentrado contra un adversario imaginario, con jabs rápidos y largos, ráfagas de combinaciones, y grandes ganchos que parecían estremecer el aire en aquella diminuta sala.
Los que miraban se pegaron bien a la pared atrás para dejarle espacio.
Paró para pegar con cinta adhesiva los cordones de las zapatillas contra el empeine para que no bailaran.

—Demasiado sueltos —dijo—. En los últimos asaltos se pueden
aflojar, y amigo, quiero bailar.

Le pusieron los guantes. Empezó otra ráfaga de golpes. Se alzaron
murmullos de los que estaban de pie a lo largo de la pared.

—Umm, ¡cocina! —gritó Bundini.

Al oírlo, Ali se paró en seco y se volvió hacia Bundini.

—Mira, no quiero que estés chillando en ese rincón, Bundini, y
que empieces a entusiasmarte y a gritar cosas como «cocina» y todo
eso. Me desconcentra. —Bundini estaba hecho una furia.

—¿Qué esperas? —gritó—. ¿Que mantenga la boca cerrada
cuando el pastel está en el horno, cuando toda la preparación y la
mezcla ya se ha hecho y es el momento del fuego? ¿Esperas que esté
sin hacer nada con los brazos en jarras? Si esperas que mantenga la
boca cerrada, más vale que me obligues a quedarme aquí.

—De acuerdo, entonces no te acerques a la esquina —dijo Ali—.
Quédate aquí.

Se observaron mutuamente, la enormidad de lo que había dicho
Ali empezaba a causar impacto. Bundini apretó los labios y pareció al
borde de las lágrimas.

—Venga, vamos —dijo Ali al cabo de un instante—. Puedes salir al
ring —dijo amablemente.

Empezó a boxear contra un adversario imaginario, concentrán-
dose de nuevo en sí mismo en los espejos. Bundini no lo quiso mirar
durante un rato.

—¡Madre mía! —dijo. El sudor empezaba a brillar en el cuerpo de Ali—. Ya estoy a punto —dijo mirando a Angelo.

La puerta se abrió de golpe y entró corriendo Sidney Poitier, el actor. El campeón se abalanzó hacia él y los dos dieron vueltas alrededor de la sala envueltos en un abrazo.

—¡Ha venido Sidney! ¡Ahora sí que estoy listo para pelear! —gritó Ali. Lo sujetó con los brazos extendidos y miró al esbelto actor, elegantemente vestido con un traje gris muy ceñido—. Amigo, estás en forma, ¿eh? —dijo Ali con admiración—. Oye —siguió—, dame una rima para poner nervioso a Quarry, cuando el árbitro nos dé las instrucciones. —Le acercó un micrófono imaginario. Poitier inclinó la cabeza pensativo; le habían pillado por sorpresa.

—Conmigo no vas a poder, tarugo —recitó con su voz suave—. Esta noche vas a caer en... —Soltó un brazo desesperadamente en busca de una rima para «tarugo»—. ¡Vas a caer en dos! —gritó rindiéndose.

—¡Pero qué malo! —dijo Muhammad Ali—. Amigo, mejor que sigas actuando y me dejes a mí lo de rimar y poner nervioso.

Poitier le deseó suerte entre risas y desapareció.

Ali alargó una mano para coger una toalla y empezó a quitarse la vaselina, frotando.

—¿Está bien el ring? —preguntó.

—Perfecto —dijo Dundee.

—¿El sistema de circuito cerrado está bien?

—Eso dicen.

Fuera, la voz de la multitud, ya impaciente, empezó a arremeter contra la puerta. Se alzó un gran rugido.

—Quarry —dijo alguien—. Ha salido Quarry.

Faltaban segundos. Ali se quedó inmóvil un instante, quizá para rezar, como es su costumbre, y Jesse Jackson saltó de la mesa de los masajes y lo abrazó, casi temblando de emoción.

Llamaron a la puerta.

—Ya es la hora —gritó una voz.

Muhammad Ali se echó una última mirada en los espejos y salió al pasillo, con su gente apiñada alrededor de él.

HUNTER THOMPSON
Y NORMAN MAILER

El periodista que escribió los artículos más importantes sobre boxeo durante muchos años en Sports Illustrated *era un caballero cuyo nombre era un palíndromo (igual de derecha a izquierda y de izquierda a derecha): Mark Kram. Otra curiosidad relacionada con él es que le resultaba casi imposible subir a un avión. Si no podía ir a los grandes combates por tierra, los jefes tenían que enviar a un sustituto, de vez en cuando yo. La fobia debía de frustrarle. Muhammad Ali, el campeón durante gran parte del ejercicio de Kram en la revista, peleaba con frecuencia en tierras lejanas y exóticas: el archipiélago malayo, Zaire, Japón. Al final Kram logró ir a Filipinas, el escenario del último combate de la gran trilogía Ali-Frazier. Se las arregló para sentarse al lado de Ali en el vuelo porque pensaba que eso aumentaría sus posibilidades de llegar allí. Después del combate se quedó en Filipinas. De hecho, se divorció y se casó con una joven filipina. Siempre me he preguntado si todo aquello ocurrió por no tener que volver a subirse a un avión.*

En cualquier caso, su fobia me brindó la oportunidad de cubrir el combate entre George Foreman y Muhammad Ali en Zaire. Anunciado por Ali como la «pelea en la jungla[8]», el evento atrajo a los periodistas deportivos más importantes junto con una o dos luminarias del mundo literario.

---

8. «Rumble in the Jungle» en inglés. Las palabras riman. «Rumble» se ha traducido frecuentemente por «estruendo» o «rugido», pero significa «pelea» o «combate». [*N. del T.*]

Algunos corresponsales —los «veteranos»— se habían quedado en Zaire durante el aplazamiento del combate entre Ali y Foreman, mientras se curaba el corte de Foreman. La experiencia pareció afectarlos como a personajes conradianos varados demasiado tiempo en una cultura desconocida. Rondaban por allá como hacendados coloniales con ropa caqui, comprada hacía mucho tiempo en Abercrombie and Fitch, que les colgaba en pliegues. Su conversación solía ser cortante, como si concentrarse en una frase entera o en un pensamiento completo fuera demasiado difícil, o quizá aburrido, de forma que a quienes los escuchaban les endilgaban unas cuantas frases crípticas, metiendo alguna que otra palabra en lingala, a menudo salpicadas con una risotada repentina y desconcertante. Hunter Thompson tenía la teoría de que juntos estos corresponsales habían encontrado a un gran Chamán que los abastecía de diversas pastillas y brebajes. Uno de ellos era Bill Cardoza, que estaba en Zaire en representación de *New Times*. Cardoza, un tipo animado, se había quedado durante el aplazamiento. «Aquí hay historias fantásticas», me gritó. «Me han dicho que hay una casa en alguna parte de la ciudad llena de pigmeos. Yo no quiero entrar. Solo quiero tumbarme delante de ella y ver cómo entran y salen. —Apenas hizo una pausa para tomar aliento—. Ayer me hablaron de una cobra que está en la ciudad. No muy lejos. Vive cerca de una alcantarilla y de vez en cuando levanta la cabeza y mira a su alrededor. Estoy pensando en incluir un buen vistazo a ella como una de las pruebas en una gincana con un huevo de Pascua que vamos a organizar. Daré una pista. ¡Hay veintiocho zonas en esta ciudad y está en la Zona Limba! Pues eso. ¡*M'Bele!*»

Cardoza y Thompson hablaban en un extraño pidgin que se habían inventado: «Él muy *m'Bele*. Él bien. Muy, muy *m'Bele*». Cardoza decía que desde su llegada en septiembre su inglés se había desintegrado en una amalgama de lingala, francés e inglés, más un poco de portugués por deferencia a su sangre (tiene una cara angulosa con un lunar en una mejilla). Su comportamiento y el de Thompson era casi tan desconcertante como su idioma. En los bares de la ciudad Hunter firmó varios cheques con el nombre de Martin Bormann y Cardoza los suyos con el de Pottstown Batal Bogas, un nombre que había inventado para un equipo de fútbol americano imaginario. De vez en cuando, Cardoza se inclinaba hacia delante, agarraba dos manos negras en miniatura que colgaban de una cadena de oro delgada alrededor del cuello de Hunter y las blandía hacia la gente en los bares. Presentaba a Thompson como Jefe N'Doke del equipo de Foreman: Gran Doctore. Thompson se dejaba mandonear por su pequeño y ágil amigo, con su collar blandido hacia la gente. Parecía muy abstraído. A menudo era obvio que pensaba en Martin Bormann. Creía que el criminal nazi estaba escondido en Brazzaville, al otro lado del río. Hablaba de alquilar un avión para volar y sacarlo de allí.

Los auténticos periodistas deportivos merodeaban por el vestíbulo. A algunos no les gustaba nada el encargo. Dick Young, el articulista del *New York Daily News*, bueno, si uno estaba lo suficiente cerca para oírlo, decía: «Johnny Bench anotó dos *home runs* con seis carreras impulsadas», una información que había sacado del cuadro de resultados de un *Paris Herald* de hacía tres días, o quizá de una llamada telefónica a Estados Unidos. No podía echarlos más de menos y no le gustaba nada de Kinshasa, y yo tenía la sensación de que merodeaba por el vestíbulo con el elegante sombrero adornado con clavellina deseando estar en el hotel Pfister de Milwaukee con un par de horas por delante antes de que los Yankees, el equipo visitante, abandonaran el hotel para ir a hacer ejercicios de bateo. Cuando regresó

a Estados Unidos desde Zaire, escribió en su columna que «besó el
suelo» por estar donde ocurrían cosas como las proezas generadoras
de carreras de Johnny Bench. Las quejas eran constantes. La más interesante que oí fue que un periodista de la United Press había entregado su artículo a la oficina central a través de un teletipo para descubrir que lo había recibido la Pan-American Plastics Corporation, en
Forest Hills, Nueva York.

El periodista más peculiar presente en Kinshasa era Hunter
Thompson, que cubría el combate para *Rolling Stone*. Yo siempre
había sentido un vínculo estrecho con Thompson, porque aunque
la gente lo llame periodista gonzo por su reportaje personalizado
(*Miedo y asco en Las Vegas*), siempre lo he considerado un periodista
participativo, sobre todo por su extraordinario libro *Los ángeles del
infierno*, en el que se unió a una banda de motoristas, en gran medida
con el espíritu con el que yo me uní a los Detroit Lions, solo que los
motoristas resultaron ser una compañía de lo más desagradable, y a
la postre le dieron una paliza, y de gran gravedad.

Lo había conocido en el avión bajando desde Europa. Él había
subido a bordo en Frankfurt, una figura grande, ágil, que llevaba
unas gafas de sol oscuras de aviador, una camisa Acapulco de color
púrpura y fresa, vaqueros y unas zapatillas de baloncesto Chuck
Taylor All Star que parecían demasiado grandes para sus pies, como
si las hubiera robado del fondo de una consigna del vestuario de
Los Ángeles Lakers. Lo paseaban de un sitio a otro, de forma que
se encontraba con gente a menudo. Llevaba consigo un bolso de
mano de cuero grande con una calcomanía identificativa de *Rolling
Stone* y una placa donde ponía PRENSA. A veces lo llamaba su bolso y
frecuentemente su botiquín: lleno de pastillas y ampollas y frascos, a
juzgar por la manera como tintineaba cuando lo movía. Llevaba una
grabadora muy cara, y también una radio portátil de negro azabache
militar, muy sofisticada, un modelo alemán que había comprado
por impulso el día anterior y que según decía podía recibir veintisiete
emisoras, incluida la WBSP de Spokane, en Washington. «Que sepas
que va a haber una liquidación de ropa blanca en Liberty's o algo

así de la calle Green, un notición en Spokane», me dijo. «Se ha oído clarísimamente. Va a ser mañana, martes, por si quieres hacer algo al respecto.»

Se sentó conmigo durante el vuelo. Dijo que estaba intentando recuperarse de una humillante tarde de unos días antes en Estados Unidos cuando, dando una conferencia en la Universidad de Duke, le habían dado la patada por estar grotescamente borracho de Wild Turkey y hacer el ridículo delante de un gran auditorio farfullante. Resulta que el representante de la universidad que lo había ido a buscar al aeropuerto le había ofrecido algo de hachís y él lo había cogido. En el motel, había pensado que el día empezaba a pasar rápido. Se había servido un par de tragos de Wild Turkey. Había hecho esperar cuarenta y cinco minutos a su auditorio. Cuando había salido con un vaso en la mano delante de una gran cortina de terciopelo en el paraninfo de la universidad, se había colocado aún más en un estado de beligerancia con los oyentes al empezar diciendo: «Estoy encantado de estar aquí, en la antigua universidad de Richard Nixon».

«Con eso no me los metí precisamente en el bolsillo», me dijo Thompson. «Nixon estudió Derecho allí, cosa que o bien intentaban olvidar o bien los enorgullecía, y al decírselo se pusieron tensísimos. Empezaron las preguntas. Me preguntaron si pensaba que Terry Sanford iba a presentarse a la presidencia en 1976. Yo les dije que había sido cómplice del movimiento Alto a McGovern y que era un cabrón de mierda. No sabía que era el rector de Duke. No mucho después me dieron la "patada".»

La «patada» resultó ser una rubia pequeña enviada por el jefe de la comisión de conferencias. Cuando Thompson la vio venir, lanzó el Wild Turkey y los cubitos de hielo al aire, un chorro de resignación, y se fue andando con ella. Dijo que la bebida había ido a parar a la cortina de terciopelo que había detrás de su cabeza y había dejado una mancha visible que esperaba que siguiera allí... de telón de fondo para futuros oradores cuando se inclinaran solemnemente contra el atril. Sobre todo cuando Terry Sanford hablara al cuerpo estudiantil. Me preguntó si pensaba que le pagarían.

—No lo sé —dije.

Le pregunté cuánto tiempo había estado en el estrado antes de que
llegara la patada. No lo recordaba.

—¿He dicho que era Duke? —preguntó.

—Sí —contesté.

—Bueno, creo que era Duke.

Dijo que después de la deposición había salido al aparcamiento y
había hablado con un grupo de estudiantes en un foco de luz debajo
de un estandarte de neón, pero se preguntaba si aquello era una
representación suficiente de su papel de conferenciante. Por lo general leía los contratos de las conferencias con mucha atención. Una vez
le habían pedido dar una charla en Miami, pero se había dado cuenta
de que la condición número siete del contrato estipulaba que si el
conferenciante estaba bajo los efectos del alcohol todos los acuerdos
quedaban sin efecto. Hunter me dijo que no había ido a Miami.

En Kinshasa rara vez veía a Thompson. Nunca aparecía en las conferencias de prensa o en las sesiones de entrenamiento. Pero siempre
se le veía muy atareado en misteriosas misiones, miraba a un lado y a
otro a través de las grandes gafas de aviador mientras cruzaba a toda
prisa el vestíbulo del Hotel Inter-Continental, y uno medio esperaba
que se llevara un dedo a los labios para advertirnos de que no dijéra-
mos ni pío. Caminaba con los dedos de los pies torcidos hacia fuera,
moviéndose con un trote de liebre algo zigzagueante no distinto del
paso largo saltarín de Jacques Tati, el cómico francés distinguido por
Monsieur Hulot. Parecía incapaz de dar un paso pequeño, así que si
por casualidad se acercaba a saludar, daba un último gran paso de
lado para evitar chocar contra uno. Ir a algún sitio con él era difícil
—los pies lo llevaban en sentido oblicuo un momento, y al siguiente
golpeaban contra ti— y era facilísimo tropezar con él. Como llevaba zapatillas, proseguía con todos aquellos bandazos, diagonales y
esquivas con un silencio propio de un ladrón que entrara en una casa
sigilosamente, cosa que contribuía bastante al aura conspirativa que
afectaba.

Por lo que yo podía ver, el foco de su interés nunca estaba en el
combate. Y casi por perversidad menospreciaba a aquellos periodistas obcecados que hablaban del trabajo y chismorreaban sobre

lo que había ocurrido aquel día en las concentraciones de los dos
púgiles. «Están ciegos», decía. Me contó que había «puesto a prueba»
a un pequeño grupo que estaba en el vestíbulo del Inter-Continental
metiéndose en su conversación y diciéndoles que había descubierto
una noticia tremenda, y al diablo con el combate. Les dijo que había
entrado con disimulo en la República del Congo a través de Zaire la
noche anterior y había visto que los congoleños estaban trabajando
en un artilugio enorme junto al río, una especie de torpedo, creía él,
casi casi la mitad de un campo de fútbol americano de largo, y que
según él iban a apuntar aquella cosa a Zaire y a mandarla traqueteando al otro lado del río para hacer un gran agujero en la zona de la
ribera de Kinshasa.

—Se apartaron farfullando —dijo Thompson del grupo que había
enganchado.

—¡No me digas! —contesté.

Luego desaparecía, raudo hacia alguna extraña misión autoim-
puesta.

Cualquier momento en compañía de Hunter Thompson parecía generar una locura carnavalesca, sobre todo cuando estaba con
Ralph Steadman, su adlátere caricaturista, que le acompañaba en
Zaire y que servía para animar el cotarro e infundir un delirio colectivo más que individual. Una vez conseguí que Hunter se sentara y
rememorara (¡sabe Dios dónde estaría Steadman!) en el bar exterior
del Inter-Continental (bajo un techo de paja para resguardarse del
sol bebiendo un *planter's punch*, que consideraba apropiado para la
atmósfera colonial del hotel), y empezó a hablarme de la época en
que a Steadman y a él los enviaron a cubrir las regatas de la Copa
América en Newport, Rhode Island, el año que el *Gretel* australiano,
de doce metros de eslora, compitió contra el *Intrepid* —me cuesta
imaginar qué clase de crónica esperaba que saliera de aquello el
director—, y de cómo el decoro y la solemnidad de aquella ocasión,
con los blazers con la insignia del club náutico y los pantalones de
franela grises y las pipas y demás, provocaron una contrarreacción
flagrante por parte de Thompson y Steadman. Los dos «cogieron
prestado» un bote y con Hunter a los remos zarparon a través del

puerto por la noche hacia el *Gretel*, que estaba en su amarradero. A bordo llevaban un spray de pintura negra. La intención era alinearse a lo largo del *Gretel* y pintar «Que le den por el culo al Papa» en los costados.

—Lo planeamos muy cuidadosamente —me contó Hunter—. Nos inspiró mucho la idea de aquel yate zarpando a la mañana siguiente hacia la prueba de selección sin que se diera cuenta nadie, de forma que apareciera en la bahía de Narragansett delante de la enorme flota de espectadores con aquellas horribles palabras blandidas como un anuncio en alta mar, por amor de Dios, y aquellos yates pequeños saldrían como balas de la flota de espectadores, y las caras de los patrones se pondrían rojas de cólera debajo de las gorras, y señalarían y farfullarían, y gritarían contra el viento, antes de virar a sotavento como si estuvieran demasiado ofendidos por el mensaje para mantenerse cerca. Lo bueno —prosiguió Hunter— era que estando en la cubierta nadie a bordo del *Gretel* sabría qué rayos pasaba. Se mirarían unos a otros, sabiendo que ocurría algo, y revisarían las jarcias, y alguien diría: «¿Crees que es el amantillo del *spinnaker*, quizá, lo que están intentando decirnos?», y lo comprobarían, y habría muchos hombros encogidos bajo los impermeables, y mientras llevarían todo el tiempo aquellas espantosas ocho palabras por los mares en los costados de aquel largo cuchillo blanco...

—Ya, claro —dije—, pero qué...

—Estábamos de lo más preparados —me dijo Hunter—. En el bote, aquella noche, llevaba hasta unas bengalas con paracaídas (me costaron seis dólares cada una) para lanzarlas al cielo a fin de distraer si era necesario. Nuestro plan era que si pasaba algo, tiraríamos una bengala y los tipos a bordo del *Gretel* mirarían hacia el cielo. «¡Madre de Dios! ¿Qué demonios está pasando? ¡Mirad aquello!», y aprovechando la confusión acabaríamos de pintar el mensaje y nos largaríamos.

La aventura resultó traumática desde el principio. Thompson no era particularmente hábil con los remos, y de camino al *Gretel*, frente a ellos en la oscuridad, dieron unas cuantas vueltas en el puerto, todo envuelto en una calma sepulcral allí, el agua negra sin ninguna onda, de forma que los toletes, el chasquido de los remos contra el casco cuando Thompson fallaba, el «chillido» de Steadman cuando el bote guiñaba debajo de él resonaban por la bahía, dijo Thompson, «como disparos».

De alguna manera llegaron al abrigo del *Gretel*, levantaron los remos y se deslizaron hasta la embarcación a lo largo del muelle. Hunter se quedó embelesado con la gran extensión blanca de los costados de doce metros delante de él.

—Me sentí Gulley Jimson.

Alargó una mano para coger el spray y se lo pasó a Steadman, que, al fin y al cabo, era el artista.

—Bueno, desde el principio tuvimos problemillas —me contó Hunter—. Para empezar, esos sprays tienen esos cojinetes de bola de acero para revolver la pintura, y hacen ruido cuando los agitas. No solo eso, sino que se produce una especie de sonido sibilante cuando aprietas el émbolo para aplicar la pintura. Bueno, en cuanto Ralph agitó el spray, empezaron a pasar cosas. A lo mejor sabían que íbamos a ir... nos oyeron por casualidad planearlo, cosa que habíamos hecho en varios bares a voz en cuello aquella semana. Se encendieron luces por todas partes. Un par de jeeps aparcados en el muelle encendieron los faros. Unos tipos con linternas empezaron a moverse por la cubierta del *Gretel*. Era el momento de una distracción. Lancé una bengala con paracaídas. Subió justo delante de las narices del tipo que casualmente acababa de asomarse sobre la barandilla y nos miraba desde arriba... ¡zum!, pasó a treinta centímetros de él, y luego se abrió de golpe por encima del *Gretel* y empezó a balancearse. Iluminó toda la escena. Había luz suficiente, con la bengala y los faros del jeep y todo lo demás, para leer las instrucciones del condenado spray. Tuvimos que irnos. No recuerdo que Steadman llegara a pintar siquiera una Q de la consigna en el costado del *Gretel*. Estaba de lo más alterado, el artista frustrado, confundido y todo, y la emoción provocó una reacción fuerte en los dos. Abandonamos el bote y escapamos por las calles. Uno de los dos se dejó un par de zapatos en el bote. Tuvimos que salir de aquella ciudad. Ni siquiera pudimos volver al hotel para recoger nuestras cosas. Discutimos por los zapa-

tos. Steadman decía que eran los suyos. Le propuse que se comprara
un par al día siguiente. Dijo que era domingo. Luego le dije que yo
tenía una cita importante en Nueva York a la mañana siguiente, cosa
que era verdad, y que era más importante para mí llevar los zapatos
que para él. Además, le dije con gran sinceridad que muchos neoyor-
quinos iban descalzos en verano, que nadie se daría cuenta de que
no llevaba zapatos cuando estuviera en Nueva York, ni siquiera por
la noche, si quería salir al teatro o a la Sala Imperio del Plaza. Era de
lo más corriente ver a tipos sin zapatos. ¿Qué sabía él? Era inglés. Le
dije que los maniáticos llevaban calcetines negros. A lo mejor no me
creyó, pero yo ya llevaba puestos los zapatos. Eso no me lo podía dis-
cutir. Ni siquiera me pidió uno. Se rindió.

Thompson terminó el *planter's punch* con un ruidoso sorbo de
la pajita. Se levantó y salió junto a la piscina, donde observó un
pequeño biplano en el cielo que volaba sin apenas moverse contra
un viento que bajaba del norte a través de Zaire. Remolcaba un largo
cartel que pasó rápido detrás de él donde ponía ASHIMA, por lo visto
un anuncio de una agencia de viajes local. Thompson lo miró con
añoranza.

—No sé —se preguntó cuando volvió a la mesa— si me podrían
hacer un cartel. Alguien de aquí. Un encargo rápido.

Nos dijo que el mensaje que quería que arrastraran por los cielos
de Kinshasa diría: EL NEGRO ES RARO.

Norman Mailer hablaba de Hunter Thompson con algo de desdén. Pensaba que era demasiado fácil complacer a los seguidores de
Thompson. Era como jugar al tenis sin red. Los lectores de Thompson
no tenían ningún interés en el evento —ya fuera la Super Bowl, la política o el combate por el título en Zaire—, sino solo en cómo afectaba
el evento al autor. Así que, de hecho, la única cobertura que tenía que
hacer Thompson era sobre él mismo: cuanto más desdeñara el combate y permaneciera alrededor de la piscina como una cuba y ensimis-
mado en sus manías características (siempre que pudiera recordarlas y
ponerlas por escrito), más les gustaría a sus lectores.

Mailer estaba en Kinshasa para cubrir el evento con su estilo más sencillo, si bien inimitable. Siempre que me cruzaba con él en la ciudad cubriendo lo mismo que yo, me veía impelido a ponerle el tapón a mi rotulador y cerrar de golpe mi cuaderno. Yo echaba ojeadas al suyo (con frecuencia nos sentábamos juntos en las ruedas de prensa o en las sesiones de entrenamiento), lleno de garabatos de lo más infantiles e ilegibles, sin orden ni concierto en sus páginas, pequeños puntos y remolinos, tan sucios y descuidados como la mancha de un pulgar, página tras página, porque trabajaba muy duro en aquellos encargos, y con una intensidad que me parecía avivada por el hecho de que sabía que había otros doscientos periodistas presentes desafiándole.

¡Qué espíritu competitivo el suyo! Le conocía hacía años y me maravillaba. Le consumía. El ejemplo de ello más extraño y conmovedor —al menos de los que yo presencié— se había producido en un lugar que contrastaba tremendamente con África central: en una fiesta campestre organizada por Drue Heinz en honor a su esposo, Jack, el dueño del imperio Heinz, que cumplía cincuenta y siete años, una fría noche de primavera en Bedford Village, en el estado de Nueva York. Para rendir homenaje a la coincidencia de los años que cumplía su esposo y el número de productos de Heinz, su mujer había tenido bastantes problemas. Todo el mundo debía venir disfrazado de manera apropiada al año en que había nacido el anfitrión. Mucha gente llevaba canotiers y pantalones de franela blancos. Recuerdo lo fría y clara que era la noche. En el césped, detrás de la casa, entre los manzanos y los cornejos, se había levantado la avenida central de una feria: un tiovivo con un quiosco de música en medio, y una noria, y una hilera de puestos iluminados por faroles, donde los invitados podían pedir que les leyeran las manos o lanzar pelotas de béisbol a botellas de leche de madera, y había hasta una bailarina de shimmy «de Egipto» y un escenario con una cortina de terciopelo rojo. El puesto que atrajo en especial a Mailer fue una máquina que medía la fuerza: una alta columna que se elevaba unos diez metros, iluminada por una luz desde arriba, de forma que toda la longitud brillaba en la noche, y funcionaba golpeando un gran mazo contra un dispositivo accionador plano que mandaba un pistón arriba por

los rieles hacia una campana de alarma contra incendios en lo más
alto. Había niveles marcados para indicar lo fuerte que era el que
empuñaba el martillo: un golpe perfecto enviaba el disco con un
estruendo arriba más allá de DON MEQUETREFE, DON CALZONAZOS, DON
MEDIOCRE, DON PEZ GORDO, DON MÚSCULOS, hasta ¡SUPERMÁN!, que era
sinónimo de haber alcanzado la campana de alarma. ¡Tin! Era muy
satisfactorio, desde luego. Muchos invitados lo intentaron. Recuerdo
a Charles Addams, el caricaturista del New Yorker, que hizo sonar
la campana de alarma al primer golpe, y todo el mundo aplaudió.
Entones se acercó Mailer. He olvidado qué disfraz llevaba Addams,
pero Mailer se había ataviado con una levita, calzones y zapatos con
hebillas de plata. Llevaba unos anteojos pequeños de montura cua-
drada, y era obvio que quería que lo tomaran por Benjamin Franklin.
No se había dado cuenta de que debía vestirse de alrededor de 1910.
Tenía un aspecto muy benévolo. Levantó con dificultad el mazo.
Con un pequeño resoplido de esfuerzo lo bajó sobre el platillo accionador. El disco voló arriba tres cuartos de la longitud y se detuvo un
poquito por encima de DON MEDIOCRE y bastante por debajo de DON
PEZ GORDO. El escaso público profirió un «¡oh!».

Mailer pasó la mayor parte de la noche afanándose con la
máquina, intentando hacer sonar la campana. Se iba a descansar un
rato, pero luego lo atraía de forma irresistible una vez más, una imagen curiosa, con los anteojos de Ben Franklin y la levita negra de
reunión de fieles para rezar, el cuerpo inclinándose atrás, el martillo
suspendido, luego abajo, y el disco subía más o menos hasta el punto
del primer intento. A veces un puñado de personas se congregaba
detrás de él con sus extraños disfraces, uno de ellos el de una chica
vestida con una cabeza de gallina con plumas rojizas, y le animaba. Se
había convertido en uno de los espectáculos más o menos permanen-
tes de la avenida central, junto con la dama del shimmy «de Egipto».
Pero lo abandonaron, triste porque el disco nunca parecía subir más,
y, de hecho, a medida que trascurría la noche y él se cansaba, empezó
a bajar hacia DON CALZONAZOS. La mayor parte del tiempo lo recuerdo
solo, a veces sin la levita, blandiendo el mazo con una elaborada
camisa blanca de volantes que brillaba a la luz como las alas de una

palomilla. Se le veía a través de los árboles y se oía el ruido sordo del martillo.

Desde entonces le habían pasado muchas cosas, trauma tras trauma, pero no había visto a Mailer tan relajado y a gusto consigo mismo como en África, cosa que siempre significaba que era una compañía maravillosa. Recuerdo que me sorprendí un poco porque había calificado el país de territorio de Hemingway, lo cual iba requerir que estuviera dispuesto a dar lo mejor de sí.

No podía pensar en los dos escritores sin pensar en la veta competitiva de ambos, que era tan evidente, y sin preguntarme, con cierta desesperación, si tal intensidad era un complemento necesario del oficio de uno. No habían llegado a conocerse, aunque por poco. Recuerdo una vez que Hemingway estaba de paso en Nueva York, me llamó por teléfono y me preguntó si quería unirme a su grupo para cenar. Estarían la Srta. Mary y George Brown, mi entrenador, y A. E. Hotchner, y Antonio Ordóñez, el gran torero que visitaba Estados Unidos por vez primera. Hemingway dijo que empezarían enseñándole el restaurante The Colony, que quizá no era un monumento histórico genuinamente norteamericano pero sí un sitio bastante bueno donde comenzar.

Le dije que había quedado para cenar con una chica llamada Joan aquella noche. Iba a añadir que teníamos previsto encontrarnos con Norman Mailer después pero me interrumpió y dijo: «Bien, bien, tráetela». Parecía en plena forma. Sí, estaría bien, claro. No tuve la oportunidad de explicar que teníamos previsto encontrarnos con Mailer.

Llamé por teléfono a Norman después de que colgara Hemingway. Le expliqué la situación. Mailer tenía muchas ganas de que nos viéramos. Le dije que pensaba que podía arreglarse. Así que saqué el tema cuando nos reunimos antes de cenar en el apeadero de Willie Hearst, en lo alto de un edificio de piedra rojiza de la calle 63 con la Quinta Avenida. Hemingway estaba delante de una gran chimenea de mármol mirando a Joan, la chica que había traído yo, quizá dudando si llamarla Hija, que era su apelativo cariñoso particular para las chicas que le gustaban. Le dije que Mailer estaba en la ciudad.

Yo sabía que él siempre había querido conocer a Hemingway... a lo mejor aquel era un buen momento.

—Le encantaría unirse a nosotros. Está esperando a ver qué le decimos.

A Hemingway le pareció bien.

—Bueno, vale, llámale.

Pero Hotchner, que quizá entonces empezaba a percibir indicios de paranoia, las pendientes del declive, que acabarían apareciendo en su biografía *Papa Hemingway*, lo había oído por casualidad. Se acercó y negó con la cabeza. Por lo que parecía pensaba que la mezcla no funcionaría, y se mostró de lo más serio y bastante preocupado.

—Bueno, no estoy seguro, Papá —dijo. Parecía que estuviera aconsejando a alguien que no tomara otra copa—. No, de verdad. Creo que no.

—Bueno, olvídalo.

Pero Hemingway no dejó de sacar el nombre de Mailer a lo largo de toda la noche. Llegamos al Colony llevando nuestro vino en bolsas de papel marrones porque era noche electoral y los bares no abrían hasta que cerraran las mesas. Por deferencia a la norma del Colony sobre las chaquetas y las corbatas, Hemingway llevaba una americana, unos pantalones caqui de safari, y recuerdo una corbata lisa de lana con un nudo enorme en la garganta. Había mucha agitación en la puerta. La gerencia se sentía honrada. Hemingway escogió una mesa al fondo del restaurante cerca de las puertas batientes de la cocina, y se puso cómodo con la espalda contra la pared para poder mirar a lo lejos lo que estaba pasando: una buena «querencia[9]», como decía, —un término de la tauromaquia que designa la zona del ruedo adonde se retira el toro y desde donde mejor lucha— y además dijo que se sentía a gusto con los camareros pasando al lado, y el ruido de la cocina tan cerca. En realidad era el peor sitio del restaurante y hubo bastante trajín inquieto por parte del maître que nos sentó allí. Hubo que empujar dos mesas para juntarlas y traer sillas adiciona-

9. En español en el original. [*N. del T.*]

les. Joan estaba instalada a la derecha de Hemingway, yo me senté a su izquierda. Los camareros miraban a Hemingway desde debajo del peso de los platos, cuando pasaban, y los jefes de cocina, con sus gorros, lo observaban a través de las hojas de vidrio en forma de rombo de las puertas batientes.

Casi inmediatamente empezó a preguntar por Mailer. Me vi hablándole de las «competiciones» en las que por entonces daba la sensación de participar Mailer con una intensidad casi maniaca. No había prácticamente ningún acontecimiento social en el que no retara a alguien a algún tipo de enfrentamiento. A las mujeres, las involucraba en una competición de miradas en la que él y la persona que tuviera delante se miraban a los ojos hasta que uno u otra cedía. Mailer siempre parecía ganar, las chicas nunca sabían del todo cómo reaccionar, por lo general apartaban la vista por vergüenza, o porque estaban aburridas y querían un ponche, o más a menudo simplemente porque les entraba la risa tonta. En cuanto a Norman, me imagino que lo hacía para instaurar su dominio, como Mowgli mirando fijamente a Shere Khan hasta lograr que apartara la vista. Por lo visto aquello le producía mucha satisfacción. En los cócteles no era una escena infrecuente ver su figura algo fornida, con las piernas un poco dobladas hacia fuera y una copa en una mano, inclinándose ligeramente mientras participaba en aquella especie de confrontación ocular con la chica que tenía delante.

—¡Madre de Dios! —dijo Hemingway.

Con los hombres, continué rápido, el enfrentamiento era mucho más espectacular. El más impresionante desde el punto de vista físico era una competición de cabezazos, en la que él y su contrincante se colocaban enfrente, a lo mejor a un metro y medio, y, a una señal, entrechocaban como un par de carneros luchando durante la época de celo, dándose un coscorrón en la coronilla del cráneo —parecía algo inofensivo, pero producía un sonido retumbante, como un par de vasijas de calabaza que hacen ¡pumba!—, un sonido alarmante en un cóctel, sobre todo si uno de los dos había caído al suelo del golpe entre las patas de las sillas. Un sonido fuerte de un golpe, y luego un gemido.

—¡Um! —dijo Hemingway.

Alargó una mano abajo y sacó la botella de vino de la bolsa de papel junto a su silla.

El derribado se levantaba, negaba con la cabeza, y los dos —totalmente ajenos a lo que sucedía alrededor— se ponían otra vez. De hecho, los invitados acababan por acostumbrarse, como si lo que tuvieran en medio de la fiesta fuera una estrambótica escultura de Tinguely con piezas, y un motor que las hiciera funcionar, de forma que, si llegaba gente tarde y los veía entrechocar con el ¡pumba! de las cabezas, y preguntaban: «Dios mío, ¿qué es eso?», la respuesta podía ser tranquilamente: «¿Qué? Ah, eso... Bueno, es nuestro...». Con la mayor indiferencia, ¿sabes?

Por supuesto, no muchos jugaban a aquello con Mailer. A mí me lo había propuesto pero había rehusado. Como es lógico, había otras competiciones, bastantes pulsos, pero el mano a mano favorito de Mailer en la época de la cena con Hemingway era la lucha de pulgares, en la que el contendiente agarraba la mano del otro de forma que los dos pulgares estuvieran frente a frente en lo alto de los dos puños entrelazados. La idea al decir «ya» era intentar inmovilizar el pulgar del otro tres segundos. Los pulgares se movían de un lado a otro mucho, como las antenas de los caracoles. A Mailer se le daba bastante bien. Hubo una época en que tuvo a los amigos sin hacer otra cosa, sentados holgazaneando en los bares o después de cenar, y uno se despertaba por la mañana con el pulgar tan dolorido por el ejercicio que costaba manejar un tenedor en el desayuno.

—¿Cómo se hace? —preguntó Hemingway de repente—. ¿Qué tienes que hacer?

Se lo enseñé, nuestras manos estrechadas sobre el mantel, con los codos entre las copas de vino, y su pulgar empezó a moverse a un lado y a otro. Pero lo hacía muy lenta y torpemente, y vi que iba a dársele mal. Alguien me dijo después que tenía la mano lisiada de algún accidente hacía mucho tiempo.

Así que Hemingway, que veía por sí mismo que su pulgar era superado y que farfullaba entre dientes acerca de ello, cambió rápido las reglas del juego, simplificándolo bastante hasta convertirlo en una prueba de fuerza más pura: ahora vamos a ver quién aprieta más fuerte la mano del otro. Todo esto se hizo sin ninguna explicación: empezó a aplicar presión sin más. Agarraba con una fuerza tremenda, en total contraste con la relativa pasividad de aquel pulgar suyo. Notaba cómo las uñas se clavaban en la palma de mi mano. Le temblaba el brazo de la fuerza que fluía a través de él, y vi que la cara se le comenzaba a motear bajo la blancura de las barbas. Lo miré sin comprender, muerto de miedo. No podía hacer nada: no podía zafarme del agarre de Hemingway.

Entonces, debajo de la mesa, George Brown empezó a patalearme las espinillas. Después me dijo que había visto qué estaba pasando y había intentado que yo parara: Hemingway no era una persona apropiada para aquella clase de duelos. Le activaban la adrenalina y a menudo iban a más hasta acabar en las peleas a puñetazos que Brown se había hartado de ver en la finca[10] de Cuba.

Comenzó a patear bastante fuerte, y yo me puse tenso de repente unas cuantas veces en la silla, sobresaltado, abriendo mucho los ojos de la sorpresa, una reacción que Hemingway debió de suponer relacionada con la fuerza de su agarre. Se animó. Redobló sus esfuerzos. La mesa se movió. Los cubitos de hielo tintinearon en los vasos.

No sé en qué habría terminado aquello si Joan, sentada a la derecha de Hemingway, no se hubiera inclinado adelante y hubiera dicho:

—Oye, ¿qué pasa?

Hemingway giró la cabeza. Era una chica guapísima, con un pelo rubio que enmarcaba una cabeza ancha de huesos escandinavos con unos ojos grandes e inteligentes. Lo miraba con una curiosidad tan sincera —como desconcertada por algún rito que no comprendía— que Hemingway contestó.

El agarre aflojó.

—Solo estamos bromeando —dijo. Flexionó los dedos. Continuó—. Estamos fingiendo que somos un par de Norman Mailers.

—Ah —dijo ella.

10. En español en el original. [*N. del T.*]

Pareció totalmente satisfecha. Se volvió de nuevo hacia Hotchner, u Ordóñez —quien estuviera a su derecha—, y retomó el hilo. Pero se había roto el encanto. Hemingway fue de lo más afable después de aquello. Habló de su admiración por Mailer, aunque no tenía tan claro lo de los juegos de salón. Cuando tuve la oportunidad, eché un vistazo a la mano debajo de la mesa. Había medias lunas moradas donde había hundido las uñas, lo suficiente para que tardaran cinco días en irse...

Las miraba de tanto en tanto. Hablaba de ellas de vez en cuando. Estaba cenando con una chica a la que pensé que podrían impresionar. Estaba hablándome de un fin de semana lujoso que había pasado en algún sitio.

—Allí todo era flameado. Dios, bajabas a desayunar y había un chisporroteo y efectivamente, por la puerta de la antecocina, lo que traían en una fuente flambeada era un pomelo, ¡madre de Dios!

—¿Has leído *Fiesta*?

—¿Qué?

—Echa un vistazo a esta mano. ¿Ves estas marcas?

—¿Dónde?

—Aquí. En la palma de la mano.

—¿Estás hablando de la línea de la vida o algo así?

—No, me refiero a estas medias lunas pequeñas. Espera un momento. Déjame levantarlas a la luz.

Ni yo mismo las veía. Giré la mano a la luz de la vela pero se habían esfumado. La chica, después de mirarme con desconcierto, había continuado apresurándose a hablar de otra cosa. Recuerdo que me miré la mano unas cuantas veces después solo para asegurarme, pero las marcas verdaderamente habían desaparecido.

Norman Mailer no llegó a conocer a Hemingway. Había permanecido al lado de un teléfono la mayor parte de la noche que Hemingway había estado en la ciudad, a la espera de mi llamada, asustado y también entusiasmado (me dijo después) y luego decepcionado y también incluso un poco aliviado después de que no llegara la llamada. Tenía la idea de que habría sido como visitar a un dictador sudamericano, no porque Hemingway se comportara como tal, pero habría habido un séquito considerable —Ordónez, George Brown e Ingrid Bergman y algunos otros amigos famosos— y el encuentro habría sido desasosegante y quizá difícil. Tenía la sensación de que Hemingway se habría enfadado bastante con él.

—Habría sido impertinente —dijo.

Yo tenía mis dudas. Hemingway siempre parecía muy educado con la gente al principio, sobre todo con las personas que admiraba, por más que fuera a regañadientes.

—Yo habría ido de todos modos —dijo Mailer—. Por supuesto, ya sabemos que era un hombre muy malhumorado. Habría sido el «Sr. Rayo» yendo allí. Me moría por conocerlo.

—¿De qué habríais hablado? —pregunté.

—Después de un rato probablemente le habría criticado por no estar en el país cuando le necesitábamos, por pasar tanto tiempo fuera cuando estábamos deslizándonos hacia el totalitarismo. Lo que parecía interesarle eran obsesiones personales insignificantes que nos aburrían como una ostra... las contiendas entre sus amigos Leonard Lyons y Walter Winchell. Habría dicho: «Deja de perfumar tu vanidad, mánchate las manos. Estamos cansados de ti y de tus pequeñas penas». La clase de críticas que había hecho en *Advertencias a mí mismo*.

—«Perfumar su vanidad.» Bueno, habría sido una noche tremenda —comenté.

—Ah, ya lo creo —dijo Norman.

VINCE LOMBARDI

Unos años después de jugar al fútbol americano con los Detroit Lions, volví a ese deporte para hacer un programa especial de televisión titulado Plimpton, the Great Quarterback Sneak. *Esta vez participé en cuatro jugadas con los Baltimore Colts contra mis antiguos compañeros de equipo, los Lions, en un partido de exhibición en Ann Arbor ante ciento seis mil y pico espectadores, creo que el público más numeroso en un partido profesional hasta entonces. Ese día mejoré mi actuación con los Lions al conseguir dieciocho yardas con los Colts, ¡quince por una penalización de rudeza contra el pasador!*

El center *All-Pro de los Colts era Billy Curry; un hombre elocuente, considerado y observador que, acabada su carrera, podría haber trabajado en el mundo de la comunicación, o la política, pero que prefirió seguir en el fútbol americano de entrenador (Georgia Tech, Alabama, Kentucky). Lo que recuerdo en particular de él en la concentración de los Colts es que era uno de los pocos jugadores que se cambiaba de sitio y se sentaba a una mesa distinta durante las comidas, como si examinara a sus votantes y su relación con ellos. Se comportaba como un periodista de relumbrón trabajando en un artículo de fondo. Bendecido con una memoria asombrosa y una gran facilidad para el relato, me pareció el colaborador perfecto. Hicimos un libro juntos,* One More July. *El marco del libro es un viaje en coche desde Louisville, Kentucky, hasta Green Bay, Wisconsin, adonde iba a regresar Bill para un último intento —«un julio más», como dicen los jugadores— con los Green Bay Packers, el club en el que había comenzado su carrera en el fútbol americano una década antes. Lo que sigue es un excepcional retrato de su primer entrenador profesional.*

Yendo en coche hacia el norte desde Louisville, el nombre de Lombardi empezó a surgir cada vez más, y no era de extrañar, porque Curry había atravesado por una relación casi traumática con él (cosa que probablemente podía decirse de cualquier jugador de los Green Bay Packers), y cuantas más cosas oía yo acerca de él, más insistía para obtener detalles. Pasé bastante tiempo diciendo «¿qué?» o «eso es difícil de creer», o, más a menudo, «bueno, no entiendo cómo seguiste con alguien así».

Curry tenía paciencia.

—Mira, él creía que los partidos no se ganan con sistemas o con superestrellas, sino con la ejecución. Así que el jugador tenía que sufrir las consecuencias de ser empujado a la ejecución. Todo estaba dirigido hacia eso. No había mucho más. De hecho, la parte técnica del fútbol americano era mucho más sencilla de lo que yo pensaba que iba a ser; el sistema de los Packers era el más sencillo de todos con los que he jugado. Cuando llegué a Green Bay, Ken Bowman, que era el otro *center*, repasó conmigo todas las jugadas en una tarde. Luego, al día siguiente, el propio Lombardi se sentó conmigo y en una hoja de un bloc amarillo pautado esbozó todas y cada una de las jugadas que tenían los Green Bay Packers. Pienso en todos los documentos, los premios, en todos los recuerdos de mi carrera, y los daría por aquella única hoja de papel, que perdí, o jamás pensé que merecía la pena guardar. Por supuesto, la jugada más célebre que había en ese papel era la *power sweep*. La teoría de Lombardi era que nadie podía parar la *power sweep* sin conceder otra cosa. Así que si podían parar la cuarenta y nueve, entonces hacías la treinta y siete, que era una jugada *off-tackle*, porque para parar la *sweep* tenían que mover hacia fuera al *linebacker* y entonces corrías hacia dentro. De acuerdo con su forma de pensar, no hacía falta ningún engaño elaborado ni nada por el estilo. Teníamos un reverso en el libro de jugadas. No creo que lo hiciéramos nunca mientras yo estuve allí.

»Así que la principal teoría de Lombardi era: «No se ganan partidos con sistemas. Se ganan partidos con la ejecución. Sea cual sea el sistema, hazlo siempre de la misma forma». Así que realizábamos la *power seep* de Green Bay cinco, diez, quince, veinte veces seguidas. La misma jugada una y otra vez. En el *huddle* la señal era simplemente cuarenta y nueve o cuarenta y ocho, dependiendo de la dirección en la que fuéramos a realizarla. Fue la jugada que hizo famosos a Jerry Kramer y Fuzzy Thurston, porque eran los guardias escolta y salían alrededor de la línea de *scrimmage* escoltando a Paul Hornung o Jimmy Taylor. Si llevaba la pelota Jimmy, la señal era treinta y ocho o treinta y nueve.

»Según esta teoría, todo dependía de tu ejecución. Si no podías encajar en la manera como él creía que debías ejecutar, bueno, entonces estabas fuera.

—¿Cómo echaba a sus jugadores? —pregunté. Siempre me habían horrorizado las maneras de despedir a los jugadores en la NFL.

—Si la gente se iba, si la echaban —dijo Curry—, no se daba ninguna explicación. No hacía falta. Lombardi nunca decía: «Bueno, hoy hemos tenido que despedir a Joe Smith y a John Black». Desaparecían, sin más. La consigna quedaba vacía, como si el tipo se hubiera esfumado. Pat Peppler le hacía los despidos. Era un hombre grande, calvo, jovial, siempre con una sonrisa en la boca, capaz de llevar a cabo aquel doloroso trabajo. Estoy seguro de que nadie lo hacía menos doloroso que él. Se pasaba después del desayuno y decía: «El entrenador quiere verte, y trae el libro de jugadas», lo cual quería decir: «Hasta luego, Lucas». El día del último despido, en mi primer año como novato, yo estaba sentado solo en mi habitación. Mi compañero de habitación se había lesionado y estaba en el hospital. Por supuesto, yo no había entrado en el equipo —había otros *centers* buenos en la concentración— y estaba sentado a solas, hecho una furia... esperando. Cómo no, se oyó un golpe en la puerta. Se me saltó el corazón. La abrí y era Peppler. Noté cómo palidecía.

»Dijo: «Bill, mi mujer, Lindy, quiere que Carolyn la acompañe a un almuerzo mañana. Dile a Carolyn que la llame, hazme el favor». Y se dio la vuelta y empezó a marcharse.

»Me incliné fuera de la puerta. Le dije: «Sr. Peppler, si vuelve a hacerme algo así, le rompo la crisma». Se dio la vuelta, desconcertado. No era consciente de lo que había hecho. Ahora nos reímos de aquello. Me dio un susto de muerte. Lo habría matado.

»Enseguida hubo una tremenda decepción. Yo había llegado a los Packers... que era a lo que había aspirado todos aquellos años. Era un deportista profesional y estaba en uno de los mejores equipos. Entonces mi buen amigo Rich Koeper, que había sido el otro *center* novato y al que habían pasado de la posición de *center* a la de *tackle* ofensivo cuando había aparecido yo después del partido del All-Star, vino a mi habitación y me dijo:

—Bill, ¿me ayudas a cargar mis cosas en el coche?

—¿Cómo dices?

—Me voy —dijo. Me vio muy abatido—. Qué coño, tío —dijo—. Tú has ganado la batalla. Has conservado tu trabajo.

»Pero yo no sentía nada de eso. Le ayudé a cargar sus cosas, y luego lo conduje al motel donde iba a coger un autobús que lo llevaría al aeropuerto. Comencé a sollozar. ¡Lloraba y lloraba y no podía parar! Fue humillante... por fin era un gran ídolo, un deportista machote, y allí estaba quedando como un imbécil. Rich Koeper también estaba llorando. Menuda escena.

—Ya lo creo —comenté.

Por entonces ya llevábamos kilómetros subiendo por la carretera sesenta y cinco, bastante más allá de la gran curva de la autopista por encima de las fábricas de dulces en la zona norte de Louisville... allí en el campo mientras empezaba a subir la temperatura y las ráfagas de aire titilaban sobre los cultivos.

Le pregunté a Curry si había alguna manera de distinguir a un jugador de los Green Bay Packers, aparte de la costumbre de perder el control y llorar de vez en cuando.

Curry sonrió y dijo que uno de las rasgos distintivos de los Green Bay Packers era la formidable condición física... que, con Lombardi encima, un jugador tenía que estar en forma, muy en forma, para sobrevivir.

—Fíjate en Jimmy Taylor, por ejemplo, el gran *fullback* —explicó Curry—. Era uno de los deportistas con mejor condición física que yo había visto. Él sabía que yo había trabajado un poco con pesas, aunque no mucho. No soy un jugador de gran potencia física, ni mucho menos. Pero Jimmy me tenía levantando pesas con él entre los entrenamientos de la mañana y la tarde, y eso que fuera había una temperatura de casi cuarenta grados, era como un horno. Tenía la consigna al lado de la suya. Me decía: «Vamos». «Bueno, oiga, Sr. Taylor, tenemos que volver a entrenar esta tarde.» «Bien, nosotros vamos a hacer nuestros presses de banca, chaval.» E íbamos y hacíamos presses de banca.

»Valía la pena porque Lombardi te destrozaba físicamente si no estabas en forma. La hora de la calistenia antes del entrenamiento era increíble: no quince saltos de tijera, sino cien. Luego, cuando concluía aquella calistenia, dirigida por un entrenador, Lombardi se acercaba a la parte delantera del grupo con una sonrisa sádica y decía: «Venga, vamos». Tocaba el ejercicio en la hierba. Empezábamos a correr sin movernos. Quería que levantaras las rodillas hasta el pecho, y cuando decía «abajo» te lanzabas al suelo; decía «arriba» y te ponías de pie y volvías a correr sin moverte. Te obligaba a hacer aquello hasta que no podías levantarte, literalmente. He visto desmayarse a nuestro capitán ofensivo, Bob Skoronski. La gente vomitaba en el campo, algunos no podían levantarse del suelo, y se acercaba y decía «¡levántate, levántate!», y no podían. Ese tipo de cosas.

»Nosotros seguíamos y punto. Una vez lo hicimos setenta y ocho veces, arriba y abajo, que es muchísimo. Ken Bowman y yo las contábamos para no volvernos locos de dolor. Willie Wood tenía fama de no... ¡Lo dejaba sin más! Lombardi decía: «Parad el ejercicio» —lo cual nos entusiasmaba, porque podíamos resoplar un poco—.

«¡Willie, lo vas a hacer bien! Venga, andando, lo vas a hacer para todos.» Pero Willie no podía. Caía al suelo, se levantaba apoyándose en una rodilla y luego volvía a caer. Tenías que ser un jugador de fútbol americano tan bueno como Willie para librarte de una cosa así. Al final Lombardi decía: «Bueno, vale, vale», y luego seguíamos.

»Después, al final de los ejercicios en el césped, cuando todo el mundo estaba tambaleándose, literalmente, Lombardi tocaba el silbato y esprintábamos alrededor del palo de la portería y de vuelta al otro extremo del campo... probablemente unos doscientos treinta metros, y tenías que esprintar. Si quedabas el último te metías en una buena. ¡Cuando empezabas a correr después de aquellos ejercicios en el césped las piernas no respondían! ¡No funcionaban, literalmente! Solo temblaban, y se requería un esfuerzo consciente para poner una delante de la otra. Luego te recuperabas un poco y llegabas a donde estabas corriendo y todo, y alcanzabas el otro extremo del campo, donde tenías unos treinta segundos para respirar. Todo el mundo hincaba una rodilla y simplemente jadeaba y resollaba... incluso a veces nos perdíamos algún que otro desayuno y cosas por el estilo.

»Siempre me tomaba muy en serio estar en buena forma y hacer todos los ejercicios en el césped. Algunos miraban a Lombardi cuando pasaba andando al lado, y cuando les daba la espalda, paraban. Cuando volvía, empezaban otra vez. Yo nunca me escaqueaba, y cuando tocaba el silbato para el esprint, corría todo lo rápido que podía. No era lo bastante veloz para llegar el primero al palo de la portería, pero siempre intentaba acercarme.

»Un día, durante mi segunda temporada con los Packers, se me acercó Jimmy Taylor y me dijo: «Bueno, Bill, ahora ya eres un veterano». «Sí, exacto», dije yo. «Ya sabes que tienes que dar un buen ejemplo a estos jóvenes, a estos novatos.» «Ya.» «Bueno, ¿sabes cuando hacemos los ejercicios en el césped y corremos alrededor del palo de la portería?» Yo pensaba que iba a felicitarme por lo que me esforzaba. «Bueno, cuando vuelves al otro extremo del campo... cuando hacemos una pequeña pausa, ¿sabes? Intenta no respirar tan fuerte.» «¿Qué?», dije yo. «¿Cómo que no respire tan fuerte? ¡Estoy reventado!» «A ver, estás bien físicamente», dijo, «pero no deberías respirar tan fuerte. Estos chicos nuevos, los novatos, pensarán que estás cansado y que no eres duro. Tienes que ser un tipo duro.» Pensé que estaba bromeando y me puse a reír. «Hablo en serio», dijo. «Cuando vuelvas, echa el aire. Luego te sentirás bien. No vayas por ahí resoplando.»

»Este hombre está loco, pensé. A la mañana siguiente lo observé. Hizo todos y cada uno de los ejercicios. Se echaba al suelo, levantaba las rodillas más que nadie. De hecho, Lombardi lo miraba y se volvía loco: «Sí señor, Jimmy, sí señor. Mirad esto, todos, aquí tenéis a alguien que físicamente está bien de verdad. ¡Jimmy Taylor siempre está bien físicamente!». Cosas por el estilo. Y esprintaba alrededor del palo de la portería y volvía. ¡Cómo no! ¡Todos estaban reventados y Jimmy Taylor no respiraba fuerte! Estaba como un toro. Yo pensaba que estaba en forma y no era nada comparado con él. Y luego, en correspondencia con su capacidad física, tenía una gran confianza en sí mismo. En las charlas de equipo, cuando repasábamos las filmaciones, Lombardi se le echaba encima, y él se limitaba a quedarse sentado al fondo de la sala con su puro y sonreír burlonamente. Daba un par de caladas a aquel gran puro.

Le interrumpí.

—¿Me estás diciendo que con tanto énfasis en la condición física dejaba que la gente fumara?

—Sí —dijo Curry—. Se podía fumar hasta en el vestuario. Fue una de las cosas que más me impactaron... cuando entraba y Hornung se ponía a fumar en el descanso... Lombardi se le echaba encima a Jimmy por cometer un error que se veía en las filmaciones, y Jimmy daba una calada al puro, subía una gran bocanada de humo, miraba alrededor, sonreía burlonamente, sacudía la ceniza del puro como Groucho Marx y decía: «Me parece que estoy acabado, entrenador». Una confianza en sí mismo increíble.

»En los entrenamientos se escabullía al campo donde estaban los pateadores. Lombardi le gritaba: «¡Taylor, ven aquí! ¿Qué estabas haciendo?», y Taylor levantaba los brazos sobre la cara para defenderse y decía: «Entrenador, estaba practicando el bloqueo de *field goal*». Se libraba porque era un jugador extraordinario. Pero después no renovó y se fue a jugar a Nueva Orleans. Eso arruinó su relación con Lombardi.

—Lo recuerdo —dije—. ¿Verdad que dejaron de hablarse?

—La lealtad era una cosa muy importante —dijo Curry—. Jimmy era un negociador muy duro con los contratos, pero Lombardi también. A veces decía sin más: «Mueve el culo hasta allí y firma el contrato». Y lo hacían. Debido a aquella relación estrecha con los jugadores, Lombardi odiaba a los agentes. Decía a los jugadores: «No mandéis a un agente aquí a negociar por vosotros». Era mucho antes de que se pusiera de moda el representante tipo abogado-agente. Bueno, Jim Ringo pensó que podía arriesgarse. Era un gran *center* de los Packers, y es probable que se considerara casi indispensable porque daba las señales de todos los bloqueos —una figura clave en la línea ofensiva— y además estaba muy bien considerado por toda la liga. Así que mandó a un abogado, a un agente, al despacho de Lombardi para que negociara por él. El caballero entró y dijo: «Sr. Lombardi, he venido en representación de Jim Ringo en las negociaciones de su contrato». «Perdone un momento», dijo Lombardi. Y se levantó y salió de la sala. Unos cinco minutos después volvió y dijo: «Lo siento, se ha equivocado de persona». «No le entiendo», dijo el agente. «Jim Ringo juega ahora con los Philadelphia Eagles», dijo Lombardi. «Tendrá que hablar con ellos.»

—¿Y eso es lo que pasó con Taylor? —pregunté.

—Algo parecido —dijo Curry—. Lombardi no pudo intimidar a Jimmy para que firmara. No renovó y se fue a Nueva Orleans. Tengo entendido que Lombardi no se lo perdonó. Nunca volvió a llamarlo por su nombre. Lo llamaba «el otro». Pusieron la camiseta de Paul Hornung en la vitrina del museo de los Packers, pero no la de Taylor. Lombardi dijo: «Echamos en falta a Hornung, pero siempre podíamos apañárnoslas sin el otro».

Negué con la cabeza y comenté que no entendía cómo todo aquel esfuerzo que había hecho Taylor por él —todos aquellos años de agotador esfuerzo atravesando a toda velocidad el centro de las líneas contrarias— no compensaba casi cualquier cosa que Lombardi pudiera tener contra él.

—No era un hombre fácil —dijo simplemente Curry—. A veces yo no podía ni verlo. Tampoco los demás. Recuerdo a Gale Gillingham en su primera semana en Green Bay, sentado en el asiento de atrás mientras alguien nos llevaba en coche de vuelta al vestuario después del entrenamiento. Gillingham no abría la boca. De hecho, creo que no le había oído decir palabra desde que había llegado. Se había roto la mano derecha en el partido del All-Star y llevaba una gran escayola. Habíamos hecho aquellos espantosos ejercicios en el césped. Por supuesto, para Lombardi no existían las lesiones. Gilly hizo todos los ejercicios con una mano. Todo el mundo se fijó en él y se dio cuenta de que era un fenómeno. Los demás pasábamos apuros para hacerlos con las dos manos. Después del entrenamiento, volviendo en coche, alguien dijo: «Lombardi se ha pasado hoy». ¿Sabes cómo decimos que alguien está de muy mal humor? «Hoy tenía la regla.» Ese solía ser el comentario que hacían sobre él un día especialmente duro. Gillingham iba en el asiento de atrás y de repente dijo las primeras palabras que le oímos: «Es el tipo más repugnante que he visto en mi vida». Yo dije: «Vaya, no hace falta decir nada más».

—Yo me habría enfurruñado —dije—. Habría puesto una expresión de abatimiento solo para que viera lo horrible que me parecía él. —Curry se rió.

—No había manera de manipularlo. Y sin embargo lo arrollador de él —lo que provocaba la relación amor-odio que tenían los jugadores con él— era la manera como utilizaba su habilidad para manipularte, para forzarte a hacer lo que quisiera que hicieras. Podía estropearte el día entero en cuestión de segundos. Por la mañana yo empezaba el programa y él entraba y fruncía el ceño. Yo intentaba hablar con él. No me hacía caso, o farfullaba algo, y yo le odiaba todavía más, y hacía que me pusiera a pensar: ¿Qué demonios hago aquí? Y luego, diez minutos después, se acercaba y me echaba un brazo sobre el hombro y decía: «Me gusta cómo trabajas. Estás haciendo un buen trabajo, y estoy orgulloso de ti», ¡y yo habría muerto por él! ¡Habría hecho cualquier cosa por él! Entonces me daba cuenta: Dios mío, me está manipulando como si fuera boligoma. Me aplasta cuando me quiere aplastado. Me redondea y me hace rebotar cuando quiere que rebote. Me hace... En cierto modo era degradante, y sin embargo al mismo tiempo era emocionante formar parte de todo aquello porque sabías —y no me importa lo que diga nadie de él— que estabas ante alguien muy grande. Cualquiera que fuera capaz de motivar a sus jugadores así tenía que ser muy grande.

»A mí me dominó por completo durante dos temporadas, y hasta el día de hoy, cada vez que estoy en un aprieto para superar un problema difícil, pienso en él. ¡Siempre! Pienso en él cuando me decía: «Muchacho, lo único que puedes hacer es mover el culo y dejar de lamentarte de tu suerte y superar el dolor y hacerlo. Idea tu método. Idea tu sistema, y ejecútalo. Y no me hables de esguinces de tobillo, y no me digas que alguien no está siendo justo contigo. No quiero oír nada de eso. ¡Hazlo!». Siempre me zumba en la cabeza.

—¿Era un tipo justo? —pregunté—. Me refiero en el sentido de ser equitativo.

—No demasiado —dijo Curry—. Recuerdo un día del año 1966, estábamos viendo la filmación de un partidazo que habíamos jugado el domingo anterior contra los Cleveland Browns. Fue el año después de que ganaran el campeonato. Nos machacaron en la primera parte. El marcador estaba en 14-0 cuando fuimos al vestuario... Frank Ryan, su *quarterback*, estaba teniendo un gran día. Salimos en la segunda parte y empezamos a recortar la desventaja poco a poco. Al final, cuando quedaban unos dos minutos, el marcador estaba en 20-14 a favor de los Browns. Lou Groza había pateado un *field goal* colosal de cuarenta y nueve yardas que había dado en el larguero y rebotado por encima para darles tres puntos. A falta de un par de minutos y seis puntos por detrás, empezamos desde la línea de veinte yardas y poco a poco fuimos avanzando. Al final, en su línea de nueve yardas, estábamos en el cuarto *down* a menos de diez yardas de la *goal line* y quedaba tiempo para una última jugada. Bart señaló una jugada de pase. Los *wide receivers* estaban cubiertos, así que le hizo un pase corto a Jimmy Taylor en la zona de *flat*. Había tres *tackles* —había que verlo para creerlo— y lo único que tenían que hacer era derribarlo y el partido se habría acabado. Pues Taylor se fue del primero, rodeó al segundo y se llevó por delante al tercero hasta llegar a la *end zone*. Pateamos el punto adicional y ganamos el partido 21-20. Puedes imaginarte la satisfacción. Hacía mucho calor. Cuando me pesé después del partido pesaba noventa y ocho kilos. Había adelgazado más de seis kilos.

»Pero en la filmación Lombardi empezó a fijarse en mi juego. Había estado emparejado con Vince Costello, que era un *linebacker* central muy bueno, un tipo muy astuto. La semana anterior, Lombardi me había dicho que con él, cuando realizáramos la *power sweep*, no había que coger un ángulo cerrado para cortarlo, porque giraría detrás de mí. Quería que cogiera un ángulo más directo hacia él, que es una forma poco corriente de hacerlo. Bueno, pues yo hice lo que me dijo el entrenador y Costello me superó durante todo el partido. Quedó clarísimo en la filmación aquel martes. Iba volando derecho hacia él. Y él me ignoraba, sin más. Lo perdía completamente, y él tackleaba a Hornung o al que fuera. Lombardi paró el proyector y lo puso otra vez. No dijo nada. Lo puso otra vez. Y otra vez más. Al final paró el proyector, y en la oscuridad vi cómo aquellas gafas se dirigían hacia mí. Dijo: «Curry, esto es un horror, ¿sabes?». Todos los compañeros de equipo estaban allí sentados. Dijo: «¿Cómo definirías esto?». Bueno, yo estaba hecho una furia. Me moría por decir: «Entrenador, ¡usted me dijo que lo hiciera así!». Pero, por supuesto, no lo hice. Continuó: «Vamos a analizarlo otra vez». Lo puso otra vez, y luego empezó una de sus diatribas: «¡Esto es un horror! ¡Eres malísimo! ¡Eres malísimo! ¿Y sabes qué? ¡Tus *snaps* de *punt* también han sido lamentables!». Siguió unos cinco minutos o así.

—No entiendo por qué no te levantaste y le dijiste: «Bueno, hice lo que me pidió, entrenador» —dije yo.

—Porque —contestó Curry—aunque no dejaba de pensar que él me había dicho que utilizara aquella técnica, lo único que importaba era si había cumplido mi misión o no. Y si no la había cumplido, no valían excusas.

—¿Le hacía frente alguien? —pregunté.

—Casi la única persona que podía manejar aquellas críticas era Fuzzy Thurston. Fuzzy siempre se sentaba delante, con la espalda recta, y cuando sabía que iba a llegar una de sus jugadas malas empezaba a despotricar antes de que pudiera hacerlo Lombardi. Era un desmadre. Algún gigante pasaba como una apisonadora al lado de Fuzzy, que había fallado en el bloqueo, alguien como Roger Brown de los Detroit Lions, que pesaba ciento treinta kilos, e incluso antes de que Roger llegara al *backfield* y aplastara a Bart contra el suelo, Fuzzy decía: «¡Vaya, fíjate! ¿No es el peor bloqueo que habéis visto? ¡Es horroroso!». Lombardi, aunque no quisiera, tenía que reírse. Decía: «Fuzzy, tienes razón. Es malísimo. Vale, siguiente jugada». ¡Y Fuzzy se libraba!

»La verdad es que nadie era inmune. Los grandes veteranos, todo el mundo, no había ninguna diferencia. Recuerdo cómo le decía cosas a Jerry Kramer, que era un guardia All-Pro. «¿Has visto eso, Jerry? ¿Crees que vales lo que te pagamos? ¿Has pensado por un momento que tu fútbol merece los dólares que estás cobrando?»

»Jerry, un tipo enorme y fuerte, se quedaba allí sentado inclinándose hacia atrás literalmente y doblando el respaldo de la silla metálica plegable de la angustia. ¡Era devastador! Me has preguntado si Lombardi era justo. La gran contribución de Henry Jordan a lo que es jugar a las órdenes de Lombardi fue: «Lombardi es muy justo. Nos trata a todos igual: como a perros».

»Cuando se movía por la concentración, era una presencia que notabas, que motivaba a la gente para que rindiera. No era malévola. Asustaba. Era única. Joe Thomas, cuando era el director técnico de los Colts, tenía una presencia cuando aparecía en el campo... pero era como debilitante. Todo el mundo se ponía tenso y se enfadaba cuando llegaba. Cuando llegaba Lombardi, todo el mundo se asustaba... pero se activaba. La voz, como la personalidad, tenía una intensidad indescriptible. Todo lo que decía era para impresionar. Un día, mientras estábamos entrenando, salió un perrito y empezó a brincar por el campo. Nadie podía concentrarse porque pasaba entre las piernas de la gente. Era un setter pequeño muy mono. Los jugadores intentaban espantarlo —«¡vete, vete!»— y se iba correteando y luego volvía, meneando el rabo y pasándoselo en grande. Lombardi estaba como a unos cincuenta metros al otro extremo del campo y de repente llegó su voz de trueno desde allí: «¡Largo del campo!». Te juro que lo vi: el perro metió el rabo entre las piernas, y la última vez que lo vimos estaba doblando una esquina a dos manzanas del campo.

Continuamos con el coche un rato a través de la campiña de
Indiana. Un letrero verde anunciaba que nos acercábamos a una
carretera estatal que giraba hacia una población llamada Franklin.
Empezamos a charlar de otras cosas. Curry comenzó a hablar del
equipo estereofónico, pero abstraído, con la mente puesta aún en
Lombardi, y de repente dijo:

—Lo difícil de expresar es lo fortísima que era su presencia. Jerry
Kramer no la plasmó en su libro *Instant Replay*. No la captó, sin más.
Nadie lo ha hecho. Hicieron un programa de televisión con Ernest
Borgnine y fue lamentable. No Borgnine, Borgnine estuvo esplén-
dido. Pero decidieron que la historia de Lombardi era la de un hombre que iba desde Nueva York, donde había esperado ser entrenador
principal, a una ciudad perdida de Wisconsin que no le gustaba a su
mujer. Absurdo. La auténtica historia debió haber sido la de la habilidad de aquel hombre para impactar, para asustar, para apabullar a
otras personas con los medios que tuviera a su alcance. El primer día
que reunía el equipo siempre ponía la filmación de la final del año
anterior. No la comentaba. Solo la mostraba, estuvieran en ella los
Packers o no. Y luego apagaba el proyector y decía: «Caballeros, no
me hago ilusiones sobre lo que me va a pasar si no gano. Así que no se
hagan ilusiones sobre lo que les va a pasar si no rinden para mí... Hay
tres cosas importantes en la vida: la religión, la familia y los Green
Bay Packers. Por ese orden». Y luego, en cuanto estábamos en el
campo, en la mente se le confundía el orden. Lo primordial era —con
los medios que fueran— incorporar en ti aquella percepción de que
tenías que ser siempre el mejor. Cuando llegué al fútbol profesional
solo quería entrar en el equipo. Luego cuando entré decidí que quería ser titular; después llegué a ser All-Pro, y pensé: ahora quiero ser
All-Pro todos los años. La obsesión de ser el mejor era precisamente
la de Lombardi. Una y otra vez decía cosas así: «Cuando salgas al
campo, quiero que pienses una sola cosa: "hoy voy a ser el mejor
center del fútbol americano". Cuando la gente se vaya de las gradas,
quiero que aquel tipo se vuelva hacia su mujer y diga: "Hemos visto
al mejor *center* ofensivo de la historia"».

»Así que tenía un asombroso talento para manipular a la gente y convertirlos en lo que él quisiera. Escogía un papel para cada jugador. Escribía la obra, hacía la coreografía, y si no encajabas en el papel, te cambiaba la personalidad para que pudieras interpretarlo. Si no te gustaba el papel, daba igual. Te manipulaba y te convertía en lo que quisiera que fueses hasta que pudieras interpretarlo mejor que nadie en la NFL. O se deshacía de ti. Le oír decir una vez a Steve Wright, que era un tipo que sonreía mucho —fallaba un bloqueo y volvía al *huddle* con una sonrisa en la boca, cosa que sacaba de quicio a Lombardi—: «¡Maldita sea, Wright! ¿Te parece divertido? ¡No vas a ser nunca un hombre! ¡Nunca vas a triunfar! ¡Sí, triunfarás! ¡Te voy a forjar! ¡Te voy a crear! Te voy a convertir en algo antes de acabar contigo».

»Una vez le oí decir a otro jugador: «Te voy a hacer trabajar. ¡Te voy a hacer sufrir antes de deshacerme de ti!». Y se deshizo de él. Era Rich Marshall. Tenía un índice amputado a la altura del nudillo, de forma que cuando se colocaba parecía que había metido un dedo en el suelo. Le hacían muchas bromas con aquello. «¡Saca el dedo del suelo, Marshall!».

—La manera como le trató Lombardi parece cruel y arbitraria —observé—. ¿Qué crees que pensaba en realidad de todos vosotros, los jugadores?

Curry reflexionó y luego dijo:

—Algunos jugadores no estarían de acuerdo, pero creo que Lombardi en el fondo nos quería. Creo que no habría podido apelar a nuestros buenos sentimientos si nosotros no hubiéramos pensado que le importábamos de verdad. Lo he visto llorar cuando perdíamos un partido. Ya estamos otra vez, los Packers llorando. No era de cara a la galería. Quiero decir, que le he visto las lágrimas en los ojos. Por supuesto, era sobre todo porque él había perdido, pero también sentía un afecto sincero por... le gustaba andar con «los muchachos». Quería ser aceptado. Cuando nos reprendía por nuestro comportamiento, nos decía cosas como: «¿No creéis que a mí también me gustaría ir al centro a emborracharme? ¿No creéis que a mí me gustaría salir y hacer eso? ¿No creéis que me gustaría caeros bien? Sé que no os caigo bien. Pero me importa un rábano. Estamos aquí para hacer un trabajo. Que os caiga bien no es ni de lejos tan importante como

ganar partidos de fútbol. Así que no me importa si os caigo bien».
Cosas por el estilo. De vez en cuando era algo que afloraba. Pero era
muy excepcional, extrañamente contradictorio. Era muy irreverente,
pero iba a misa todos los días. Asistía a diario, era católico, y muy
devoto. En un momento dado se planteó el sacerdocio. Bart Starr
dijo: «Cuando me enteré de que aquel hombre iba a hacerse cargo del
equipo en 1959, me moría de ganas por conocer a alguien que iba a
misa todos los días». Y luego añadió: «Trabajé a sus órdenes dos semanas y entonces me di cuenta de que aquel hombre *necesitaba* ir a misa
todos los días».

Curry se movió un poco en el asiento detrás del volante.

—Me preguntabas hace un rato si alguien le hacía frente. Recuerdo
a Starr una vez. Estábamos en Cleveland jugando un partido de exhibición. Lombardi estaba enfrascado en una de sus diatribas mientras se movía como un poseso por las *sidelines*. Nuestra línea ofensiva estaba subiendo —Bowman era el *center*— y llegaron a la línea
de cuatro yardas de Cleveland con un primer *down* cuando Bart
se demoró demasiado en el *huddle* y ellos avanzaron gracias a una
penalización por retraso de juego. Lombardi se salió de sus casi-
llas. Empezó a gritar: «¡¿Qué rayos está pasando allí?!». Con aquella
voz espantosa que todo el mundo en aquel enorme estadio —había
81.000 personas— pudo oír. Vi a Bart deslizarse atrás fuera del *huddle*
para fulminar con la mirada a Lombardi. Luego señaló la jugada y
lanzó un pase de *touchdown* a Boyd Dowler.

»Luego yo salí al campo trotando al lado de Lombardi para el *snap*
del punto adicional. Ese era mi trabajo. Pero para mi sorpresa vi a
Starr viniendo hacia nosotros, cosa que era extraña porque era el
holder de la jugada de pateo adicional. Así que me detuve... desconcertado. Pensé que a lo mejor le dolía algo. Cuando estaba junto a
mí, a unos cinco metros de Lombardi, Starr se puso a gritarle a pleno
pulmón. Lo machacó con una increíble andanada verbal.

»Casi me caigo de rodillas. ¡Bart Starr! Un tipo amable y decente,
muy religioso, una de las personas más dulces que he conocido,
nunca una palabra irreverente ni nada por el estilo, y allí estaba
diciéndole de todo a Lombardi con esa voz potente, atronadora,

retumbante. Me giré y Lombardi estaba allí parado, boquiabierto. Él
tampoco se lo podía creer. Bueno, corrimos al campo, pateamos el
punto adicional y nadie dijo una palabra. Lombardi no abrió la boca
el resto del partido —pasmadísimo, probablemente— y fue amable
con nosotros unas dos semanas después de aquello. Luego empezó a
ponerse desagradable otra vez.

»Teníamos una especie de consejo de guerra, en el que había
unos seis jugadores —Bob Skoronski, el capitán ofensivo, y Tom
Moore y Bart y Paul Hornung, tipos así—, y de tanto en tanto,
cuando las cosas estaban muy mal, más o menos una vez al año, iban
a Lombardi y le decían: «Entrenador, va a tener que aflojar. ¡Nos está
volviendo locos a todos! No podemos funcionar si nos maltrata de
esta manera». Luego, a lo mejor aflojaba un día o dos. Pero entonces
teníamos un partido malo y entraba otra vez pisando fuerte el martes por la mañana y todo el mundo temblaba sentado. Decía: «Lo he
intentado a vuestra manera. Estoy hasta la coronilla de ser el confe-
sor de una panda de desgraciados y gallinas que no valen para nada.
¡El látigo! ¡Eso es lo único que entendéis! ¡Y os voy a azotar otra vez,
a machacar, a forjar! ¿Por qué os tengo que forjar siempre? ¿No creéis
que me cansa ser así?». Una vez más todo el mundo se moría de vergüenza y pensaba que de alguna manera se había equivocado de oficio: «¿Qué hago aquí con este tipo?» Pero siempre volvía al segundo
siguiente y se ganaba a todos otra vez... aunque a veces era difícil imaginar cómo lo haría.

»Una vez en 1965 habíamos estado en Los Ángeles y habíamos
perdido un partido contra los Rams que teníamos que haber ganado.
Los Ángeles era el último clasificado de la liga y nos dieron una
paliza. En el viaje de vuelta, Lionel Aldridge —el extremo defensivo,
un tipo grande— se puso a cantar. ¡Un par de cervezas y estaba cantando! Lombardi se enteró. Bueno, pues, el martes por la mañana
entró en la reunión y empezó a poner en duda la ascendencia de
Lionel. Fue una orgía de gritos tan exaltada que se parecía a una de
esas diatribas que se ven en las filmaciones de Hitler poseído por
un frenesí, aunque no quiero establecer ningún paralelismo. Estoy
hablando de personalidades imponentes, fuertes, no de la naturaleza

de lo que hicieron o del tipo de personas que eran. Al final Lombardi dijo: «Quiero que todos los entrenadores asistentes salgan de esta sala y que se cierren todas las puertas. Quiero quedarme aquí con estos jugadores... si se los puede llamar así». Así que todo el mundo se largó. Pitando.

—¿Los entrenadores asistentes? —pregunté.

—Ah, sí. Los entrenadores asistentes también le tenían terror. Ya lo creo. Se lo oía en la sala de al lado regañándolos igual que a nosotros, aunque por supuesto nunca lo hacía delante de nosotros.

»Cuando salieron los entrenadores y las puertas se cerraron, Lombardi continuó con todo el ímpetu. Parecía que la reunión se alargaría hora y media, Lombardi chillando, gritando: «¡Joder, os da lo mismo ganar o perder! ¡Yo soy el único al que le importa! ¡Yo soy el único que pone la sangre, las agallas y el corazón en el partido! Vosotros aparecéis, escucháis un poco, os concentráis... tenéis la concentración de un niño de tres años. ¡No sois nada! Soy el único al que le importa algo que ganemos o perdamos».

»De repente hubo movimiento al fondo de la sala, un tráfago de sillas. Me di la vuelta y allí estaba Forrest Gregg, de pie, rojo como un tomate, con un jugador a cada lado sujetándole, y él tirando hacia delante. Gregg era otro auténtico caballero, muy callado. Un gran jugador. Lombardi lo miró y paró. Forrest dijo: «¡Joder, entrenador! Disculpe la palabrota». Incluso en aquel momento de cólera se mostró lo bastante respetuoso y cohibido para detenerse y disculparse. Luego prosiguió: «Disculpe mi lenguaje, entrenador, pero me pone enfermo oírle decir algo así. Nos la jugamos por usted todos los domingos. Vivimos y morimos igual que usted, y duele». Luego empezó a tirar hacia delante otra vez, intentando acercarse para darle una paliza a Lombardi. Los jugadores lo sujetaban. Entonces se puso de pie Skoronoski, que se expresaba muy bien. Era el capitán del equipo. «Exacto», dijo. «¡Carajo, no nos diga que no nos importa ganar! Me pone enfermo. Me da ganas de vomitar. Nos importa exactamente igual que a usted. Son nuestras rodillas y nuestros cuerpos los que estamos maltratando ahí fuera.»

»Así que ya estaba. Alguien se había enfrentado al entrenador, el capitán del barco estaba ante una tripulación amotinada, con el segundo de a bordo de pie y mirándolo fijamente hasta que apartara la vista, cara a cara, y daba toda la sensación de que Lombardi había perdido el control de la situación.

»Pero entonces, que me aspen si el maestro no triunfó otra vez. Después de solo un momento de vacilación dijo: «Muy bien. Esa es la actitud que quiero ver. ¿Quién más piensa así?».

»Bueno, pues, en aquel preciso instante Willie Davis estaba balanceándose de un lado a otro nerviosamente en la silla metálica plegable. Lo llamábamos Dr. Feelgood porque todos los días en los entrenamientos, cuando todo el mundo iba renqueando, cansado, quejándose y protestando, alguien siempre lo miraba y preguntaba: «Willie, ¿cómo estás?». Y él siempre decía lo mismo: «¡Me encuentro bien[11], tío!». Conque Dr. Feelgood estaba balanceándose de un lado a otro, y ya sabes cómo son esas sillas. ¡Perdió el equilibrio y salió hacia delante! Fue a parar justo al medio de la sala... de pie. Parecía que hubiera saltado de la silla justo cuando Lombardi había preguntado: «¿Quién más piensa así?». Y Willie sonrió como avergonzado y dijo: «¡Sí, yo también! ¡Yo también pienso así, tío!». Lombardi dijo: «Muy bien, Willie, estupendo». Y aquello se extendió por la sala. Todo el mundo dijo: «Sí, carajo, ¡yo también!». Y de repente tenías a cuarenta muchachos que podían comerse el mundo. Eso es lo que creó Lombardi a partir de aquella situación. Fue alrededor de la sala hasta cada jugador con la excepción de los novatos —se saltó a nosotros cuatro, los novatos— y mirando a cada jugador a los ojos dijo: «¿Quieres ganar partidos de fútbol para mí?». Y la respuesta fue: «Sí, señor». Cuarenta veces. Luego dirigió sus pasos por entre aquel montón de personas sentadas en aquel caos de sillas y miró a cada muchacho frente a frente a cinco centímetros de la cara, y dijo: «¿Quieres ganar partidos de fútbol?». Y todos dijeron: «Sí, señor». Y no perdimos más partidos aquel año.

---

11. «*Feel good*» en el original. [*N. del T.*]

IRVING LAZAR

La noticia que circula por el Rialto, cómo no, es que Irving Lazar, el Rayo, el superagente literario, está escribiendo su autobiografía. Venderá su libro a los editores (y muy probablemente a las cadenas de televisión para una miniserie y a los estudios para una película), cosa que es noticia porque es muy posible que Lazar haya leído lo que va a vender. No suele ser así. Lazar tiene fama de no leer lo que escriben sus clientes. «Le eché un vistazo» es lo que dice a menudo, lo cual suele ser incluso una exageración.

Es un hombre pequeño, muy pequeño, con una cabeza grande, moronda, y unas orejas de elfo que soportan el armazón de unas gafas gruesas con una pesada montura negra. Una broma visual que suelen hacer sus amigos consiste en levantarse las perneras del pantalón por encima de las rodillas y colocar un par de gafas —cuanto más oscura sea la montura, mejor— en una rótula.

«¿Quién es?»

Los que no han visto esto antes y reconocen el parecido suelen reírse a carcajadas. Los que no conocen al Rayo, o no saben quién es, suelen pensar que lo que ven es un par de gafas... bueno, apoyadas en una rótula.

Deberían saberlo. Es famoso. Adorna uno de los versos de «Let's Do It», la balada de Cole Porter, a saber, *«Bees do it / Lazar does it*[12]*»*.

---

12. «Las abejas lo hacen / Lazar lo hace.» [*N. del T.*]

Su lista de clientes es imponente: Ernest Hemingway, Irwin Shaw, Truman Capote, Gore Vidal, Larry McMurtry, Vladimir Nabokov. Ha ganado muchísimo dinero para ellos. Hace veinte años cerró un acuerdo de dos libros por un millón y medio de dólares para Irwin Shaw. A lo mejor leer sus obras no es tan importante. ¿Por qué debería hacerlo? ¿Para hacer sugerencias? Vladimir Nabokov, el autor favorito de Lazar («el escritor más grande del mundo»), calificó a los que lo intentaban de «animales benevolentes».

Hace varios años Irving me llamó por teléfono para decirme que una compañía cinematográfica estaba interesada en que yo hiciera un pequeño «cameo» en una película que era una adaptación de una novela de Harold Robbins titulada *Una dama solitaria*. Pia Zadora era la protagonista de la película, cuyos exteriores iban a rodarse en Roma. Irving pensaba que el proyecto no valía la pena: la compañía cinematográfica me pagaría el viaje, una habitación de hotel en Roma una semana, y poco más. No podía esperar más de tres o cuatro mil dólares por interpretar el papel.

—¿Hasta qué punto es un papel? —pregunté.

—Chaval, no es gran cosa —dijo Irving. Me llama «chaval» a menudo cuando me aconseja—. Es un cameo.

—Rayo, ¿has leído el guion?

—Le eché un vistazo.

Así que le pedí que me lo remitiera. Una de las razones era que Pia Zadora es una de esas gatitas rubias con morritos —cuyo máximo exponente es Brigitte Bardot— que me tocan despiadadamente la fibra sensible.

Llegó el guion. En síntesis, la historia resultó ser una especie de adaptación de *Eva al desnudo*, solo que la mujer (Pia Zadora) que ansía llegar a la cima y está dispuesta a hacer lo que sea por conseguirlo es guionista en vez de actriz. Mi papel, descubrí, era el de un tal Walter Thornton, la eminencia de los guionistas («el guionista más famoso de Estados Unidos», según el guion). Pia considera a Thornton una especie de trampolín; lo seduce y, si no recuerdo mal, se casa con él poco antes de desecharlo y pasar página. El papel de Thornton era mucho más largo de lo que me había dado a entender

Lazar y desde luego más excitante: una escena de cama le exigía llevar a Pia Zadora «al borde del orgasmo».

Todo esto... bueno, hizo que me preguntara si a lo mejor un viaje a Roma no era una mala idea. Por supuesto, estaba el problema del escaso dinero, y aquello me pareció que había que reajustarlo de manera radical. Aunque era consciente de que mucha gente, de tener la oportunidad, habría ido corriendo a interpretar el papel gratis, yo tenía que preocuparme por el efecto de una interpretación así en mi familia. Podía ocultar el motivo del viaje a Roma, pero ¿y si un día entraban a una primera sesión el sábado y de repente veían a papá allí en la gran pantalla en su cometido de «llevarla al borde del orgasmo»? O, lo que era más importante, si mi madre, que tiene ochenta y tantos años y es una mujer de Massachusetts, había decidido ir al cine con ellos... ¡Menudo revuelo!

Y no solo eso, sino que también estaba la posibilidad de sufrir un considerable daño psicológico y en la confianza en mí mismo si resultaba que había sido incapaz de llevar a Pia «al borde del orgasmo», o incluso de acercarme.

Así que después de pensármelo mucho decidí que estaría dispuesto a interpretar a Walter Thornton por cien mil.

Llamé por teléfono a Lazar.

—Es por lo de *Una dama solitaria* —dije.

—No vale la pena. Es una pérdida de tiempo.

—Rayo...

—Chaval, no te puedo conseguir más de dos mil. Es un cameo.

—Rayo, ¿lo has leído con detenimiento?

—Le eché un vistazo.

—Pero Rayo, es un papel de coprotagonista. Tengo que llevar a Pia Zadora al borde del orgasmo y todo.

Continué explicándole el argumento, mi papel, las escenas de cama, junto con mis dudas teniendo en cuenta la familia, la congoja que podría provocarle aquello a esta, y a mi madre.

—Rayo —dije al final—, estaba pensando en cien mil.

Hubo una larga pausa al otro lado. Oí carraspear a Lazar.

—Chaval —dijo—, empezaremos en doscientos mil.

No recuerdo mi reacción, de asombro imagino, quizá de desconcierto por el salto de dos mil a cien veces más esa cantidad en el transcurso de un minuto.

Al final no fui a Roma. Lazar llamó a los pocos días.

—No se han decidido —me dijo.

Me imagino que lo lamenté en alguna medida, pero no pensé mucho en ello, salvo para contar la historia de Irving de vez en cuando.

No llegué a ver la película. Pero un día la curiosidad pudo conmigo. Al descubrir la identidad del actor escogido para interpretar a Walter Thornton, le llamé por teléfono a California. Se trataba de Lloyd Bochner, un veterano en muchos campos de la actuación (pasó ocho años en la Compañía de Repertorio Stratford-on-Ontario). Me dijo que lo había pasado de maravilla en Roma.

—Me encantó.

Le pregunté si no le importaba decirme cuánto le habían pagado los productores.

—En absoluto. Me pagaron cien mil.

¡Mi precio de salida! Lazar lo había subido tanto que me había quedado sin el papel.

—Bueno, ¿y qué tal fue? —pregunté refiriéndome a la escena de cama.

—Bueno, hubo un desnudo, pero no mío. Pia no llevaba nada. Yo, los calzoncillos. Pero no los zapatos.

—Ya, claro.

—Según el guion, yo era incapaz de satisfacerla. Probaba toda clase de trucos, pero ninguno funcionaba.

—No podías volverla loca —comenté.

—Algo así —dijo Bochner.

Le pregunté si el papel se podía comparar con otros que hubiera interpretado.

Le oí reír al otro lado.

—No te lo vas a creer —dijo—. Probablemente por lo que más me conoce la gente es por el papel de Cecil Colby en *Dinastía*. Moría en la cama con Joan Collins.

—¿Qué?

—Me daba un ataque al corazón haciéndolo.

Silbé de admiración. Me maravillaba su suerte metiéndose en la cama con protagonistas. Dije:

—Espero que la llevaras al borde del orgasmo antes de sucumbir.

—Eso pregúntaselo a Joan —contestó inmediatamente.

Jamás me atrevería a aconsejar a Irving Lazar sobre esa autobiografía suya. Pero lo que he contado está a su disposición. Están todos los ingredientes trillados: sexo, dinero, estrellas de cine, un final sorpresivo. Ciertamente, merece algo más que un vistazo.

WARREN BEATTY

Llevo ya un rato sentado junto al teléfono esperando tener noticias de Warren Beatty, que está en Nueva York rodando su película *Dick Tracy*. Conoce «mi trabajo», como dicen en Hollywood. Hice un pequeño papel en su película *Reds (Rojos)*. Sé exactamente qué va a decir cuando suene el teléfono y esté al otro lado. Va a decir: «¿Es el hombre que no ha probado nunca una aceituna?».

Es una especie de ritual entre nosotros. Una vez le dije que, que yo supiera, no había comido nunca una aceituna. Es muy probable que haya tomado un trozo, en una ensalada, quizá, pero no me he comido ninguna a sabiendas. Nunca he metido una mano en el vaso vacío de un martini y me he tragado una.

Warren tiene una memoria de lo más asombrosa. Recuerda mi número de teléfono de Nueva York cuando la central telefónica era Lyceum. Así que cuando llama por teléfono y contesto, no dice: «Hola, soy Warren», o algo así. Pregunta: «¿Es el hombre que no ha comido nunca una aceituna?».

Yo siempre contesto preguntando: «Warren, ¿eres tú?», cosa que es absurda, porque, ¿quién más iba a llamar y a empezar a preguntar por las aceitunas?

Hace años que lo conozco, bien no, por supuesto, porque Warren siempre tiene algo muy efímero: aparece por un momento, como un rostro en la ventana, y luego desaparece durante años. No hay nada más representativo de esto que mi experiencia con él en *Reds*. Daba la casualidad de que yo estaba de invitado en la mansión Playboy de

Holmby Hills. Viniendo de la piscina de la gruta una noche, tarde, encontré a Warren, por lo que parecía dormido en el suelo del vestíbulo al lado de la puerta principal. Luego me enteré de que acababa de volver de la Unión Soviética, donde había estado intentando (sin éxito, al final) conseguir que los rusos le dejaran rodar los exteriores de *Reds*, en concreto en Leningrado, donde tuvo lugar la Revolución de Octubre de 1917. Estaban realizando unos trabajos de carpintería en su casa y había ido a casa de Hefner —un rostro en la ventana— en busca de una habitación para pasar la noche.

Así que allí estaba, tumbado en el suelo de mármol, con la cabeza encima de una mochila. Lo miré bajando la vista, y antes de que abriera de golpe los ojos y sacara el asunto de la aceituna, dije, invirtiendo el orden acostumbrado de nuestro ritual:

—Warren, ¿eres tú?

Abrió los ojos y dijo inmediatamente:

—Wiggen. Henry Wiggen.

En aquel momento no tenía ni idea de a quién se refería. Resultó que Henry Wiggen era un personaje de *Reds*: un caballero bastante detestable que dirige una revista llamada *The Cosmopolitan* y tiene intenciones deshonestas con Louise Bryant, interpretada por Diane Keaton. En la mansión, aquella noche, no se detalló nada de esto. Warren —y no creo que moviera la cabeza de la mochila— dijo sin más que estaba pensando en mí para un pequeño papel (Wiggen), y me preguntó si podía ir aquel verano a Londres, donde iba a rodarse *Reds*.

Claro, claro, dije. Me alegré muchísimo. Al menos se demostraba el viejo dicho hollywoodiense según el cual solo era cuestión de estar en el sitio adecuado en el momento adecuado. A Lana Turner, sin ir más lejos, la habían «descubierto» en el mostrador de Schwab's. ¡Se había abierto una puerta a toda una carrera nueva!

Pero luego transcurrieron unos cuantos meses, y no pasó nada. No llegó ningún contrato. Ningún guion. Ni una palabra de Warren. Empecé a pensar que Warren había cambiado de idea. A lo mejor se había enterado de que mi experiencia interpretativa más importante había sido en un colegio para niños de Nueva Inglaterra, donde me

habían dado el papel de «joven viuda» en una obra dramática titulada *Las siete llaves*, casi exclusivamente por mi capacidad para gritar.
Habían hecho unas pruebas y había ganado.

Entonces un día a principios de aquel verano estaba sentado en el
piso de Nueva York y sonó el teléfono.

—¿Es el hombre que no ha probado nunca una aceituna?

—Warren, ¿eres tú?

Así era, y había llamado por teléfono para decirme que estaba con
Diane Keaton y se preguntaba si podía pasarse para presentármela,
dado que teníamos un par de escenas juntos.

Claro, claro. Fui a la cocina y me preparé un gintonic. Llegaron
los dos. Warren llevaba el guion, con tapas negras. La presencia de
los dos daba la sensación de reducir el tamaño del piso. Me di cuenta
de que las ventanas no estaban limpias. Un pequeño desgarro en la
alfombra del salón de repente parecía de treinta centímetros de diámetro. Charlamos más bien al tuntún, pensé, no de *Reds*, sino del
calor que hacía y de cómo estaba quedando la casa de Warren y de si
a Diane le gustaba el béisbol, y se me ocurrió que durante todo aquel
rato habían estado mirándome fijamente. Lo importante no era si
sabía actuar, sino si me parecía a Henry Wiggen.

Efectivamente. A los diez minutos o así, Warren dijo que tenían
que irse.

—Bueno, ¿no quieres que interprete? —pregunté.

—La verdad es que no importa —dijo Warren.

—Bien, me alegro mucho de que hayáis venido —dije mientras los
acompañaba a la puerta.

El piso dio la impresión de recuperar sus dimensiones después de
que se fueran. El sol brillaba con fuerza a través de las ventanas. Cogí
al gato y empecé a hablarle:

—¿Qué crees —dije— que quería decir Warren con lo de que no
importaba?

Sonó el teléfono. Era Warren. Esta vez no empezó: «¿Es el hombre
que...», etcétera. Llamaba desde su limusina. Dijo:

—Diane y yo hemos estaba hablándolo, y pensamos que lo mejor
es que te oigamos interpretar.

—Queréis que... interprete.

—Estamos volviendo —dijo Warren.

Claro, claro. Bueno, ya estaba, pensé mientras colgaba el teléfono. Mis limitaciones como actor quedarían patentes al instante. Podía anular Londres, le dije al gato, de los planes del verano. La escena que Warren quería que interpretara incluía una cita en el salón de té de un hotel con Diane Keaton, que, en el papel de Louise Bryant, aspira a ser escritora. Le enseña a Wiggen algo de su obra, pero él, aunque es el director de *The Cosmopolitan*, está más interesado en ella: su actitud es empalagosa.

Diane Keaton estaba sentada frente a mí en el sofá. Era sorprendente tener un rostro tan famoso al lado y que se comportara igual que cualquier otro rostro. Uno está habituado a los fotogramas de los famosos que miran hacia fuera desde las revistas y los periódicos: era como si el maniquí de un escaparate hubiera cobrado vida. Sus ojos —de un verde cobrizo y moteado a la luz del sol— parpadeaban. Su boca se movía.

—Sr. Wiggen, he traído unos cuentos...

—Qué bien —dije maliciosamente.

Ensayamos los papeles unas cuantas veces. De repente, Warren se inclinó hacia delante desde la silla y me cogió el guion.

—Vale —dijo—. Ahora hazlo.

—Pero Warren, no me sé el papel. No me has dejado tiempo para aprendérmelo de memoria.

—No te preocupes por el papel —dijo—. Ya lo has leído lo suficiente para saber qué clase de personaje eres. Adelante.

Repetí mi papel todo lo bien que pude recordarlo. Luego improvisé. ¿Le apetecería ir a Coney Island y subir a la barca del cisne en el túnel del amor? ¿Cuál era su cóctel favorito? ¿Le gustaba tomar muchos? Alargué una mano para coger la suya. Mi voz adoptó un curioso gemido untuoso.

—Muy bien —dijo Warren. Se levantó.

—¿Quieres que pruebe otro enfoque? —pregunté con inquietud.

—La verdad es que no importa —dijo.

Se me dan mal las fechas. Puede que fuera unos meses o incluso un año después. El tiempo carece de transcendencia en cualquier cosa que tenga que ver con Warren. Casi me había olvidado de *Reds* y de Henry Wiggen. Estaba en Montecarlo con los Grucci, la familia de los fuegos artificiales. Estaban compitiendo por el campeonato del mundo de fuegos artificiales, que de hecho acabaron ganando. Sonó el teléfono en mi habitación de hotel. A través de las interferencias de una llamada de larga distancia oí una voz que decía:

—¿Es el hombre que no ha probado nunca una aceituna?

—Warren, ¿eres tú? —grité.

Así era, y estaba diciéndome las fechas en las que debía estar en Londres.

Así que fui y actué. Llevaba un cuello alto estilo fin de siglo y una leontina y parecía todo un petimetre. Warren, que también dirigía la película, hizo más de treinta tomas de nuestra escena en el salón de té del hotel. Fui a la noche del estreno en Nueva York. Los reflectores fuera del cine apuntaban derechos arriba. Mi escena era al principio de la película. Durante el intermedio se me acercó Paul Newman y me dijo: «Oye, no ha estado mal».

Fue la forma como dijo «oye» lo que me resultó particularmente agradable, lo dijo un poco sorprendido, como si hubiera hecho una especie de truco de magia. Me animó mucho.

De hecho, después se me ocurrió que en la ceremonia de los Oscar deberían conceder uno a la mejor interpretación de alguien de otra «disciplina» que no tuviera la menor idea de actuar. De mi campo se me ocurre Norman Mailer, que interpretó a Stanford White en *Ragtime*; Jerzy Kosinski, que interpretó a un intelectual de partido en *Reds*; John Irving en *El mundo según Garp*, y Kurt Vonnegut, que aparece en el papel del profesor de Rodney Dangerfield en *Regreso a la escuela*.

Así que sigo atento al teléfono. Se rumorea que muchos actores de *Dick Tracy* llevan caretas de goma para parecerse más a los grotescos personajes de la tira cómica, como B. B. Eyes o Flattop. A mí no me importaría. Lo que sea para seguir metido en el Sindicato de Actores de Cine. Disparar una metralleta desde una ventana. Ser liquidado por alguien y desplomarme hacia atrás. Estoy de lo más dispuesto a desempolvar el grito de *Las siete llaves*.

Suena el teléfono. Es alguien que no conozco de Bear Stearns. O de Shearson Lehman Hutton. O Salomon Brothers. Siempre te dicen su nombre y preguntan: «¿Cómo lleva la mañana?». Tienen unas propuestas financieras interesantísimas. ¿Dispone de un momento? No, digo. Estoy esperando una llamada.

WILLIAM STYRON

La medalla MacDowell es uno de los premios más prestigiosos que puede recibir uno en el ámbito de la cultura y las artes. La propia colonia MacDowell está en Peterborough, en la frontera entre Massachusetts y New Hampshire. Aquí y allá hay estudios enclavados en el complejo densamente arbolado donde los becados pueden concentrarse en sus diversas disciplinas. En pleno verano se instala una gran carpa por si el tiempo es inclemente para las ceremonias de condecoración. En 1988 concedieron a William Styron la medalla. Como era un viejo amigo —uno de los que estuvieron metidos en los inicios de la Paris Review—, me pidió que hablara en su nombre. Me sentí emocionado y me encantó hacerlo. John Updike, él mismo ganador de la medalla MacDowell, me presentó. Habló de lo mucho que había significado The Harvard Lampoon para nosotros dos. Hizo una alusión a mi acento algo arrogante diciendo que había visto una película para lucimiento de Tom Hanks titulada Voluntarios donde, «reprimiendo su acento natural de Brooklyn», yo había «imitado a las mil maravillas a un blanco anglosajón protestante maduro de clase alta y voz estirada». Risa general.

Estuve tentado de referirme a ello en los comentarios iniciales, recordando a la audiencia que cuando a Martin Gable, el actor nacido en Brooklyn, le preguntaban por su acento refinado, contestaba: «Afectado, estimado señor, afectado».

Me resistí. Me levanté y dije lo que sigue.

Estamos aquí reunidos para juzgar si William Styron merece la medalla MacDowell. A lo mejor al término de mis observaciones deberíamos votar. Mi opinión es que Styron ha sido premiado casi hasta la saciedad. El Prix de Rome en 1952. El Pulitzer en 1970, junto con la medalla Howells de la Academia Americana de Artes y Letras ese mismo año. Ganó el American Book Award por *La decisión de Sophie*. La Legión de Honor, ¡comendador, nada menos! Un sillón en la Academia Americana. Tiene los cajones del escritorio llenos de medallas, pergaminos, birretes, insignias solemnes, copas conmemorativas y llaves de ciudades, sobre todo del sur. Emperifollado, me imagino que se podría tomar perfectamente a Bill por un general etíope.

La cuestión es si Billy necesita de verdad la medalla MacDowell. Si toda esta gran cantidad de distinciones que ha recibido a lo largo de los últimos años no ha bastado para reforzarle la confianza en sí mismo y la autoestima, ¿una más, incluso la prestigiosa MacDowell, va a servir de algo? ¿No hay algunos de nosotros aquí que necesitan más una inyección de moral como la MacDowell… algunos cuyos cajones no están llenos de medallas, pergaminos, birretes, trofeos y demás? Después de todo, no estamos aquí para honrar a Bill con nuestra presencia. Estamos aquí para morir de envidia. Yo, por ejemplo, solo tengo un trofeo en casa, una pequeña bandeja con una inscripción: «A una buena persona, George Pemberton». George Pemberton es un amigo mío. Se la robé.

Ansiamos este tipo de cosas. El reconocimiento. Los elogios. Tenía un compañero de habitación en Harvard que saboreaba a tal punto el reconocimiento que, en un partido de fútbol americano, cuando las gradas estallaban después de un *touchdown* de Harvard, o incluso de un *touchdown* del rival, se levantaba del asiento y hacía una reverencia primero a un lado, luego al otro, y luego alzaba las manos con gestos arrogantes pero contenidos tomados de la familia real británica, como si las ovaciones estuvieran realmente dirigidas a él. Estudiaba Filosofía y pensaba que debía cazar los elogios al vuelo, por así decir, porque dudaba de que fuera a recibir alguno más después de abandonar la universidad.

Hace unos años publicamos un cuento de Dallas Wiebe en la *Paris Review* basado en las conocidas figuras retóricas según las cuales una persona daría una parte del cuerpo para lograr un objetivo concreto, sobre todo el reconocimiento en los niveles más altos, como en «daría un ojo de la cara por lanzar en los Chicago White Sox». El protagonista del cuento es un aspirante a escritor que a los sesenta y seis años no ha publicado una sola palabra. Llama por teléfono a su agente, una figura típicamente satánica, y dice: «Mira, daría el meñique izquierdo por publicar en la *Paris Review*». Un tanto para su sorpresa, el agente contesta que piensa que puede encontrar a un comprador. Al parecer tiene contactos con el Demonio. En efecto. El escritor da el meñique izquierdo en una operación que le cuesta cincuenta dólares y la *Paris Review* publica un relato breve por el que le paga sesenta dólares, que es una cantidad más o menos razonable. Así que gana diez dólares. Estos contratos y las operaciones prosiguen. Por el testículo izquierdo consigue que le publiquen un relato breve en la *Tri-Quarterly*. Por la mano izquierda, en *Esquire*, un relato breve titulado «Los sesos de Moles y el derecho a la vida». Por las dos orejas adquiere tal talento que el *New Yorker* acepta un relato corto, y se dispara su fama como uno de los mejores escritores de relatos cortos de Estados Unidos. Estos relatos salen (por el brazo izquierdo) en una colección publicada por Doubleday, como recordarán, en septiembre de 1981. Por su primera novela, *Demonio*, publicada por Knopf, pierde la pierna izquierda y gana el National Book Award. La pierna derecha: el Pulitzer por *El fantasma de Bracciano*, publicada por MacMillan en 1983. Y en 1984, como todos sabemos, por el brazo derecho no solo recibe el premio O. Henry y una cátedra en Columbia, ¡sino la medalla MacDowell!

El relato del Sr. Wiebe se titula «Vuelo nocturno a Estocolmo», y al final el protagonista, pero no sus ojos, está de camino para recibir el Nobel. No queda mucho de él, como pueden imaginarse. De hecho, lo que hay cabe perfectamente en una cestita de mimbre, y él espera, cuando el avión aterriza, que después del discurso de aceptación puedan introducirle algo de champán.

Bill Styron, al menos por lo que se ve —lleva un traje—, no ha hecho tales sacrificios. Parece entero. Bien puede ser que Bill se ponga en pie delante de nosotros y rechace la medalla MacDowell, temiendo quizá que, de no hacerlo, se le caiga algún apéndice.

Por supuesto, hay quienes han hecho tal cosa, porque los honores no les importan demasiado. Jean-Paul Sartre rechazó el Nobel. William Saroyan y Sinclair Lewis rechazaron el Pulitzer. En 1976 Gore Vidal fue elegido para la Academia Estadounidense de las Artes y las Letras. Les contestó con un telegrama diciendo que era un gran honor para la academia haberlo elegido, pero que no podía aceptar el ingreso porque ya era del Diners Club. Algún tiempo después, en una conferencia en Bulgaria ni más ni menos, John Cheever reprendió a Gore por el tono del telegrama. «El Diners Club es una horterada», dijo. «¿No podías haber dicho al menos que eras de Carte Blanche?»

Bill va a ser condecorado hoy por el éxito de toda una vida de escritor, en otras palabras, por el corpus entero. Uno recuerda que cuando T. S. Eliot llegó a Estocolmo para el premio Nobel, un periodista le preguntó por cuál de sus libros iba a ser condecorado. Eliot contestó que pensaba que era por el corpus entero. Tras lo cual el periodista preguntó: «¿En qué año se publicó?». Después Eliot comentó lo bueno que sería como título de una novela de misterio *El corpus entero*.

He estado presente en varias ocasiones en las que han condecorado a Bill, y desde luego espero ir a Estocolmo algún día para verlo premiado allí. Hace unos años —casi veinte, en realidad—, Styron fue elegido miembro de la Academia Estadounidense de las Artes y las Letras. Tuvimos un almuerzo preceremonial de muchos tragos en el 21 Club de Manhattan a fin de prepararlo a él y a nosotros mismos para las ceremonias de admisión. Como saben, los admitidos están sentados con la espalda recta en el escenario mientras la audiencia, que se muere de envidia, claro, mira cómo una especie de pregonero recita con un micrófono los logros de cada uno sucesivamente. Rose, la esposa de Bill, había organizado la comida del 21 Club para que fuera una parte del aliciente de acompañarlo a lo largo de aquello. Fue durante la comida cuando de repente Bill encontró en un bolsillo de la chaqueta del traje un yo-yo. He olvidado, la verdad sea dicha, cómo acabó allí. Puede que llevara años en aquel bolsillo, un resto de algún día de verano de hacía mucho tiempo cuando un hijo de Styron lo había guardado allí, o posiblemente Styron lo había comprado aquella mañana. ¡No se puede describir el vicio de las compras compulsivas de los que han crecido en las marismas de Virginia! Sea como fuere, allí estaba el yo-yo en la mesa, entre los bloody marys, es como si lo estuviera viendo... una cuerda, un pequeño lazo para el dedo, sin demasiadas florituras, un yo-yo normal y corriente. Entonces Bill nos dijo —a lo mejor para que tuviéramos algo con lo que entretenernos durante la ceremonia, o al menos para mantenernos despiertos— que durante los discursos iba a meter una mano en el bolsillo, sacar el yo-yo, deslizar el lazo en un dedo y luego dejarlo caer al lado del sillón, «durmiéndolo», como decíamos, nada de filigranas como la «vuelta al mundo» o «pasear al perrito», sino que simplemente dejaría girar el yo-yo al final de la cuerda un segundo o así, y después, con un pequeño movimiento rápido, lo haría girar con brío de vuelta a la palma de la mano. Nada más. ¡Solo sería un gesto despreocupado sin importancia! Todos los que estábamos con él en el 21 estábamos encantadísimos de oír aquello. Significaba que el bueno de Bill no se tomaba aquellas ceremonias tan en serio. Seguía siendo uno de nosotros. Sabía que secretamente todos nos moríamos de envidia por la fortuna de ser admitido en la academia. Así que aquel delicioso pequeño acto iconoclasta con el yo-yo significaba que Bill no se sentía precisamente abrumado por el boato y la pomposidad de la ocasión venidera, y, lo que es más, iba a demostrárnoslo. ¡El bueno de Bill! ¡Era del parecer de Sartre, Lewis, Vidal y William Saroyan!

Así que fuimos en taxi a la academia en el 155 de Broadway, tan excitados por la expectativa como si fuéramos a ver una obra de Tennessee Williams, un cambio total con respecto a la disposición habitual de aquella audiencia, que entra en fila en la academia en aquellas ocasiones como si fuera a enfrentarse a una obra japonesa de teatro *noh* de tres horas, a la que desde luego se parece en cierto modo el acto. Muy a menudo la gente del público hace apuestas sobre el número de admitidos en el escenario que van a empezar a dormirse en cuanto el personaje pregonero recite el anuncio de su admisión. Pero aquella cálida tarde primaveral, nuestro grupito estaba sentado entre la audiencia al borde de los asientos, observando como paralizado a Bill allí en el escenario. De hecho, yo estaba tan absorbido por la excitación que me giré hacia la persona que tenía sentada al lado, un desconocido que dormitaba y daba cabezadas, y le susurré lo siguiente: «En cualquier momento, en el escenario, Bill Styron, ese del traje azul, va a meter una mano en el bolsillo de la chaqueta del traje y va a sacar un yo-yo con el que va a hacer algo».

Bueno, ojalá esta historia tuviera un final más interesante. De vez en cuando, durante los discursos, veía cómo la mano de Bill se deslizaba hacia el bolsillo lateral, y yo le daba un toque con el codo al que estaba al lado y susurraba: «¡Ahora!». Pero nada. Nada. No les puedo decir por qué. A lo mejor luego en sus observaciones Bill nos lo aclara. Quizá le había entrado miedo y se había echado atrás. O se había dormido. Solo puedo decirles que el par de veces que me he encontrado con el hombre que tenía sentado al lado me ha rehuido y se ha escapado al otro lado del vernissage. Creo que sabe que voy a abordarlo y a susurrarle algo que sé que va a ocurrir.

De hecho, no me habría sorprendido que Bill hubiera hecho algo con el yo-yo. Esa clase de irreverencia juguetona —aunque le fallara aquella ocasión— es una parte irresistible de la personalidad de Bill. En Sudamérica, hace varios años, en un viaje remontando el Amazonas, Bill convenció a un grupo de jóvenes de una tribu de

que en inglés «buenos días» se decía «Norman Mailer», entonado con
un curioso ritmo cantarín y pronunciado con una sonrisa radiante.
Consiguió que lo hicieran al unísono —quince o veinte de ellos—:
«¡Nor-man Mail-er!».

Mi madre, que tiene ochenta y siete años, está pensando hacer
un viaje remontando el Amazonas, y ya la he avisado, para que se lo
tome con calma, si una fila de miembros de una tribu, semivestidos y
con lanzas, aparece en la orilla del río y grita a través del agua: «¡Norman Mail-er!».

Esta primavera Bill ha tomado posesión como miembro de la academia, lo que significa que se le ha concedido el derecho a sentarse
en un sillón junto a otros cuarenta y nueve inmortales, en concreto
el sillón donde se había sentado antes de él Lillian Hellman y luego
Erskine Caldwell. No fui a la ceremonia, al recordar, me imagino, la
fuerte decepción provocada por la no aparición del yo-yo veinte años
atrás. Tengo entendido que este año ha sido el Año del Gran Sueño,
que la combinación de un día caluroso, un equipo de sonido defec-
tuoso y un discurso larguísimo y con mucho acento del señor Vargas
Llosa durmió a un gran porcentaje de los inmortales. Un amigo mío
de la audiencia, al observar el movimiento nervioso de los ojos, dijo
que por la actitud de espantapájaros desplomados de muchos de los
inmortales que había en el escenario, sentados a menudo peligro-
samente, parecía como si hubieran caído bolitas de gas individuales
desde el asiento de los sillones a unos cuencos dispuestos debajo. Si
Bill sucumbió, lo desconozco. Uno lo duda, sentado como estaba en
un sillón antaño ocupado por Lillian Hellman.

Sí que fui la primavera pasada a la ceremonia del consulado francés donde otorgaron a Bill la Legión de Honor, saltando por encima
de los rangos inferiores de la Legión hasta el escalafón más alto, ¡el
de comendador! Como si de repente arrancaran a un marinero de
un bote de remos y lo nombraran almirante. Esto disgustó bastante
a Leonard Bernstein (otro general etíope), que estuvo allí para colgar
la medalla alrededor del cuello de Bill y que era él mismo comendador de la Legión, pero que había ascendido por los escalafones para
llegar hasta allí. Lo dijo en su discurso... solo para dejar constancia...

y luego en un momento muy emotivo colgó la medalla alrededor
del cuello de Bill, lo besó primero en una mejilla, luego en la otra, y
después sostuvo entre las manos ahuecadas la cabeza de Bill, como si
fuera a darle el galardón más preciado para un francés, *la grande bise*.
Desde la carga de la Unión hacia Bloody Lane en Antietam no había
palidecido tanto la cara de un sureño como la de Bill durante aquel
momento de indecisión. Lenny resistió la tentación y sonrió abiertamente a Bill, y como un par de presbiterianos se dieron el uno al otro
unas fuertes palmadas en la espalda de lo más contentos.

En Francia fue donde conocí a Bill, allá por el año 1953, cuando
se fundó la *Paris Review*. Bill escribió el manifiesto de la revista, que
abrió el primer número, en el cual prometió a los lectores que evita-
ríamos la crítica en beneficio de la creatividad y no utilizaríamos palabras como *Zeitgeist*, una palabra, permítanme añadir, que aparece dos
o tres veces en *La decisión de Sophie*.

Por aquel entonces, Styron no estaba contento en París. De hecho,
echaba de menos su país. Peter Matthiessen cuenta la historia de que
en un pequeño restaurante bretón llamado Pi-Jos —adonde íbamos
todos de vez en cuando— Styron perdió el control al final de una
comida y anunció que «no tenía más resistencia al cambio que un
copo de nieve» y que estaba planteándose seriamente «volver a casa al
río James a cultivar cacahuetes».

En cualquier caso, aunque contemplara cultivar cacahuetes, Bill
estaba sentado en su casa de París escribiendo, y una tarde de verano
me preguntó si me gustaría reunir a unos cuantos amigos mutuos
para escuchar lo que acababa de terminar. Nos leería, según dijo,
una obra de ficción larga, casi una novela corta. Nos reunimos en
el estudio de Peter Matthiessen en Montparnasse, una encantadora habitación abuhardillada de techo alto, con una claraboya en
una pared cubierta de hiedra a través de la cual la luz de la tarde
moteaba un suelo de losa roja. Matthiessen me había alquilado el
estudio. Su familia y él se habían ido a la costa vasca a pasar el verano.
No recuerdo con exactitud quién vino a la lectura, estaba Jimmy
Baldwin, me acuerdo, Harold L. Humes, uno de los fundadores de
Paris Review, y su novia, a quien todos llamábamos cariñosamente

por el delicado sobrenombre de *Moose*[13]. Puede que hubiera tres o cuatro personas más. Yo no estaba seguro de que fuera a disfrutar la velada, la verdad sea dicha. En París suele haber formas más atractivas de pasar una tarde que escuchar a un amigo leer su obra, sobre todo si dice que su extensión es casi la de una novela corta. Ha habido episodios en la historia de la literatura de considerables fracasos en ocasiones parecidas: Tolstói se quedó dormido a los pocos minutos cuando Turguénev empezó a leerle *Padres e hijos*. No recuerdo el nombre del poeta romántico que fue a casa de otro poeta para leerle su última obra, pero sí recuerdo su respuesta cuando se le sugirió que lo que había leído no era muy bueno. Montó en cólera y cuando se calmó dijo: «¡El jerez que nos has dado en la comida era repugnante[14]!».

Robert Southey era aficionado a leerle sus extensos y muy a menudo malos poemas épicos —antes de que se publicaran— a amigos como Coleridge, Scott y Wordsworth, que eran vecinos suyos en el Distrito de los Lagos. Uno de los problemas era que Southey era extremadamente prolífico; de hecho, escribió más de cien volúmenes durante su vida. Lord Byron se refería a Southey cuando escribió: «Un vate puede salmodiar demasiado a menudo y demasiado tiempo».

Uno se imagina el desaliento de Coleridge o Wordsworth al ver a Southey avanzando a grandes zancadas hasta a la puerta de sus casas manuscrito en mano. En el invierno de 1811 Shelley llegó a Kerwick, en el Distrito de los Lagos, y Southey consiguió otro oyente. Hay una vívida descripción de ello: «Southey alojó de inmediato a Shelley en un pequeño estudio en el piso de arriba sin escapatoria, cerró con cuidado la puerta por dentro con el prisionero y puso las llaves en un bolsillo del chaleco... "Esto te va a encantar" —dijo Southey—. "Toma asiento." Shelley suspiró y se sentó a la mesa. El autor se sentó frente a él y, tras colocar el manuscrito sobre la mesa delante de él,

---

13. La palabra significaba «novia», «amante» o «prostituta» entre los norteamericanos en la Guerra de Corea. [*N. del T.*]

14. En el ínterin he descubierto que fue Tennyson quien le dijo esto a Benjamin Jowett. [*N. del A.*]

empezó a leer despacio y con claridad. El poema, si no me equivoco, era "La maldición de Kehama". Cautivado por su composición, el autor leyó y leyó lleno de admiración, variando la voz de tanto en tanto para resaltar los pasajes más sutiles a fin de dar pie a elogios. No hubo encomio, no hubo crítica. Reinaba el silencio. Aquello era extraño. Southey levantó la vista del manuscrito, cuidadosamente escrito. Shelley había desaparecido. Aquello era todavía más extraño. Era imposible escapar. Había tomado todas las precauciones, y sin embargo se había esfumado. Shelley se había deslizado sin hacer ruido desde la silla al suelo, y el insensible joven poeta yacía sumido en un profundo sueño debajo de la mesa».

No solo me pasaron por la cabeza estos pensamientos, sino que como lector Bill Styron tiene el obstáculo —y así ha sido desde que lo conozco— de una carraspera instalada en la garganta, que ninguna excavación, ningún desbroce, ninguna voladura, inundación de agua y demás del Departamento de Obras Públicas parece capaz de sacarle del todo. Ya forma parte del mobiliario, un poco como *Mujer de pie*, de Gaston Lachaise, en el jardín del Museo de Arte Moderno de Nueva York.

No obstante, compré el consabido vino para pasar la velada, y algo de queso brie, y algunas barras de pan. Nuestro grupito se reunió, y después de ver la puesta de sol desde el pequeño balcón con vistas a las cocheras del ferrocarril de Montparnasse, nos sentamos alrededor de Bill. Después de avisar a la carraspera de que estaba a punto de empezar, empezó.

La obra es, por supuesto, la extraordinaria novela corta de Bill, *La larga marcha*, que trata de un teniente de la Segunda Guerra Mundial cansado de la guerra a quien vuelven a llamar de la reserva al servicio activo para el adiestramiento con vistas al conflicto de Corea. Una de las figuras antiautoritarias más memorables de la ficción contemporánea debe de ser seguramente el capitán Mannix, el tremendo personaje malhadado de la marcha forzada.

Bill terminó mucho después de que anocheciera. Las luces del estudio de Matthiessen eran tan ineficaces —o a lo mejor la caja de fusibles se había estropeado, no lo recuerdo— que Humes, o algún

otro, había buscado alrededor y había traído una vela, a fin de que
Bill, con la cara tan luminosa a la luz como una luna, pudiera terminar aquella última página y ponerla bocabajo a su lado.

En parte la excitación de todo aquello era que estábamos oyendo
algo por vez primera y en exclusiva, como si fuéramos los primeros
en entrar en el estudio de un gran artista para ver una obra nueva,
o en una sala de conciertos para oír un estreno mundial de un concierto para piano.

Cuando hubo terminado, después de una pausa bastante larga,
Jimmy Baldwin se inclinó hacia delante desde la silla en la oscuridad
y dijo: «Bueno... señor Styron», de tal forma que uno sabía —por el
tono— que era un elogio, una bendición. Debió de ser una de las primeras distinciones de la ilustre carrera de Bill (la más reciente ahora
la MacDowell) y quizá una de las más preciadas. Después de aquella
expresión de aprobación, uno sabía que el señor Styron no iba a volver a casa al río James a cultivar cacahuetes.

LUGARES

NEWPORT

El siguiente texto es un fragmento de varios apuntes que tomé para un artículo que escribí para Harper's Magazine *sobre las regatas de la Copa América de 1962 celebrada en Newport, Rhode Island, concretamente la serie entre* Gretel *y* Weatherly. *Antes de la publicación pensé que debía enseñar esta sección concreta a Jackie Kennedy, una vieja amiga, porque describía un episodio privado que atañía a sus hijos. Yo no creía que fuera a poner objeciones, dado que era un retrato de lo más afectuoso. Pero las puso. Hablamos de ello en un baile en Palm Beach. Dijo que no le importaba lo que escribiera sobre ella, o el presidente, pero que sus hijos no se podían tocar, por muy agradable que fuera lo que dijera de ellos. Me decepcionó. Pero dije, «claro». En ese momento estábamos bailando, lo recuerdo. Los redactores de* Harper's *se disgustaron y se sorprendieron, porque como era lógico un retrato tan íntimo del presidente era poco común, y a lo mejor de interés periodístico.*

—No puede ser más inofensivo —dijeron.

—Lo siento —dije.

El propio presidente estaba de acuerdo con los de Harper's. *Le gustaba la competitividad de su hija, un rasgo muy característico de los Kennedy. Así que lo imprimimos en privado para él y la familia, solo unas cuantas copias. El título del opúsculo era «¡Vamos, Caroline!».*

Cuando los hijos crecieron, Jackie cambió de opinión. «Era demasiado protectora», me dijo. «Lo que escribiste eran como fotografías de un álbum familiar. Así que adelante.»

Bailey's Beach, un exclusivo club de playa cuyo nombre correcto es Spouting Rock Association, está emplazado en la curva de una pequeña bahía en la zona marítima de Newport. Dos o tres huracanes han azotado y casi derribado el club, situado al nivel del mar, y montones de filas de vestidores, pero el lugar ha perdurado, y el año pasado amplió las instalaciones con la construcción de una piscina grande, polémica y sofisticada. Hasta entonces sus miembros se habían contentado con el mar, aunque la temperatura casi nunca alcanza los veinte grados. Por lo general está invadido de largos filamentos de laminarias, y con frecuencia luce un brillante color púrpura que es el resultado de cierto fenómeno bacteriológico: un auténtico mar «de color vino». La piscina se instaló solo después de un enconado debate entre por un lado los tradicionalistas, que pensaban que una cosa así cambiaría el carácter del club de forma irreparable, y por el otro un contingente radical que estaba hasta la coronilla de salir engalanado de laminarias del mar frío y púrpura. La piscina, completada en julio, dos meses antes de la regata de la Copa América, había sido un gran éxito. Hasta las grandes damas de Newport, que con sus sombrillas han caminado por la suave curva del paseo marítimo por delante de los vestidores década tras década, pasean ahora alrededor de la piscina.

El presidente Kennedy llegaría a la playa con sus hijos pronto —a las once, un par de horas antes del ritual del paseo—, y la playa, entonces, incluso los días más radiantes, estaba por lo general vacía.

Por supuesto, había agentes del servicio secreto, sin llamar la atención pero preparados. Igual que los camaleones, adquieren ciertas características del ambiente. Cuando Eisenhower jugaba en el Newport Country Club se desplegaban por delante de sus acompañantes disfrazados de caddies, portando bolsas de golf de lona que uno veía que contenían dos o tres hierros oxidados y un palo de madera junto con la culata de una carabina. En Bailey's Beach, protegiendo a Kennedy, se pasaron a los blazers y los pantalones de franela para no desentonar, pero siempre se los distinguía porque parecían pasar frío, con los blazers abotonados de arriba abajo (para que no se viera el armamento, es de suponer), y algo desamparados... esperando a alguien, eso es lo que parecía si uno no estaba al tanto de su función... esperando interminablemente junto a los vestidores a que apareciera la persona con la que habían quedado para almorzar.

Por lo general, el presidente permanecía en la playa un par de horas, utilizaba el vestidor de su suegro, jugaba en la arena con sus hijos. Su hijo, John junior, está en una fase donde hace falta muy poca cosa en la vida para contentarlo. Que le den una voltereta en la arena, que lo levanten en el aire o que su padre lo mantenga en equilibrio sobre una rodilla son cosas que le procuran un placer infinito. Al andar, mantenía los brazos arriba para conservar el equilibrio, y se meneaba de un lado a otro tambaleante, normalmente poniendo una gran sonrisa con un diente.

Caroline: harina de otro costal. Una rociada de arena levantada por una batida que habría gustado a Ty Cobb[15], y apareció de repente, con un bañador de una pieza de color naranja mojado del mar. Se inclinó hacia delante en cuclillas. Quería que se organizara una «competición», e insistió a su padre con impaciencia para que diera instrucciones.

La competición tenía que posibilitarla Alice Ormsby-Gore, una niña más alta, seis o siete años mayor que Caroline, que llegó a la vera del presidente de una forma algo más majestuosa, se dejó caer

---

15. Tyrus Raymond «Ty» Cobb fue un célebre jugador de béisbol de principios del siglo xx. [*N. del T.*]

en la arena y se puso a mirar con aire pensativo el mar. Es la hija de David Ormsby-Gore, el embajador británico, un buen amigo del presidente, y estaba de visita en Hammersmith Farm con los Kennedy unos días. Tiene la misma cara, un poco alargada, que su padre, con unos ojos tímidos y expresivos, y una belleza del viejo continente que durante su infancia hará pensar a la gente en un dibujo de Tenniel. Parecía algo agobiada sentada en la arena, y debido a la insistencia de Caroline en una «competición», se dibujó un instante un gesto afligido en su rostro, como el que uno ve en un nadador que ha perdido el control y es revolcado por un enorme oleaje.

En cuanto a Caroline, es encantadora. Con mucho más éxito que el servicio secreto, tiene el don de personificar, incluso de realzar el entorno, de forma que si está viendo actuar a la compañía Bolshoi, es la quintaesencia de la solemnidad, y en la playa, con el pelo lleno de arena, es su criatura, un angelito con cara de chiquillo, radiante con el color subido, y con unos ojos grandes y azules conectados a través del caballete de la nariz por unas pecas traídas del sol italiano aquel verano. Muy de cerca, esos ojos, al examinar a uno, parece que lo evalúan, en vez de sentir curiosidad, o la indiferencia que sería propia de su edad, de forma que bajo su frío escrutinio rápido uno tiene la sensación opresiva de que sería aconsejable sacar algo, y a todo correr, un conejo, quizá, de un bolsillo interior.

El presidente se vio entonces en esa situación, al tener que sacar una «competición», otra más en una sucesión interminable, sospechaba uno. Bueno, dijo, ¿verdad que estaría bien que las chicas fueran corriendo al mar y le trajeran algo de agua para que pudiera comprobar la temperatura? La que vuelva primero gana.

Caroline se puso de pie de un salto al instante. Clavó los pies descalzos en la arena, colocó el cuerpo en disposición de salir corriendo y miró con determinación el mar a la espera de la orden de su padre. Su contrincante, Alice Ormsby-Gore, se levantó despacio y se preparó algo malhumorada para la salida —uno notaba que había puesto en blanco los ojos hacia el cielo—, y se le escapó un pequeño suspiro cuando la competición estaba a punto de empezar.

El presidente tiene sus preferencias. No dijo «un-dos-tres-YA» para

que las chicas echaran a correr, sino «un-dos-tres-ya-CAROLINE», el
nombre de su hija fue el disparo del gatillo, y sonriendo abiertamente
se inclinó hacia delante para verla salir.

Corre como una velocista, con la espalda recta, la cabeza fija,
moviendo solo las piernas, que se menean siempre a la misma velocidad, la máxima. Arrancó como una bala hacia el agua, a unos sesenta
metros, en calma aquel día, y de color púrpura como de costumbre.
Tras ella, a varias zancadas, iba Ormsby-Gore, que, siendo más alta
y estando en la etapa torpe, corría relajadamente, como un ciervo,
y que, aunque había salido a la orden del presidente, mantenía un
ritmo constante, sin mucha convicción ni precisamente a toda marcha. Se quedó atrás con parsimonia, y uno sospechaba que ella sabía
que era demasiado mayor para hacer una cosa así, correr para llevar
agua de mar en las manos ahuecadas. Pero al menos cumplió con las
formalidades, yendo despacio hacia el mar, echando un vistazo de
comprobación atrás de vez en cuando: después de todo, había sido el
presidente de Estados Unidos el que había pedido agua de mar, y eso
sí que había que tenerlo en cuenta.

Tales peregrinaciones mentales no dificultaron la impetuosa
arrancada de Caroline. Alcanzó la orilla, se agachó y allí estaba volviendo a través de la arena, con las manos ahuecadas, el agua de mar
dentro, goteando mientras ella corría a toda marcha hacia su padre,
sentado en la arena esperándola. Se cruzó con Ormsby-Gore, que dio
la vuelta y la siguió corriendo a paso largo, viendo cómo Caroline llegaba hasta el presidente, se arrodillaba en la arena y tendía las manos
ahuecadas. El esfuerzo de la arrancada no le había costado nada,
no estaba precisamente sin aliento. El presidente se inclinó hacia
delante, le separó los pulgares y observó las palmas. Cayó una gota
en la arena, lo que quedaba del agua de mar: las pequeñas palmas
abiertas estaban húmedas, nada más.

—Bueno, ¿dónde está mi agua de mar? —preguntó el presidente, y
le sonrió abiertamente.

Su hija lo miró. Se notaba una curiosa congoja: frustración, quizá,
fastidio por el hecho de que la embaucaran para que realizara lo que a
todas luces era una tarea propia de Sísifo. Hizo un gran esfuerzo para

decidir qué actitud adoptar, y entonces llegó de repente: había que desechar todo el asunto al instante. Había que olvidar el pasado, y solo había que tener en cuenta el futuro. Se levantó desde la posición en cuclillas y gritó con impaciencia a su padre:

—¡Otra competición! ¡Organiza otra competición!

El presidente reaccionó con sorpresa ante el apremio de la orden y la corta distancia a la que fue expresada. Movió un poco la mandíbula mientras reflexionaba de nuevo. Bueno, dijo (y se notaba que estaba pensando), esta vez va a ser una sencilla. Señaló una roca negra que sobresalía de la arena como una maleta medio enterrada a unos cuarenta metros. Las chicas tenían que ir corriendo hasta ella (eso sería una serie), y luego de vuelta en una segunda serie, y Ormsby-Gore tendría una desventaja de unos segundos en las dos direcciones porque era «mayor». La última disposición fue aceptada por Ormsby-Gore flemáticamente: se examinó una rótula con aire de gravedad y no dijo palabra.

Caroline se puso de pie de un salto otra vez y se preparó para la salida de la carrera, mirando la roca negra.

—Muy bien —dijo el presidente. Levantó un dedo como si fuera una pistola de salida—. ¡Un-dos-tres-ya-CAROLINE! —gritó.

Miró cómo se meneaba su hija hacia la roca, como una abeja regresando a la colmena. Unos segundos después llamó a Alice, que también estaba lista para la salida de la carrera y, por lo que parecía, más decidida esta vez.

—De acuerdo, Alice, ¡YA!

Allá fue Ormsby-Gore, agitando piernas y brazos, levantando nubes de arena tras de sí. Puso bastante empuje en la carrera. Era obvio que se trataba de una competición que le gustaba, sin florituras, sin acarrear laminarias y agua de mar en las manos... simplemente una prueba de velocidad y una oportunidad para demostrar su valía. Alcanzó veloz a Caroline y la adelantó cuando quedaban aún veinte metros hasta la roca negra. La desventaja no había sido suficiente para Caroline. Era imposible que fuera más rápido. Cuando corre, solo tiene una velocidad —la máxima—, y por tanto, a no ser que se cayera Ormsby-Gore —una posibilidad factible aunque remota, teniendo en cuenta las características del estilo de Ormsby-Gore, consistente en agitar los brazos y las piernas—, la derrota parecía inevitable.

De repente Caroline viró en seco a la izquierda y se dirigió a una roca más cercana —una roca de lo más insignificante, del tamaño de una naranja apenas— y tras caer de rodillas la agarró con codicia y miró atrás algo nerviosa pero expectante a su padre, para que reconociera que aquella había sido sin lugar a dudas la roca indicada.

El presidente no quiso comprometerse. Dibujó una enorme sonrisa. A lo mejor su hija, sometida a presión, no había mostrado compostura, pero sí desde luego astucia. Él hizo un movimiento espontáneo con las manos, casi como si quisiera batir palmas.

Ormsby-Gore siguió hacia la roca del principio. La tocó, se sentó y miró atrás. Puede que hubiera puesto alguna expresión con la que obsequiar a su contrincante derrotada, pero cuando se dio la vuelta y vio a Caroline arrellanada más allá en la playa, con los dedos retadoramente aferrados a su piedra, mantuvo el rostro de lo más inexpresivo.

—Bueno, ya está —las llamó el presidente—. ¡Ahora volved!

Ormsby-Gore brincó desde su roca como una gacela exaltada. Incluso a aquella distancia la postura de la mandíbula era evidente. Aun con la desventaja, bastante esta vez, tenía la intención de alcanzar a aquella anfitriona suya del bañador naranja de una pieza, que revoloteaba incesantemente delante de ella, competición tras competición, como un conejo mecánico justo fuera de alcance. Su tesón fue incluso más prodigioso que el de la primera serie, de forma que acortó la distancia con Caroline en un santiamén; las dos se esforzaron hacia el presidente, a la misma altura ya, aparentemente decididas a eliminarlo de su camino, y al final, a escasos metros de él, se arrojaron a la arena: la carrera acabó con una buena rociada, y las dos levantaron la vista hacia él esperando la sentencia.

—Bueno —dijo el presidente. Se quitó un montoncito de arena que se había acumulado encima de él—. Bueno, bueno. Yo creo que habéis llegado a la vez... es un empate —dijo sonriendo.

Ormsby-Gore, que al parecer creía que con el último esprint había ganado, entrecerró ligeramente los ojos, como si se hubieran dirigido a ella en una lengua extranjera que quizá podría traducirse con concentración. Pero no, no cabía esperar ninguna solución, y su preocupación se centró en otra cosa, en la rótula otra vez, en una mirada de soslayo al presidente, y fijó la vista en el mar un rato largo meditabunda.

Caroline tampoco mostraba interés por la decisión. Los empates no tenían mucho valor. Una vez más, el pasado fue desechado, fue descartado al instante. Se propuso otra cosa: quiso enseñar a su padre unas «cuevas secretas».

¿Dónde están esas cuevas?, quiso saber su padre.

Caroline señaló un montón disperso de rocas al final de la playa. Le tiró de una mano.

El presidente miró y le pareció que las «cuevas» estaban bastante lejos para él. Pero dijo que iría a verlas cuando ella «las limpiara». ¿Por qué no se encargaban de ello ella y Alice?

La propuesta pareció bastante razonable, y las dos chicas subieron en un momento al paseo marítimo de cemento y se apresuraron por delante de las filas de vestidores hacia el final de la playa, Caroline al frente, avanzando a buen paso. Ormsby-Gore se mantuvo cerca detrás, apurándose también ella, encantada, al parecer, de que las «competiciones» se hubieran postergado al menos un rato. En el paseo, para entonces, ya habían salido algunas delicadas sombrillas, que oscilaban cuando las portadoras se giraban para observar a las dos chicas.

El presidente se sentó a descansar en la arena como un rey de Argos contemporáneo, habiendo marchado a sus quehaceres las que estaban a su cargo. Las observó recorriendo el paseo marítimo. La parte de la playa donde se encontraba estaba tranquila. Entonces volvió a aparecer John junior, dando pasos fuertes y decididos a través de la arena hacia su padre. Su sonrisa, con el diente que brillaba en ella, era enorme. Se cayó y volvió a levantarse. La sonrisa dio la sensación de permanecer petrificada a lo largo de la caída. Pero cuando se aproximó a su padre se esfumó de repente, la cara se movió un instante, y era obvio que quería decir algo. Su padre se inclinó lige-

ramente hacia delante, inquieto. ¿Había alguna petición? Salieron
confusamente más allá del único diente unas cuantas palabras, pero
fueron ininteligibles. Otro intento. Ininteligibles, otra vez. El presidente pareció un tanto aliviado. Durante al menos un tiempo, una
sonrisa sería lo único a lo que habría de enfrentarse. La articulación
todavía no había llegado, pero llegaría, por supuesto. El presidente se
recostó en la arena, levantó a su hijo sobre una rodilla, lo sostuvo en
equilibrio allí y lo miró con aire de gravedad levantando la vista.

CAMPO DE GOLF DE HARDING PARK, CALIFORNIA

Todos los golfistas del circuito profesional con los que hablé coincidían en que lo peor que te podía pasar era jugar inmediatamente delante de Arnold Palmer y su Ejército. Si tenías que jugar delante de una superestrella, Jack Nicklaus era el golfista que uno esperaría que le tocara, porque era lento, de modo que por muchos aficionados que le siguieran por el campo, podías ir por delante de él y hacer que hubiera siempre espacio entre su séquito y uno mismo. En cuanto a jugar detrás de golfistas como Nicklaus y Palmer, bueno, eso tan solo era cuestión de paciencia y esperar hasta que sus seguidores hubieran trasladado sus vagabundeos parsimoniosos y torpes fuera del alcance.

En el Pro-Am de San Francisco, otros dos aficionados y yo íbamos a tener de compañero al profesional Rod Funseth. Vi en los vespertinos, que publicaban las horas de inicio de los partidos del día siguiente, que estaba programado que nuestro *foursome* saliera inmediatamente antes que el grupo de Palmer.

El día siguiente fue nublado, pero Palmer tenía mucho público. Tal y como me habían dicho que sucedería, jugar al golf aquel día no se parecía en nada a participar en un torneo, sino más bien a una migración, la Gran Migración, durante la cual, debido a algún extraño ritual ceremonial, a uno le pedían que llevara un palo de golf y golpeara una pelota de golf de tanto en tanto. Uno salía de la multitud para darle a la pelota a lo largo de la línea de avance y se quedaba quieto concentrado en el golpe, mientras el gentío, haciendo caso omiso, iba pasando junto a la calle, como la corriente lenta alrededor de una roca en el lecho de un arroyo. Solo había una persona a la que habían venido a ver jugar a golf, y ese era Arnold Palmer.

En el hoyo 14 de Harding Park casi me engulle el Ejército. Es un par cuatro largo. A la izquierda del golfista, si se mira desde el tee, la calle se precipita en barrancos cubiertos de abundante maleza, y un poco después la colina desciende repentinamente hasta el lago Merced, que centellea a lo lejos. Cuando me coloqué en el tee con el drive, la avanzadilla del Ejército de Arnie pasaba en tropel a lo largo de la calle, el grueso de ella a la derecha, colocándose en posición para su aparición inmediatamente detrás de nosotros. Golpeé el drive con el talón del palo, quizá con la intención de compensar, de mantener la pelota lejos del gentío que había a la derecha, y salió despedida hacia uno de los barrancos de la izquierda, a no más de cuarenta metros o así del tee. Di un suspiro y fui hacia allá con mi caddy a buscarla. El resto del *foursome*, con Rod Funseth a la cabeza, siguió andando por la calle. Les grité que si podía los alcanzaría. El caddy y yo sacamos los palos y batimos con fuerza la maleza con la esperanza de encontrar la pelota.

Mientras tanto, Palmer y su grupo habían terminado el hoyo 13 y habían subido al elevado tee del 14. Encontré la pelota después de una larga búsqueda y estaba pensando en cómo ejecutar el golpe cuando por casualidad eché un vistazo atrás, arriba al tee. Allí estaba Palmer mirando con atención a lo largo de la calle. Yo estaba tan abajo en el barranco que solo podía ver la parte superior de su torso. Por la posición de los hombros pude deducir que estaba preparado sobre la pelota y que el resto de mi *foursome* se encontraba ya a suficiente distancia para que él atacara el golpe. No me había visto; de haberlo hecho, dudo que me hubiera tomado por un miembro del grupo que jugaba antes que el suyo, dado que para entonces Funseth y el resto estaban a unos trescientos metros más allá en la calle. Me habría tomado quizá por un encargado del mantenimiento que despejaba la maleza con una guadaña.

—¡Espere! —grité.

Miró abajo, casi inmediatamente, dio la sensación, desde aquel alto tee, como si escudriñara sobre el borde de un gran contenedor.

Luego pensé que puso la expresión brusca de alguien sentado en su escritorio que ve algo que se mueve al fondo de la papelera.

Levanté el driver y lo agité en el aire, a fin de que me identificara como golfista.

—¡Aquí abajo! —grité—. ¡Lo siento, ahora mismo salgo! —chillé como en respuesta a alguien que aporreara la puerta de un baño.

El caddy me pasó un palo. Me acomodé sobre la pelota, con la espalda contra un arbusto. Eché un vistazo rápido hacia atrás en dirección al tee, arriba a lo lejos. Palmer estaba mirando a la calle, y detrás de él se encontraban los demás miembros de su *foursome* y los caddies, y había unos cuantos árbitros y una fila de espectadores al fondo, todos ceñudos con los ojos puestos abajo. Di un golpe que rebotó arriba fuera del rough y acabó en la calle.

—Vamos —dije.

Subimos corriendo tras el golpe; el caddy trotó esforzadamente, y los palos resonaron con estruendo en la bolsa.

Apenas coloqué los pies realicé rápidamente mi siguiente golpe, que avanzó por la calle, ya densamente flanqueada por el Ejército de Arnie, a la espera de su golpe de salida.

Me apresuré por entre aquellas hileras. Subieron algunos periscopios de cartón desde las filas del fondo del público y escudriñaron. Noté el destello del cristal. A unos doscientos metros por delante vi el resto de nuestro *foursome* en el green. Detrás, Palmer seguía esperando. Todavía no estábamos fuera de su alcance.

—¡Madre de Dios! —dije.

Los palos resonaban con furia. Me acordé fugazmente de un récord del *Golfer's Handbook* en el que me había fijado el día anterior: una vuelta rápida de un corredor olímpico de Sudáfrica que era capaz de recorrer el campo de golf de Mowbray a toda pastilla en poco más de treinta minutos.

—¡Voy a recoger la pelota! —grité al caddy.

Me hice con la pelota a la carrera como un exterior central que se agacha para fildear un hit, y giramos, nos fuimos de la calle hacia el Ejército y nos metimos entre ellos. Algunos nos miraron, pero luego empezaron a estirar el cuello para ver el golpe de Palmer.

Caminamos con la multitud y me junté con los otros en el tee del 15. Funseth y mi compañero levantaron la vista cuando pasé por encima de las cuerdas que impedían el acceso para unirme a ellos. Me disculpé y dije que había recogido la pelota. Estaba jugando fatal. Dijeron que no importaba: uno de ellos había conseguido un birdie, y el equipo iba bien.

Aquella mañana, más tarde, estaba contándole a un amigo lo sucedido.

—No veía qué otra cosa podía hacer —dije—. Me refiero a recoger la pelota.

Le conté lo que había pasado, que había jugado frente a aquel público ceñudo en el tee del 14: Palmer y los demás podrían haber sido un cuadro vivo de unos generales —con el Estado Mayor— examinando el magnífico espectáculo de una batalla desde una colina, solo que inmediatamente delante de ellos algo había fallado, se había caído el tambor de un soldado, había rodado por una pendiente suave, y el soldado corría tras él, con la escarapela ladeada, y el tambor estaba empezando a rebotar y a alejarse...

—Hiciste lo correcto —dijo mi amigo—. Recoger la pelota.

—Creo que sí.

—No fue una experiencia agradable.

—Desde luego —dije.

Carraspeó. Dijo que, bueno, nada podía compararse con lo que le había pasado a él con Palmer y su Ejército. He olvidado en qué torneo dijo que había sido, puede que el Masters o el PGA, uno de los grandes campeonatos, eso seguro. Él estaba de espectador en el campo de golf, situado por donde iban a pasar los jugadores de renombre. Mientras esperaba, a un lado de la calle, había entrado en una de esas construcciones que son como garitas llamadas Port-O-Let, inodoros químicos que se colocan a lo largo de los campos de golf durante la semana del torneo. Al rato abrió la puerta, que chirrió de forma estridente, y salió a la radiante luz del sol. Al entrar en el Port-O-Let, había visto pasar bastante gente caminando pesadamente, la avanzada del Ejército de Arnie. En aquel momento, dijo, estando él mismo y el Port-O-Let en el vértice de dicha avanzada,

apareció un enorme abanico de gente que se extendía hacia el green
a lo lejos, una hilera doble de caras —miles, parecían—, todas ellas
esforzándose por ver. Y allí, a menos de diez metros, sobre una pelota
de golf que había golpeado casi fuera de los límites, y preparándose
para el swing, estaba Arnold Palmer. Con el chirrido de las bisagras,
Palmer miró hacia atrás y vio a mi amigo en la puerta del Port-O-Let.
    —¿Qué hiciste? —pregunté.
    —¡Dios mío! —dijo mi amigo—. Volví a entrar y cerré la puerta.
Era la reacción típica, quiero decir, al salir y ver a toda esa gente. Era
como deslizarte por una puerta y verte solo en el escenario de un
teatro de ópera lleno. Lo que ocurre es que se te salen los ojos de las
órbitas y vuelves por la misma puerta por la que has salido.
    —Claro —dije.
    —Menudo portazo di.
    —¿Y qué pasó después?
    —Bueno, un par de segundos después llamaron a la puerta del
Port-O-Let y era Palmer. «Oiga —le oí decir— salga, no hay prisa.»
Bueno, yo pensé en aquella muchedumbre allí fuera, todos mirando
y a lo mejor preparándose para reírse y tal si salía del Port-O-Let.
Así que dije a través de la puerta: «No, siga adelante, Sr. Palmer. Yo
tampoco tengo prisa. No quiero molestarle». Bueno, oí los pasos en
el césped mientras se alejaba, y el creciente silencio del público, que
había estado murmurando, y supe que él estaba sobre la pelota y que
ellos estaban poniéndose cómodos para ver el golpe. Pero empezó
otra vez el murmullo, y me sorprendí, porque no había oído el chasquido del palo al completar el golpe. Luego oí pasos y llamaron a
la puerta. «Oiga», dijo. A través de la puerta parecía muy contrito.
«Encuentro difícil concentrarme en el golpe pensando en usted encerrado en esta cabina. Le agradecería que saliera.» Bueno, yo no quería salir. Al final lo hice, por supuesto. Abrí la puerta empujándola
con aquel gran chirrido, aquellos malditos goznes oxidados, y salí.
La luz del sol deslumbraba al salir del Port-O-Let, y allí estaba Palmer
con cara preocupada y seria, y dijo que lamentaba haberme cau-
sado molestias. Yo dije: «No, no ha sido nada». Estalló una risa gene-
ralizada, y me escabullí e intenté desaparecer entre la muchedum-

bre. Pero la gente no paraba de sonreírme burlonamente, giraba la cabeza, ¿sabes?, «ahí está el del Port-O-Let», así que al final crucé a toda prisa la calle y me puse a ver a otro golfista, Kermit Zarley, creo, alguien así, donde no había mucha gente.

—¡Menuda historia! —dije.

—Y que lo digas —dijo.

—Pueden pasar cosas horribles en medio de un torneo de golf —dije.

—Tienes razón —dijo—. Horribles.

EL RESTAURANTE ELAINE'S

En 1983 la revista New York planeaba publicar un artículo sobre el restaurante del Upper East Side Elaine's. El establecimiento era frecuentado
mayoritariamente por escritores (fue «descubierto» por dos redactores de la
Paris Review, Fred Seidel y Nelson Aldrich) hasta que un contingente más
moderno, sobre todo de la Costa Oeste, empezó a tomar el relevo. Pero la propia Elaine —a quien a menudo llamaban la Señora Grande, como en «vamos
a donde la Señora Grande a tomar la última copa de la noche»— sentía un
cariño especial por la gente de letras. Siempre se sentaban en las que se con-
sideraban mesas «buenas». Pidieron a varios de los clientes más asiduos que
escribieran un artículo para la revista New York.

Al principio pensé escribir sobre la vez que un cronista inglés de la prensa
rosa llamado Nigel Dempster me mordió un tobillo en Elaine's. Sentado a la
mesa, estaba rompiéndose la cabeza con lo difícil que resultaba sacar a relu-
cir material apropiado en Nueva York para su columna. De repente, se tiró al
suelo y empezó a mordisquearme una pierna justo por encima del tobillo. La
gente del restaurante miraba estupefacta. Hube de suponer que lo que se traía
entre manos era una curiosa vuelta de tuerca del viejo dicho según el cual que
«un perro muerda a un hombre» no es una gran noticia, pero que «un hombre
muerda a un perro», o alguna variante de ello, sí. A lo mejor iba a introducir
lo que estaba haciendo en su columna. No se me ocurrió preguntárselo. En
resumen, parecía una historia demasiado desconcertante para interesar a los
lectores de la revista New York, y desde luego no tenía ni desenlace ni mora-
leja. Así que escribí lo que sigue.

Hace un par de años, Channel 12, la cadena pública de televisión de Filadelfia, celebró una subasta para recaudar fondos en la que pusieron a la venta un amplísimo número de artículos, uno de los cuales llamaron «Salir una noche con George Plimpton». Dije a las autoridades pertinentes que no tenía ningún inconveniente en que pusieran a la venta tal cosa, pero que no creía que se pagara mucho por ella.

Unas semanas después, me llamaron por teléfono y me dijeron que un tal Jerry Spinelli había pujado y pagado cuatrocientos y pico dólares a la cadena de televisión por la «noche». Su mujer y él iban a subir a Nueva York.

Me pregunté vagamente qué hacer con ellos. Tenemos una mesa de billar en casa. A lo mejor la cosa era invitarlos a casa a tomar algo; jugaríamos un poco al billar, y luego, sin prisas, cenaríamos en algún restaurante cerca del centro —quizá en el Gallagher's Steak House—, de forma que resultara fácil asegurarse de que los Spinelli cogieran el tren de vuelta a Filadelfia a una hora razonable. No se me ocurría nada más. Había llamado a Spinelli para saber si a su mujer y a él les gustaría ir al teatro... ¿había algo concreto que quisieran ver?

—Oh, no —dijo con una extraña voz ahogada. Parecía muy tímido.

—¿Qué tal un billar? —pregunté—. ¿Le gustaría jugar un poco?

—¿Moco?

Un par de semanas después los Spinelli vinieron al piso. Llegaron a las siete.

—¿Qué tal una partidita de billar? —le dije al Sr. Spinelli. Era un hombre joven y delgado, con una sonrisa rápida y furtiva.

Mientas el Sr. Spinelli y yo echábamos una partida un tanto desganada, mi mujer se llevó a la Sra. Spinelli, que se llamaba Eileen, a enseñarle el piso. Fue entonces cuando averiguó las circunstancias de la presencia de los Spinelli. Mientras los Spinelli examinaban unos libros en la biblioteca, mi mujer tiró de mí hacia el pasillo. Susurró a toda prisa:

—Jerry Spinelli es escritor.

—¡Cielos!

—Está escribiendo una novela.

Prosiguió diciendo que, por lo visto, escribía al alba, antes de irse a trabajar, y también cuando regresaba a casa, por la noche. Últimamente la escritura no iba bien. La fatídica noche, Eileen Spinelli estaba viendo la subasta de Channel 12 —su marido tirado y agotado en el dormitorio—, y cuando pusieron en venta la «noche de Plimpton», llamó por teléfono para pujar sin pensarlo, con la idea de que si su marido tenía un «contacto» literario en Nueva York podría salir del atolladero de su carrera literaria.

—¡Dios mío!

—Para pagar esto —dijo mi mujer—, Eileen Spinelli me ha dicho que sacó casi todos los ahorros que tenían. Cuatrocientos veinticinco dólares. Dejó cinco dólares para mantener la cuenta abierta.

—¿Y qué pasó con el marido cuando se enteró?

—Se llevó un disgusto.

Miré en la biblioteca. Los Spinelli estaban hojeando un libro grande sobre la mesa de centro.

Me pregunté en voz alta si no debíamos pagar de alguna manera las deudas de la pareja con Channel 12 y hacernos nosotros mismos los donantes.

—No vivimos en Filadelfia —dijo mi mujer con sentido práctico.

—Entonces tendremos que convertir esto en una velada literaria.

—Bien.

—No va a gustarles el Gallagher's Steak House.

—No.

—Tendremos que ir al Elaine's.

Cuando les dije a los Spinelli que iríamos al Elaine's, Jerry Spinelli pareció visiblemente animado. Había oído muchas cosas del restaurante.

—¿Cree que estará todo el mundo?

Al subir allí en taxi, murmuré una plegaria para que hubiera bastante gente de letras en el Elaine's... al menos los de *Saturday Night Live*, que parecían meterse veinte alrededor de una mesa pequeña y hablar todos a la vez; si no había suerte con ellos, a lo mejor podía señalar a un par de redactores de *Esquire*, incluso si eran, en realidad, corredores de bolsa. De hecho, estaba de lo más dispuesto a hacer una concesión: a cualquiera con barba pensaba identificarlo como Donald Barthelme, el autor de relatos breves del *New Yorker*.

En el Elaine's, los sitios más buscados son lo que los enterados llaman «la línea», unas diez mesas en fila a lo largo de la pared enfrente de la barra. Cuando llegamos, eché un vistazo rápido a la línea. Me pasó por la cabeza repentinamente la fantasía de que la misma Madame Tussaud había estado trabajando una semana para dejarla lista para los Spinelli y nosotros. En la primera mesa, al lado de la entrada, estaba sentado Kurt Vonnegut con Jill Krementz. Con ellos había un hombre mayor con un ligero parecido a James T. Farrell.

—Kurt —dije. Empujé hacia delante al Sr. Spinelli—. Kurt, este es Jerry Spinelli, de Filadelfia. Jerry, Kurt Vonnegut. —Me arriesgué—. Jerry, permítame presentarle a James T. Farrell. Jerry Spinelli, de Filadelfia.

El «Sr. Farrell» estaba algo perplejo.

Presenté a Jill Krementz, y luego pasamos a la siguiente mesa.

Irwin Shaw estaba sentado allí con Willie Morris, el antiguo director de *Harper's*, y el novelista Winston Groom. Les presenté a Spinelli; hubo amables saludos con la cabeza y apretones de manos por parte de todos. En la siguiente mesa, nos detuvimos para presentarnos a Gay Talese, que acababa de publicar *La mujer de tu prójimo*, y a A. E. Hotchner, el autor de *Papa Hemingway*.

—Sr. Talese, Sr. Hotchner, permítanme presentarles a Jerry Spinelli, el escritor de Filadelfia.

Cuando oyó que lo presentaba como al «escritor de Filadelfia», el
Sr. Spinelli sonrió de oreja a oreja. Pasamos a Bruce Jay Friedman,
sentado con mucha gente.
—Bruce, el Sr. Spinelli, el escritor de Filadelfia.
Bruce se levantó y presentó a Spinelli a sus amigos.
Estábamos acercándonos —muy despacio, por todas las reverencias y presentaciones— a la mesa más famosa del Elaine's, la que está
justo más allá de la puerta lateral que lleva a las cocinas y a la zona
siberiana del restaurante, en la parte de atrás. A menudo la mesa
está vacía, con un sencillo cartel blanco encima que dice RESERVADA,
pero cuando no está el cartel, la mesa casi siempre la ocupa Woody
Allen y su séquito. Es extraño que sea la mesa más deseada. No solo
es inmediatamente contigua al tráfago de los camareros del Elaine's
cuando entran y salen a todo correr de las cocinas, sino que también
está junto al camino de esa gente desdichada que se apiña en la sala
de atrás, llamada oficialmente sala Paul Desmond, porque al famoso
músico le gustaba la tranquilidad de allí atrás. Y por si fuera poco, la
mesa de Allen está en la dirección de los lavabos. El tránsito es considerable, siendo uno de los principales motivos que los clientes van de
mesa en mesa a la ida y a la vuelta. Así pues, la mesa de Woody Allen,
en el confín de todo esto, es un lugar donde a uno no paran de empu-
jarle, mientras las bandejas de ossobuco vuelan inquietantemente
por encima de la cabeza, como dirigibles. Cuando está Allen allí, la
gente se queda mirando en la entrada de la sala Desmond.
   En el Elaine's hay una famosa norma de la casa. En un local donde
ir de mesa en mesa y apiñarse hasta con los amigos más lejanos («¿Os
importa que me siente con vosotros?») es poco menos que obligado,
la mesa de Woody Allen es una excepción. Incluso de camino al servicio, no se permite más que una mirada de reojo a la cabizbaja figura
de Woody Allen, con los ojos clavados tristemente en el pollo a la
francesa, que, según tengo entendido, es su plato favorito. Que uno le
interrumpiera la comida inclinándose para decir en voz alta —«Hola,
Woody, ¿cómo estás?»— sería algo insólito.
   Tenía todo esto muy presente mientras nuestro pequeño grupo
se aproximaba a la mesa de Allen, donde efectivamente se hallaba

el actor/escritor con varios de sus amigos. Mi primer impulso fue ceñirme al protocolo y dejar pasar la mesa para continuar hacia el rincón del fondo del restaurante, donde vi a Peter Stone, Dan Jenkins, Herb Sargent, Michael Arlen y otros que estaban a mano para las presentaciones.

Pero pensé en los cuatrocientos veinticinco dólares de Spinelli, y en el largo viaje en tren, y en los cinco dólares que se quedaron en la cuenta de ahorros, y en el manuscrito medio acabado en la caja de cartón de papel de máquina de escribir.

—Woody —dije—, perdona. Este es Jerry Spinelli, el escritor de Filadelfia.

Woody levantó la vista despacio. Fue muy teatral, como si levantara la vista de debajo del ala de un gran sombrero.

—Sí —dijo sin alterarse—. Ya lo sé.

Nos quedamos petrificados. Allen nos observó un instante, y luego regresó a la contemplación del pollo a la francesa en el plato.

Nos fuimos a nuestra mesa. Si no recuerdo mal, nos saltamos a Peter Stone, Michael Arlen y demás lumbreras del rincón. Jerry Spinelli quería hablar. No cabía en sí de gozo. Su rostro resplandecía. No estaba del todo seguro de lo que había pasado.

—¿Has oído eso? —preguntó—. ¡Madre de Dios!

Pidió una botella de vino de Soave. Blandió un tenedor y habló de Kafka. Quiso saber si conocíamos a algún agente literario. Nos habló un poco de su novela, que trataba de la vida de un muchacho. Quiso saber si Harper & Row era una buena editorial. En plena euforia, su mujer, Eileen, se volvió hacia mí.

—Hemos hecho algo horrible —me susurró—. Va a estar insoportable. ¡Le hemos consentido!

Hace tres meses, recibí una carta de Jerry Spinelli. Me decía que Little, Brown le había publicado la novela. Era una carta alegre, informal. Aunque no lo mencionaba, supe que habría querido que transmitiera un cordial saludo a la pandilla del Elaine's.

NORFOLK, NEBRASKA

De vez en cuando me pregunto vagamente qué haré la última etapa de mi vida, cuando quizá no pueda hacer otra cosa que estar sentado en una silla. No he dejado de pensar que, siendo como soy un entusiasta de los fuegos artificiales, me encantaría que me contrataran (por una cantidad simbólica, principalmente para costear los viajes) fabricantes orientales de fuegos artificiales, que me ayudaran a instalarme en un campo, sentado en una silla, a ser posible con reposacabezas, de forma que mirar al cielo nocturno resultara cómodo, donde mi función consistiría en decidir los nombres de sus carcasas aéreas nuevas. Me llamarían «El Nombrador de Carcasas».

Permítanme explicarme. Las carcasas aéreas (o «bombas», como las llama la gente del mundillo de los fuegos artificiales) de Japón, Taiwán, Corea y demás siempre se han importado a este país, o aparecían en sus catálogos con descripciones de lo más estrambóticas, como «Los monos entran en el palacio celestial y expulsan al tigre» o «Un perro callejero que corre perturba las nubes celestiales». Los importadores pensaron que aquello era demasiado rebuscado e imaginativo (y difícil de distinguir en el cielo, de todos modos), de manera que en los catálogos norteamericanos la nomenclatura oriental se simplificaba a cosas del tipo «monos celestes» o «perros retozando».

Pero algún día eso es lo que tengo pensado hacer: ir allí, a Oriente, donde prueban las carcasas nuevas. Me sentaría en los campos en mi pequeña silla de bambú (acolchada) con un bloc de notas. Observaría cómo se elevaba una carcasa, cómo se abría por encima de los arrozales y lo que hacía, y escribiría «El buey azul baja por el camino de portazgo», o quizá «El loro blanco escapa de la jaula de mimbre amarilla», lo que fuera, y si me fallaba la imaginación, llamaría desde arriba al pirotécnico situado junto a los morteros y le pediría que lanzara otra vez el mismo tipo de carcasa para verla por segunda vez: lo sentía, pero no había estado inspirado.

Siempre había supuesto que haciendo aquello casi nunca estaría acompañado, una figura solitaria con una maleta pequeña que bajaba despacio al andén de una estación polvorienta de ferrocarril en la provincia de Yunnan. Parecía poco probable encontrar a alguien más que quisiera apuntarse: después de todo, es un plan de jubilación un tanto especializado. Muy rebuscado.

Verdaderamente, solo se me ocurría un candidato al que pudiera apetecerle acompañarme: el dueño de una zapatería de Norfolk, Nebraska, llamado Orville Carlisle. Para empezar, era experto en fuegos artificiales. De hecho, en una sala adyacente de la zapatería tenía un museo de fuegos artificiales, seguramente el único de aquel tipo en todo el mundo. Al ser de una ciudad pequeña del centro de Estados Unidos, aportaría un equilibrio y una perspectiva perfectos a nuestras elecciones de nomenclatura, si es que decidía venir. Me contendría. Y además, tiene unos giros muy buenos. Dice cosas como «hace un frío que se hielan las palabras».

Fui a verlo a Nebraska no hace mucho. Es un viejo amigo, y quería ver su museo. Se me ocurrió que, durante la visita, le preguntaría si, en caso de que el ritmo de trabajo de los próximos años disminuyera, le apetecería ir a Japón o a China conmigo de nombrador de carcasas. Estaríamos al mismo nivel. Ninguno por encima del otro. Él tendría su sillita de bambú y yo la mía. Departiríamos. Puede que no estuviéramos de acuerdo. Llamaríamos desde arriba al pirotécnico y le pediríamos otra carcasa del mismo tipo. El cielo florecería.

Norfolk está a ciento ochenta kilómetros de Omaha y a ciento treinta de Sioux City, conectada por una aerolínea regional llamada AAA. Nadie del mostrador de los billetes parecía saber qué significaban las iniciales, si es que significaban algo. Carlisle y su mujer, Mary, me recogieron en el pequeño aeropuerto y fuimos a la ciudad en coche.

Carlisle es un hombre delgado, enjuto, animado, que da la sensación de sorprenderse un poco por casi cualquier cosa, de manera que tiene un habla salpicada de expresiones suaves de asombro, como «ahí va la mar», «cáscaras», «cáspita», «ahí va la mar serena» y demás, ese tipo de palabras que uno recuerda de los bocadillos de los cómics. Su mujer está un poco sorda, pero lee los labios de un modo sorprendente. En el coche, con el semáforo en rojo, Orville encendía la luz interior y, hablándole directamente a ella para que pudiera seguirle los labios, le hacía un resumen rápido de lo que habíamos estado comentando.

Primero charlamos de la ciudad. Los vecinos de toda la vida, me informó, pronuncian el nombre «Nor'fork», porque los primeros colonos, alemanes, fundaron una comunidad en el horcajo del norte del río Elkhorn que —cosa que no deja de ser sorprendente— quisieron llamar Horcajo del Norte[16].

—Los de Washington, que más o menos son ahora como entonces —explicó Carlisle—, se liaron de alguna manera y las autoridades de correos nos dieron el nombre de Norfolk, como la ciudad de Virginia. De hecho, el año pasado, pasó una pareja que estaba buscando la Norfolk de Virginia.

—¡Venga ya, Orv! —dije.

—Bueno, eso decían por la ciudad. Recuerda que las ardillas no siempre están en los árboles. La cuestión es que los de toda la vida dicen «Nor'fork».

—¿Qué es eso de las ardillas en los árboles?

—Que hay muchos frutos secos[17] en el suelo. —Pensé un poco.

—Ah, ya entiendo.

—Hay otras maneras de decir que a alguien le falta un tornillo —continuó explicando Carlisle—. Puedes decir que el ascensor no le sube arriba del todo. A veces yo digo que a él o a ella le pesa poco la mollera.

—Ah, ya. —Encendió la luz interior y se volvió hacia su esposa.

16. O sea, North Fork. [*N. del T.*]
17. «*Nuts*», «frutos secos» y también «chiflados». [*N. del T.*]

—Estaba diciéndole a George lo de la pronunciación de Norfolk.

—Ah, ya —dijo asintiendo con la cabeza.

Carlisle quería enseñarme la zapatería (Carlisle's Correct Shoes, se llama) y el museo de fuegos artificiales antes de acostarnos. Mientras abría con la llave la tienda, hice un comentario sobre el tráfico densísimo de la avenida Norfolk, justo detrás de nosotros.

—¿Están saliendo de algún evento? —pregunté.

—Es sábado noche —me dijo Orv—. Son los chicos en sus coches, cuatro o cinco en cada uno. Es el gran ritual en esta zona. Me imagino que se comunican entre ellos de alguna forma porque van todos a donde está el follón. A veces es tal el desfile de coches que tiembla todo el edificio.

Dentro había silencio. Era evidente, por las largas filas de cajas de zapatos, que el negocio de Carlisle se basaba principalmente en el calzado de trabajo y el infantil.

—No tenemos muchas cosas de última moda —dijo—. Las evitamos. Nuestro lema es «¿cómo los sienten?», y no «¿cómo los ven?». Vendemos muy bien unas Pecos Red Wing con puntera de acero... para que el pie sobreviva cuando en el establo te pise algún animal. Las suelas de esos zapatos duran como el hocico de un cerdo[18]. Después de todo, cuando se acaban los discursos altisonantes, eso es lo que somos: agricultura.

Por encima de la cabeza había un alambre largo para que un muñeco ciclista con un balancín corriera arriba y abajo para divertir a los niños.

—Los críos vienen a la zapatería pensando que van a vacunarlos —explicó Carlisle.

Manejó el muñeco para mí. Planeó a lo largo de la tienda, y luego de vuelta.

Si eso no tranquilizaba a los niños, siembre estaba el molde gigantesco del pie desnudo del célebre Robert Wadlow para intimidarlos. Wadlow fue el gigante más famoso del mundo. El fabricante de

---

18. Alusión al eslogan de Fincks, una empresa que fabricaba petos [N. del T.]

zapatos Musebeck proporcionaba a sus minoristas un molde de aluminio de un pie suyo para ilustrar su eslogan: «Tenemos todas las
tallas».

Y luego, por supuesto, si los críos siguen preocupados y pensativos,
siempre está el museo de los fuegos artificiales con sus tesoros. No es
muy grande para ser un museo (unos siete por tres metros) pero está
hasta arriba de recuerdos, todos desactivados e inofensivos. Hay muy
pocas cosas en el museo de Carlisle que no tengan interés, al menos
para mí, que soy aficionado a los fuegos artificiales. La mayoría de los
artículos exhibidos provocan punzadas de nostalgia de los tiempos
anteriores a la Segunda Guerra Mundial, cuando había todo tipo de
fuegos artificiales a la venta. Mis favoritos en el museo de Carlisle
eran los artilugios de broma, fabricados en cartón y con formas de
coches de bomberos, o transatlánticos, o animales, o distintas clases
de edificios, cada uno de los cuales, después de hacer diferentes cosas
(a menudo echaban humo y emitían un silbido penetrante), estallaban con una detonación estridente. Quizá el más original de los que
me enseñó Carlisle era una representación de un excusado exterior
de cartón, que me dijo que echaba humo del respiradero en forma de
media luna y luego se destruía lentamente en una serie de pequeñas
explosiones flatulentas.

Carlisle, que cumplió los sesenta y ocho en julio, lleva sesenta años
coleccionando fuegos artificiales, pistolas de fogueo y varios petardos
(entre ellos unos bastones explosivos que hacen ¡pum! cuando gol-
peas el suelo con ellos), y veinte exhibiéndolos en la zapatería.

Se metió en el mundo de los fuegos artificiales en gran medida por
su padre, que era «representante» —un calificativo bastante más gla-
muroso que «viajante»— y vendía dulces de Palmer Candy, de Sioux
City, y que acabó afincándose en Norfolk. Norfolk era el centro de
operaciones de su área de ventas, que se extendía desde Rushville, en
Nebraska, al oeste, hasta Winner, en Dakota del Sur, al norte, «una
zona agreste del Oeste en aquellos tiempos», como señaló Orv. Su
padre era un hombre generoso, tanto más porque había tenido una
infancia de relativas privaciones. Su padre era un pastor metodista
que echó de casa a su hijo después de que el muchacho rechazara un

ultimátum para que dejara de jugar al béisbol los domingos. («¡Vete, y no vuelvas a poner los pies en mi casa!».)

—Así que la consecuencia fue —dijo Orv— que nuestro padre era siempre de lo más desprendido cuando se trataba de sus tres hijos. Nos traía cosas de los viajes, y siempre, el Cuatro de Julio, fuegos artificiales... montones, que horrorizaban a los vecinos, y el Cuatro sacaba el material al porche delantero para repartírnoslo. Se sentaba en la hamaca y de vez en cuando gritaba con aquel vozarrón suyo: «¡Separaos, separaos!», para impedir que nos acercáramos demasiado el uno al otro.

Luego, por supuesto, demonios, nos regalaban los juegos de química Gilbert por Navidad. Aquellos juegos llevaban muchas más cosas por aquel entonces: nitrato de potasio, nitrato de bario, nitrato de estroncio, con los que podías hacer bengalas de colores. Podíamos hacer gas de cloro, y lo probamos con saltamontes para ver si era letal. Lo era. Teníamos los componentes para hacer nitroglicerina, pero a mitad de camino nos entró miedo, nos rajamos, y tiramos aquello por el sumidero.

La siguiente vinculación con la pirotecnia fue a través de los Reader, una familia italiana de Yankton que se dedicaba a los fuegos artificiales. Aprendió de ellos lo suficiente para poder ayudarles en el gran evento de fuegos artificiales del verano (además de las festividades anuales del Cuatro de Julio), que era el simulacro de combate organizado por la compañía Lyck de Omaha y patrocinado por la Legión Estadounidense. Orv echaba una mano para preparar el «campo de batalla» con bombas terrestres, pequeños cartuchos de dinamita, bengalas y demás, a través de lo cual correteaban los viejos soldados, a los que no les cabían los uniformes y que iban bastante «achispados», según los describió Orv, representando las acciones de la batalla de Saint-Mihiel, o del Marne, o de Château Thierry (las batallas cambiaban todos los años para que nadie se sintiera ofendido por el hecho de que no se incluyera la suya), mientras los familiares miraban desde la colina.

—Lanzaban candelas romanas a un lado y a otro —dijo Carlisle—, aunque no recuerdo que hubiera alemanes. Nadie quería interpretar-

los. Todo empezaba con un gran coro que cantaba «Just Before the
Battle, Mother[19]». Era muy conmovedor.

Como el gran especialista en cuestiones pirotécnicas de la ciudad,
Orv, o bien Oz, como en *El mago de Oz*, —así lo llaman muchos vecinos— está de guardia en muchas más ocasiones que el Cuatro de
Julio. Cuando la orquesta del instituto interpreta la *Obertura 1812* de
Tchaikovsky en el auditorio de la ciudad, Carlisle espera entre bastidores y, cuando el director da la entrada de la descarga de cañones
que exige la partitura, dispara con una pistola por un agujero en un
bidón de doscientos litros. Un año hubo casualmente una tormenta
eléctrica, y justo en el momento preciso, después de un tremendo
relámpago, un trueno levantó a todo el mundo de los asientos en el
auditorio. Carlisle se rio:

—No sabes lo que es un trueno hasta que no has oído uno de una
tormenta eléctrica en Nebraska. Muchos pensaron que había sido yo,
y que había sido mi momento de gloria.

Casi cualquier ruido fuerte en Norfolk se atribuye a Orv. En los
años 50, cuando los estruendos de los aviones militares al romper la
barrera del sonido eran más frecuentes, Carlisle oía un trueno fortí-
simo, el teléfono sonaba casi al instante, y quienquiera que estuviera
al otro lado preguntaba con inquietud: «Orv, ¿te encuentras bien?».

La fama de Carlisle en el ámbito de los fuegos artificiales se
extiende mucho más allá de Norfolk. Es asesor de la Asociación
Nacional de Protección contra el Fuego. Hace cinco años, la
Smithsonian Institution se puso en contacto con él para saber si las
ventanas iban a resistir las sacudidas de los enormes fuegos artificiales organizados en el paseo (al que da la Smithsonian) con motivo de
la investidura de Ronald Reagan.

—Les dije que lo llevaban dos empresas de fuegos artificiales muy
serias y que no tenían nada que temer.

No hace mucho, se vio envuelto en una conversación telefónica
con un pescador de lubinas rayadas de Atlantic City, Nueva Jersey,

---

19. O sea, «Justo antes de la guerra, madre», canción de los estados del Norte durante la Guerra
de Secesión. [*N. del T.*]

que se preguntaba cuál sería la mejor forma de utilizar un cohete para llevar el cebo más allá del rompiente. ¿Necesitaba un permiso de las autoridades para hacer algo así?

—Lo investigamos —me dijo Carlisle—. No necesitaba un permiso, pero sí un montón de cohetes. Iba a perder uno cada vez que lanzara el cebo al mar. La idea no pareció preocuparle. Los pescadores están más locos que los cazadores de patos.

—Les pesa menos la mollera —sugerí.

—Sí, les pesa menos la mollera. Eso es. —Se volvió hacia su esposa—. Estaba diciendo que a los pescadores les pesa poco la mollera.

—Ah, ya —dijo ella.

Por supuesto, el Cuatro de Julio es el gran día de Orv. Una vez lanzó incluso tres sesiones ese día, la primera en el club de campo a principios de la noche, las carcasas aéreas contra el cielo todavía teñido del atardecer, a fin de que los miembros del club tuvieran tiempo de sobra para bailar después; luego, unos fuegos artificiales en las afueras de la ciudad, y, finalmente, otros a unas manzanas de distancia, en el estadio Memorial Field, donde casi todo el mundo, según Orv, se había «mamado» esperando.

Más recientemente, Carlisle lanza los fuegos artificiales —que le provee Rich Brothers, de Sioux Falls, y que coreografía con esmero— en el lago Skyview, adonde acuden entre quince y veinte mil espectadores. Lleva desde 1976 haciendo este espectáculo, «dejándolos patidifusos» cada vez. Sin embargo, el año pasado, a la Cámara Junior de Estados Unidos, que recauda el dinero para pagar el evento, una tienda de saldos le ofreció un gran acuerdo por patrocinar el espectáculo. Le pidieron que se implicara, pero Carlisle no quiso participar en una operación comercial.

—Los fuegos artificiales requieren mucho amor y mucho esfuerzo. No sé bailar ni cantar, pero sí lanzar fuegos artificiales.

Su mujer terció.

—La cosa es que Orv nació solo dos días después del Cuatro de Julio. Le preguntó a su madre una vez por qué no había nacido el Cuatro, y ella le dijo: «Bueno, hijo, fuiste un petardo con una mecha lenta».

—¡Es cierto! —dijo Carlisle riéndose—. ¡Es totalmente cierto!

A la mañana siguiente, Orv Carlisle me enseñó Norfolk. Pasamos al lado de la acería, situada en la que Orv dice que fue la mejor zona de caza de coyotes y liebres del país. Nos acercamos en coche al lago Skyview, donde hace los espectáculos de fuegos artificiales, y a la planta donde fabrican agujas hipodérmicas desechables. Dejamos atrás el Mary's Cafe, que es el sitio favorito de los camioneros en la ciudad, y salimos al campo. Suaves colinas. Hileras de robles y arces. Orv dijo que los habían plantado todos los primeros colonos.

—¡Recórcholis! Aquí no había más árboles que los álamos de Virginia y los sauces en los lechos de los riachuelos. La ondulación de las Grandes Llanuras, de horizonte a horizonte, nada más. Plantaron los árboles para impedir que el viento se llevara los cultivos. Silba hacia el sur desde Canadá en invierno, y hace un frío que se hielan las piedras.

—Pensaba que era «las palabras», «hace un frío que se hielan las palabras».

—Es lo mismo —dijo Carlisle—, son intercambiables.

Se me ocurrió que todavía no le había preguntado si querría venir a China y a Japón de nombrador de carcasas. Iba a hacerlo, pero no me pareció apropiado mientras me enseñaba su ciudad natal.

Estábamos pasando al lado de una poza llamada Agujero de Plata.

—Es un buen nombre —me dijo Orv—. Los álamos de Virginia sueltan esa pelusa que forma capas sobre la superficie del agua, tan espesas que cuando un chiquillo se zambulle, hace un agujero a través de ellas.

Cogimos la carretera 81, que va desde Canadá hasta México y en su breve paso por Norfolk se convierte en la calle 13. Pasamos por delante de la casa donde había vivido de adolescente Johnny Carson, el presentador de programas de entrevistas. La casa, una construcción de tablas verticales de madera blanca con un césped bastante dejado en la parte delantera y una solitaria mecedora en el porche, estaba en venta.

—Ah, le recuerdo —dijo Carlisle—. En la ciudad habían montado un club para jóvenes para impedir que nos enredáramos en los antros de perversión. Los hombres mayores de la ciudad ponían películas caseras. Carson, que por entonces estaba en los primeros años de secundaria, aparecía de vez en cuando con su muñeco de ventrílocuo. Edgar Bergen y Charlie McCarthy eran muy famosos por aquella época, y todos los chicos que empezaban en el mundo del espectáculo tenían la ayuda de su muñeco. Carson hacía trucos de magia. Hacía aquel tan viejo que consiste en ponerse un cigarrillo en una oreja y parece que te atraviesa la cabeza y te sale de la boca. Se veía que iba a llegar lejos.

En un momento dado, me dijo Carlisle, hubo gente de la ciudad que quiso cambiar el nombre de la calle 13 por el de bulevar Carson, una idea que a él no le entusiasmó.

—Después de todo —dijo Carlisle—, hay otras personas de Norfolk que se han ido y se han hecho un nombre.

—¿Y quiénes son?

—Bueno, está Don Stewart, que era el cirujano de la telenovela *The Guiding Light*. Es de Norfolk. Y luego tenemos a Thurl Ravenscroft, o al menos tenemos su voz. Es esa voz tan grave que sale del tigre Tony y dice «¡gee-ee-nii-al!» en los anuncios de los Frosties de Kellogg's.

—Ah, sí —dije—. Claro.

El propio Carlisle tuvo una gran oportunidad de hacerse rico y famoso. En 1954 inventó un motor de propergol sólido para cohetes ligeros, y un sistema de recuperación con paracaídas, de forma que el cohete pudiera volar más veces, lo que lo convirtió en un pionero de la industria de los cohetes en miniatura modernos. Los dos primeros modelos de Carlisle, el Mark I y el Mark II, se exhiben en la Smithsonian Institution, en Washington.

Los beneficios del invento podrían haber sido considerables si las cosas hubieran salido según lo planeado. Según datos oficiales, un millón de aficionados en este país, la mayoría adolescentes, ha comprado diferentes equipos para construir cohetes que se elevan y descienden flotando en paracaídas desde alturas que oscilan entre los cientos de pies y los mil pies. Algunos de los equipos más complejos contienen modelos de dos o tres fases; otros, en vez de usar paracaídas, se convierten en planeadores en el punto más alto del ascenso y vuelan de vuelta al suelo. Una empresa vende incluso una cámara para cohetes en miniatura que saca una única foto de la tierra cuando alcanzan la altura máxima.

Todos ellos están propulsados gracias a la aportación de Carlisle: un tubo redondo de propergol de combustión lenta encajado en la parte inferior del cohete que es desechable después de ser utilizado, lo cual quiere decir que un solo cohete se puede usar de forma indefinida.

Por una serie de complejas cuestiones legales (pasó tres años en los juzgados), Orv perdió la exclusividad de los derechos de la patente («una patente no es más que un permiso para pelear», se me quejó una vez), en concreto por no dar un aviso adecuado de incumplimiento a un competidor.

—¿Y si hubiera salido todo bien? —le pregunté—. ¿Qué habría sido de tu vida? ¿Te habrías ido de Norfolk?

—Ah, creo que no —dijo Orv—. Mis amigos están aquí. Crecí en Norfolk y es un buen sitio. No creo que hubieran cambiado muchas cosas. Puede que hubiera cazado más patos y que hubiera holgazaneado más.

Había visto a Orv una vez fuera de su territorio. Vino a Nueva York a ayudarme a celebrar la publicación de un libro que había escrito sobre fuegos artificiales. La ciudad, como dijo, «lo apabullaba», y pasó una mañana solo en la habitación del hotel.

—¿Saliste a ver la estatua de la Libertad?

—Bueno, la vi desde el avión. El problema es que me sentí encerrado. Ningún sitio adonde escapar. Había más gente en la calle que en todo Norfolk, yendo en todas las direcciones menos en línea recta. ¿Sabes qué? Llegué a la conclusión de que está muy bien si uno está de visita. No es nada del otro mundo para la mayoría de la gente, pero sí que lo era para este viejo. Soy un paleto de tomo y lomo. Volviendo a casa, tenía la sensación de que iba a someterme a descompresión.

Al oír todo aquello me pareció improbable llevar a Orv a China cuando nos jubiláramos. Pero se lo pregunté. Le hablé de nombrar fuegos artificiales. Iríamos a Oriente con nuestras sillitas y nos sentaríamos en los campos de pruebas. Se animó a ojos vistas. Sabía mucho de la nomenclatura de los fuegos artificiales orientales.

—Ogatsu —dijo mencionando una conocida firma de fuegos artificiales japonesa— tenía un catálogo con una lista de casi dos mil
artículos. Algunos nombres me echaban del carro abajo: «Dragón
saltando por encima de una pelota con un estallido».

—Qué bueno —dije.

—«Viento primaveral hace crecer el sauce.»

—¡Genial!

—¿Y qué tal «Cinco dragones con sombrilla de luz intermitente»?

—Viajaría muchos kilómetros para ver una cosa así en el cielo.

—O «Doncella celestial da la bienvenida a héroes con rocíos envol-
ventes».

—Difícilmente podemos aspirar a nada mejor —dije—. Así que
estás conmigo. ¿Vendrás?

—Por supuesto —dijo—. Taiwán. Macao. Allí estaré. —Lo vi un
poco pensativo—. Tendremos que volver de vez en cuando, ¿no? Para
coger fuerzas y cazar algunos patos.

Pensé un rato. Luego le dije que tenía una idea mejor. Nos gana-
ríamos tal fama de nombradores de carcasas que Oriente tendría que
venir a nosotros. Vendrían a Norfolk.

—Sí, señor —dijo Carlisle calurosamente—. Soltaremos esas carcasas desde el lago Skyview. Me parece formidable. ¡Formidable!

SOLDIER'S FIELD, CAMBRIDGE

El otoño pasado, a modo de regalo de Navidad por adelantado, propuse a Medora, mi hija de nueve años, llevarla a su primer partido Harvard-Yale de fútbol americano. En realidad, fue una idea egoísta, una excusa para ver a mi antigua universidad contra Yale, y, tal y como esperaba, ella mostró un entusiasmo comedido. Tiene otras ideas sobre la Navidad. Ha visto seis o siete veces *El corcel negro*, y un caballo, a galope tendido en el aire invernal, fuera en el césped, es lo que espera ver por la ventana de su habitación cuando se despierte la mañana de Navidad. Era fácil darse cuenta de que el partido Harvard-Yale no estaba siquiera en su «lista». Me observó con gravedad con los ojos verdes grisáceos que ha heredado de su madre y me preguntó:

—¿Qué es eso?

—Es un partido de fútbol americano —le expliqué—, tan importante que lo llaman El Partido. No hay ningún otro que sea El Partido. Un entrenador de Yale llamado Ted Coy dijo una vez a sus jugadores antes del Partido que jamás harían nada tan importante en su vida como lo de aquella tarde. —Proseguí diciendo que Percy Haughton, el entrenador de Harvard de 1908 a 1916, había intentado animar a sus jugadores antes del Partido arrastrando un bulldog, el símbolo de Yale, al vestuario, y que había llegado incluso a estrangularlo.

—¿Hizo qué? ¿Mató un perro? —Los ojos de Medora centelleaban. Había cometido un grave error. Le expliqué que solo era una leyenda.

—En realidad no hizo tal cosa —dije—. No habría podido. Un bulldog no tiene cuello. —Proseguí diciendo que lo que Haughton había
hecho era ir en coche por Cambridge arrastrando un bulldog de
papel maché del parachoques trasero. Así había empezado la leyenda.
Medora no se apaciguó, ni mucho menos.

—Eso es todavía más fragrante —dijo—, llevar por ahí a rastras a
un perro de la parte de atrás de un coche.

—Flagrante —la corregí, e intenté explicarle rápidamente que
papel maché —algo que por lo visto no había oído en su corta vida—
no era una raza de bulldog, como ella suponía, sino que significaba
que el perro era falso.

Supuse que aquello era el fin de la historia. El partido Harvard-Yale
como regalo de Navidad se había terminado. Pero la noche anterior
al Partido, justo después de cenar, Medora apareció en la puerta del
estudio y anunció:

—Estoy lista. Me he hecho la maleta.

Estaba encantado. Recuperé los dos billetes que tenía planeado
regalar, y a la mañana siguiente, a primera hora, cogimos el puente
aéreo a Boston. El avión estaba abarrotado, y muchos de los pasajeros, a juzgar por los pesados abrigos y el predominio del azul y el rojo
de los atuendos, iban al Partido. Medora y yo nos sentamos juntos.
Ella llevaba un mono amarillo, pero el resto de las prendas, un poco
para mi desgracia, era azul, el color de Yale. La gorra de lana era azul,
igual que la parka, la bufanda, los calcetines, el bolso y las zapatillas.

—El azul es mi color favorito —dijo sin más.

Eso me preocupaba. Tenía motivos ocultos (además de la oportunidad de ver El Partido) para llevar a Medora a Cambridge.
Albergaba la vaga esperanza de que Harvard la impresionara lo suficiente como para pensar en esforzarse en los estudios a fin de poder
ir allí algún día. Yo sabía que no importaba adónde fuera mientras a
ella misma le pareciera bien la elección, pero esperaba que no fuera
Yale. Después de todo, una cosa sería estar sentado en las gradas y
animarla en el equipo de hockey sobre hierba de Smith College, o en
el equipo de gimnasia de Rutgers, o donde fuera, pero imaginármela
cruzando el campo de fútbol mientras agitaba con regocijo un bande-

rín azul y gritaba «¡guau-guau-guau!» con el equipo de Yale al borde
de la *goal line* de Harvard, al tiempo que yo alzaba un débil «¡aguan-
tadlos!» justo enfrente, es una posibilidad demasiado intolerable para
tenerla en cuenta.

—Debería contarte algo —estaba diciéndome Medora al lado en el
avión. Señaló una pluma azul larga que lucía en la cinta del sombrero
un hombre unos cuantos asientos delante de nosotros. Tenía una Y
blanca—. Esa es mi letra favorita.

Cuando le pregunté por qué, dijo que era porque el club náutico
donde está aprendiendo a navegar tiene un banderín azul con una Y
en el centro y le gusta verlo chasqueando al viento desde la proa de la
lancha del club.

—¿Y no está bien la H? —pregunté.

—Bueno, parece una casa con dos chimeneas que son demasiado
largas —dijo mientras sacaba un cuaderno de notas del bolso, y con
el pelo castaño ronzando el papel al inclinarse hacia su obra, dibujó
una H. La terminó con unas volutas de humo que salían de las dos
chimeneas.

—¿Ves?

—Sí —dije.

Su interés por la navegación es otra vaga preocupación. Medora
pasa los veranos en el mar. Tiene los labios blancos de la sal. Su
impermeable amarillo, una vez que se ha desembarazado de él, yace
sobre el césped cuando regresa a casa agotada. Una vez que lo ha
recuperado, se lo echa encima de un hombro de camino a la bahía
de Gardiners a la mañana siguiente. Sigo esperando que pase más
tiempo en la pista de tenis. Puede golpear una pelota de tenis con
autoridad, aunque parece un tanto insegura acerca de la puntua-
ción del juego. Todo llegará. Me imagino, como el padre de John
McEnroe, mirando desde debajo de una gorra de tenis blanca, con los
brazos cruzados sobre la balaustrada que da a una pista exótica, en
Montecarlo, pongamos, observando a Medora subir a la red tras un
servicio que bota muy alto al revés de Pam Shriver.

Medora estaba mirando por la ventana del avión. Interrumpí su
ensoñación.

—Cuando lleguemos a Cambridge, ¿te importaría que te comprara una gorra de Harvard? —le pregunté—. Vamos a estar sentados entre mucha gente de Harvard y ese azul que llevas puede llevar a confusión.

Asintió con la cabeza distraídamente. Tenía algunas cosas en su bolso que quería enseñarme. Sacó un «periódico» escrito a mano de cuatro páginas.

—Sherman Reddy y yo somos los directores —me dijo.

En la portada se hablaba de las elecciones de noviembre. CARTER ES DEROTADO, decía el titular con la reconocible letra de mi hija. El subtítulo anunciaba RAGEN HA GANADO LAS ELECCIONES CON DIFERENCIA. La información era breve. Decía: «Carter trabajó muy duro pero fue derotado. En 1981 Ragen será el presedente. Esperemos que sea bueno». Debajo de esta información había una encuesta sobre si Ragen iba a ser bueno. Tenía un sí y un no; por lo que parecía los dos directores eran no solo los encuestadores sino también los encuestados. Le pregunté a Medora, la única chica de la clase que «votó» a Carter, qué le pasaba al presidente Reagan.

—Se ríe demasiado. Piensa que todo es divertido —dijo.

El resto del periódico eran «anuncios», la mayoría de restaurantes («¿Cena fuera esta noche? Tome un pescado...»). Había una noticia añadida hacía poco.

MEDORA VA A VER EL PARRTIDO.

—Sobra una erre —dije. Sacó la goma para corregirlo—. Podrías hacer un número extra sobre el partido Harvard-Yale —sugerí mientras Medora metía otra vez el periódico en el bolso. Dijo que lo hablaría con el codirector.

Se había traído unos amuletos y me los enseñó: un koala de peluche en una cesta de paja en miniatura colgada por una cinta del cuello. El koala estaba recostado sobre trozos arrugados de pañuelos de papel «para que esté cómodo», dijo Medora. Lo sacó para enseñármelo y lo giró con solemnidad entre el pulgar y el índice antes de devolverlo a la cesta.

—Espero que sea el bueno —dijo—. Tengo otro, que es exactamente igual, y trae mala suerte.

—¿Cómo los distingues? —pregunté.

—Si tengo muy mala suerte —explicó—, sé que he cogido el malo.

—Podrías tirarlo —sugerí.

—Mejor que no —contestó—. Por si el otro trae muy pero que muy mala suerte.

Luego me enseñó un silbato de marfil hecho de dos peces entrelazados. Dijo que si los jugadores de Yale lo oían «se desmoronarían», esas fueron sus palabras.

En Boston hacía un día radiante y frío. El viento rizaba la superficie del Charles cuando pasamos al lado en un taxi desde el aeropuerto. Dije que en primavera las tripulaciones salían al río.

—Ocho hombres en línea, uno remando detrás del otro. Los barcos en los que reman son finos como lápices —dije intentando ser gráfico—. Se llaman yolas.

Medora intentó mostrarse atenta a la explicación. Qué cantidad tan enorme de actividades extrañas había en el mundo, pensé, y qué difícil era entenderlas para una niña de nueve años. Vimos varias cosas que requirieron que dijera algo de ellas: la melé de un partido de rugby en el césped de la Escuela de Negocios de Harvard, la gente que hacía picnic a lo largo de las márgenes del río, «están tomando cócteles que llevan en el maletero» fue la manera como intenté explicarlo, los contingentes de activistas del movimiento gay que gritaban a las puertas del Soldier's Field, los primeros abrigos de piel de mapache que ella había visto.

Bajamos en la plaza de Harvard. Antes del partido tuve tiempo de enseñarle una parte de la universidad. Paseamos un poco. Intenté pensar qué podría darle una idea de la historia y de la índole de la universidad que al mismo tiempo resultara interesante a una niña encaprichada con los caballos y los veleros. Cuando cruzamos la entrada de los jardines de Harvard, dije que recordaba que, según la tradición, quien ocupara la cátedra Boylston de Retórica tenía permiso para apacentar una vaca allí, aunque no se sabía de nadie en dicho puesto que hubiera hecho uso de tal privilegio. Era muy difícil encontrar a un catedrático con una vaca. Medora pareció de lo más interesada. ¿Era posible apacentar un caballo en los jardines?, quiso saber.

—¿Y qué hay de los pájaros? —preguntó—. Si voy a Harvard, ¿podré llevarme a Tiffany?

Tiffany es su periquito. Se me aceleró el corazón cuando mencionó la universidad. Dije que estaba seguro de que podría arreglarse.

Nos encaminamos al estadio de Harvard. Le compré una gorra de lana de Harvard y una chapa grande roja con el texto GANAD A YALE. Se quitó la gorra azul que llevaba y se puso la roja, pero dejó la chapa en el bolso. Me encogí de hombros. A lo mejor era demasiado grande para su gusto. Fuera del estadio compré un banderín de Harvard y un programa del partido.

Encontramos nuestros asientos y casi al momento a Medora le entró un ataque agudo de hipo.

—¿Voy a tener hipo todo el partido? —me preguntó.

—No lo sé —contesté—. ¿Tú qué crees?

Dijo que no estaba segura.

Cuando los equipos salían al campo, abrí el programa para ver quién era quién y descubrí que el vendedor ambulante me había engañado para que comprara una parodia del programa oficial de *The Harvard Lampoon*. La noticia principal hablaba de un jugador de Yale sin cabeza —Aemon Bonderchuk: «el horrible monstruo que espera llevar a Yale a la victoria»— y, efectivamente, había algunas fotografías retocadas para que pareciera que Yale tenía un jugador sin cabeza. De acuerdo con la noticia, a Carmen Cozza, el entrenador de Yale, le habían preguntado por él: «¿Aemon? Sí, es un buen chico. Buenas manos. Gran corazón. Sin cabeza».

Le enseñé una foto de Bonderchuk a Medora.

—Mira esto. Yale tiene a uno ahí sin cabeza.

—Qué horrible —dijo—. ¿Fue alguien de Harvard el que le hizo eso?

Al cabo de un rato, dijo que creía que ver al jugador sin cabeza del programa le había quitado el hipo del susto.

—Estoy curada —dijo. Dio un suspiro de alivio y miró el campo a lo lejos—. ¿Tiene Yale el bulldog allí? —preguntó mirando con los ojos entrecerrados hacia la *sideline* contraria. Cuando le dije que pensaba que sí, me preguntó cuál era la mascota de Harvard.

—Un puritano.
—¿Qué es un puritano? —preguntó Medora.
—Es un hombre con calzones y un sombrero cónico alto con hebilla. Gente como él fundó Harvard.

Rumiando en las gradas, se me ocurrió que Yale parecía tener mucho más que ofrecer a una niña impresionable. Sus canciones eran mejores. El bulldog, aunque no fuera precisamente un animal agradable, era infinitamente más simpático que el puritano, y permitía que las canciones de Yale tuvieran versos pegadizos como «Guau-guau-guau». ¿Por qué Cole Porter (graduado en Yale en 1913), que había compuesto todas aquellas joyas siendo estudiante universitario, no había ido a Harvard? ¿Por qué Leonard Bernstein (graduado en Harvard en 1939) había esperado hasta *West Side Story* para dar lo mejor de sí mismo? La banda de Yale estaba interpretando una de las tonadas más memorables de Cole Porter, «March on Down the Field», y me di cuenta con un sobresalto de que estaba cantándola, los labios se me movían de forma involuntaria.

No resultó ser un gran día para Harvard. El viento, que siguió siendo fresco y contra el que unos biplanos amarillos que remolcaban mensajes publicitarios sobre el estadio apenas avanzaban, hizo estragos con la pelota, sobre todo, me pareció, cuando Brian Buckley, el quarterback zurdo de Harvard, intentaba dar un pase o cuando el pateador carmesí, Steve Flach, salía para un *punt*. En conjunto, fue un partido irregular, simbolizado por una jugada hacia mitad del encuentro, cuando Flach, al salir para un *punt*, recibió un *snap* que resbaló a lo largo del campo como un perro corriendo hacia él, saltó en el último instante hacia el pecho y salió rebotado. Para cuando Flach controló la pelota ya tenía encima la línea de Yale. Intentó pegarle a la pelota con poca convicción —como una tía mayor que prueba a darle una patada a un terrier que le mordisquea los pies— y falló. El guardia central de Yale, Kevin Czinger, recogió la pelota y se dirigió hacia la *goal line*. No había un jugador de Harvard a menos de varias yardas. Unos cuantos jugadores de Yale subieron a toda velocidad para acompañar a Czinger, y fue mientras aquel grupo de jugadores corría sin mayor impedimento que un trocito de papel arrastrado por el viento que iba de aquí para allá por el campo cuando de repente Czinger se fue al suelo como si hubiera chocado contra un cable trampa, aparentemente tras tropezar con los talones de uno de sus compañeros. Se elevó un grito ahogado en el estadio, no del todo de consternación por parte de los hinchas de Yale o de alivio por parte de los seguidores de Harvard, sino más bien porque se dieron cuenta, creo, de que, como estaban retransmitiendo por televisión el partido por toda la Costa Este, aquel lamentable porrazo se vería en muchos sitios —bares de Hoboken, Nueva Jersey, o Erie, en Pennsylvania, quizá— donde era muy probable que la gente, para empezar, menospreciara el fútbol americano de la Ivy League y donde, en aquel momento, levantando la vista para observar la pantalla del televisor al final de la barra, verían a un jugador de Yale, que iba a toda mecha hacia la *goal line* de Harvard con una pelota de fútbol debajo del brazo, rodeado de compañeros, tropezar de golpe y desmoronarse como si le hubieran noqueado. Y nunca sabrían que después del partido se descubriría que Czinger, lejos de haber tropezado con un compañero, había sufrido un desgarro muscular en la espalda.

La enormidad de aquello, por supuesto, se le escapó a Medora. La observé. De vez en cuando la pescaba mirando el campo sumida en sus pensamientos, ensimismada en algo que rumiaba para sus adentros. De tanto en tanto se le movían los labios un poco —una especie de recitación— y cuando me pillaba observándola daba un respingo y sonreía rápido, con los ojos brillando. En una ocasión dijo: «Oye, papá, ¡es genial!», aunque yo no había dicho nada para provocar semejante comentario. Debía de estar rumiando algo.

—¿Qué te parece? —pregunté.

—Creo que me está volviendo el hipo —dijo, pero aquello dio la impresión de ser una ocurrencia de último momento, más que lo que estaba pasándole por la cabeza en realidad.

Yo había empleado la mayor parte del primer tiempo intentando explicar el significado de tercer down y diez. Mi padre siempre ha dicho que hay dos cosas que las mujeres, por muy inteligentes que sean, no entienden, lo cual no les resta encanto: una es la Línea Internacional de Cambio de Fecha y la otra tercer down y diez.

—Pregunta a Lillian Hellman por el tercer down y diez —dijo una vez con brusquedad durante la comida—. A ver qué te dice.

No llegué a preguntarle, pero desde luego Medora no hizo nada para sugerir que la teoría de mi padre era errónea.

—Me gusta más cuando patean —dijo—. ¿Por qué no pueden patear todo el tiempo? Mi amiga del colegio me dijo que en cada partido de fútbol hay sesenta pelotas. Las guardan en sacos.

—¿Estaba pensando en pelotas de béisbol? —dije—. Parecen muchísimas pelotas para el fútbol americano.

—No, no —dijo rotundamente—. Espera y verás.

En medio del segundo periodo, Medora dijo que le gustaban mucho las Y de los cascos de Yale. Lo anunció con un leve suspiro, como si hubiera estado haciendo comparaciones y hubiera tomado una decisión. Mientras le daba vueltas a aquella desafección, me vino a la memoria que Alex Karras, el gran *tackle* defensivo de los Detroit Lions, me había dicho en cierta ocasión que, al final de su ilustre carrera, había descubierto que sus hijos eran hinchas de Los Ángeles Rams. Les gustaba la forma como se enroscaban los cuernos hacia arriba a los lados de los cascos de los Rams. «Y pensar», dijo Alex con tristeza, «que me dejé la piel en las trincheras tantísimos domingos para mandar a mis hijos a la universidad, que me torcía los pulgares hacia atrás y empezaba "ay, ay", mientras todo el tiempo los críos estaban animando a aquellos tipos al otro lado de la línea porque tenían unos logos bonitos en los cascos, diseñados por algún decorador de Pasadena.»

El viento no amainó. Antes del descanso, Yale marcó, y luego otra vez justo después de que empezara el tercer periodo. Medora y yo no vimos cómo marcaron la segunda vez. Pasamos el tercer periodo haciendo cola para comprar un perrito caliente. Las instalaciones de Harvard tienen muy mala fama. En la parodia del programa del partido se decía que los servicios estaban «ubicados bajo las secciones seis, siete y treinta y uno del Loeb Drama Center, en la calle Brattle». Continuaba describiendo el propio estadio: «La construcción de cemento en pie más antigua de Estados Unidos desde que se derrumbó un estadio parecido hace dieciséis años. En su

estado actual, el estadio es capaz de aguantar casi dos mil personas».
Cuando volvimos a los asientos, Medora se dio cuenta de que había perdido el koala de la buena suerte. Por lo que parecía se había caído de la diminuta cesta de mimbre. No se la veía muy disgustada por la pérdida.

—De todas formas, probablemente era el de la mala suerte —dijo.

Metió una mano en el bolso y sacó el amuleto de refuerzo —los peces de marfil entrelazados—, y en el alboroto que nos rodeaba oí el débil silbido que iba a hacer que los jugadores de Yale se desmoronaran.

También habían desaparecido los mitones de Medora. Noté que tiritaba. Se acurrucó contra el abrigo de piel de borrego que llevaba yo. Le cogí las manos al descubierto y se las froté. Me fijé en una cara que había dibujado con un bolígrafo en un pulgar; el dorso de la mano estaba adornado con un botón con la palabra PULSAR encima.

—¿Qué es esto? —Estaba avergonzada.

—Un botón de pulsar —dijo.

—¿Qué pasa cuando lo pulsas? —Se encogió de hombros.

—Pone en marcha motores y cosas —dijo. Seguía temblando.

—Enciende las estufas. Tu madre va a pensar que estoy intentando matarte aquí fuera. Mueve los pies. Luego pulsa el botón para Harvard. No están jugando muy bien —propuse.

—¿Están perdiendo? —preguntó.

—Me temo que sí.

—¿Cuánto tiempo más van a tardar en perder?

—Unos diez minutos —dije—. Cuando veas salir los pañuelos blancos en el lado de Yale, entonces lo sabrás.

Intenté entretenerla. Observamos a jugadores por separado para ver qué hacían cuando había un *snap*. Hice otro intento con el tercer down y diez. Le hablé de la paloma que había atraído la atención de la grada unos años antes, una paloma que se había posado a una yarda o así de la *goal line*. Varias personas del público se dieron cuenta de que mientras picoteaba aquí y allá en el césped, la paloma parecía ir justo al borde de la *goal line* y luego echarse atrás, como impelida por algún poder oculto. Las gradas tomaron partido. Se alzaron los megáfonos.

Empezaron a escucharse gritos, «¡vamos, pájaro, vamos!», que venían del otro lado, y «¡aguantad esa paloma!» de los hinchas de Harvard. Al otro extremo del estadio, los jugadores siguieron esforzándose en lo que debió de parecer una vorágine apabullante de sonido, de pie en el *huddle* mientras un crescendo implorante daba paso a unos gritos victoriosos cuando la paloma, sin que lo supieran los jugadores, se acercaba o se apartaba de la *goal line*. Medora quiso saber si la había cruzado. Le dije que no lo recordaba.

Medora empezó a hacer un avión de papel con una página arrancada de la parodia del *Lampoon*.

—Lo voy a mandar volando al campo con un mensaje —dijo.

Con las manos tiritando de frío escribió trabajosamente una frase a través de los pliegues interiores del avión; después de doblarlo y prepararlo para el vuelo, escribió «abrir, abrir» a lo largo para indicar que quienquiera que lo recogiera debía leerlo.

—¿Qué has puesto? —pregunté.

Desplegó el avión. El mensaje decía: «Yale da asco. ¿No?».

Qué extraño, pensé mientras me lo enseñaba, que añadiera aquel tímido «¿no?».

Volvió a plegarlo y me pidió que se lo tirara. Quería que alcanzara el *huddle* de Yale. Así que lo intenté, medio levantado y tratando de hacerlo planear en el viento. El avión entró en pérdida de velocidad, se estrelló contra el ala del sombrero de un hombre dos filas debajo de nosotros y cayó a sus rodillas. Se giró y vio por mi expresión, y porque tenía el brazo todavía extendido, que yo era el que había lanzado el avión de papel. Parecía, por lo que entreví, un catedrático o quizá un supervisor de Harvard. Abrió el avión y leyó el mensaje. No volvió a mirarme. Por los hombros cargados, noté que estaba meditando con pesimismo sobre un sistema educativo que había producido un hombre hecho y derecho capaz de poner por escrito un pensamiento tan pueril y con una caligrafía tan deplorable. Confié en que se girara de nuevo y viera a Medora, que estaba riéndose tontamente en los pliegues de mi abrigo de piel de borrego.

En nuestro lado del campo los estudiantes de Harvard comenzaron un cántico melancólico de «We're Number Two! We're Number

Two!». Enfrente empezaron a ondear los pañuelos en las gradas de Yale. Medora dijo que le daba pena el equipo de Harvard. Me pregunté vagamente si era sano decidir ir a una universidad porque te «daba pena» el equipo de fútbol americano.

Acabó el partido. Los espectadores de la grada de Yale contaron los últimos segundos y sonó el final. Llevé a Medora abajo al campo para que pudiéramos oír la banda de Harvard y ver cómo estaba el césped después de que lo hubieran levantado los tacos de los jugadores, y la acerqué con cuidado a un jugador de Harvard que estaba con sus padres para que viera lo grande que era. Desprendía un ligero olor a linimento y hierba. Ella observó la sombra de ojos que llevaba sobre los pómulos como si estuviera examinando un cuadro. El chico debió de sentirse incómodo bajo aquella mirada escrutadora. Se dio la vuelta. Oí que decía a alguien de su grupo:

—Gracias a Dios no ha venido Priscilla. ¿Está en Dartmouth, decís? ¿Qué hace allí?

Medora preguntó por los ojos. Le dije que los deportistas con frecuencia llevaban sombras de ojos para reducir el resplandor del sol. Dijo que les quedaba de primera, que parecían indios. ¿También las llevaban los jugadores de Yale? Claro, dije. Anunció que a lo mejor se las ponía en el Sunfish, pues el resplandor del agua era terrible.

Salimos despacio del estadio, Medora de la mano. Le comenté que a veces durante el partido había dado la impresión de estar distraída. ¿Estaba preocupada por algo? ¿Se lo había pasado bien?

—No, papá, ha sido genial —dijo—. Me ha gustado la historia de la paloma. Ojalá recordaras si cruzó la *goal line*.

Cruzamos el puente de Anderson y subimos por la calle Boylston por delante de las *houses*. Señalé las ventanas de la habitación de la Elliot House donde había vivido. Alguien había colgado una sábana escrita precipitadamente de la hilera de ventanas de debajo. HABÉIS GANADO, ¿Y QUÉ? —decía el mensaje—. SEGUÍS YENDO A YALE.

—Seis presidentes de Estados Unidos habían ido a Harvard —le dije a Medora mientras paseábamos—. William Howard Taft fue el único en salir de Yale, si descontamos a Gerald Ford, que había estudiado allí en la Facultad de Derecho, y Taft era un hombre tan sumamente gordo que hubo de agrandar las puertas de la Casa Blanca para meter la bañera. ¿Te he contado que Harvard se fundó ciento cuarenta años antes de la Declaración de Independencia?

—Sí, papá.

La llevé a algunas fiestas de después del partido. Fuimos al edificio de *The Harvard Lampoon*, donde señalé en el salón gótico una armadura japonesa colgada de la pared, y le dije que me la había puesto en un curioso partido de béisbol contra *The Harvard Crimson*, el periódico de los estudiantes. *The Harvard Lampoon* era famosa por las bromas que gastaban. Un par de años después de que yo me fuera, los redactores habían tramado robar un acorazado del puerto de Boston.

—Entonces solo había hombres en la junta —le dije a Medora—. Ahora aceptan a mujeres. Podrías ser la directora. Podrías tramar robar un acorazado.

Di vueltas al hielo de mi bebida. Era la tercera. Ella estaba quieta, una forma diminuta a mi lado, en la aglomeración del cóctel. Apareció un estudiante de la redacción de *The Harvard Lampoon*. Le dije que me había encantado la parodia del programa del partido. Había recordado que habíamos hecho una parecida cuando yo era estudiante. De hecho, me acordaba de haber editado un artículo titulado «Por qué Harvard no irá al Rose Bowl este año», siendo una de las razones, si no me fallaba la memoria, que California estaba «en una especie de huso horario».

El estudiante me observó con aire solemne por encima de su vaso de plástico.

—Qué gracioso —dijo sin sonreír.

Había anochecido cuando nos fuimos. Pasamos por delante de la Lowell House. Señalé arriba el campanario. Le dije que las campanas estarían repicando si hubiera ganado Harvard. Armaban un barullo de cuidado. De hecho, eran un poco un incordio en el vecindario porque hacían mucho ruido. La persona que las tocaba a veces se liaba de tal forma que sonaban como si estuvieran rodando abajo por un desprendimiento de piedras. Los ciudadanos de Cambridge se quejaron. Llegaron a amenazar con parar las campanas. Le dije a Medora que, como venganza, la leyenda de la gran Lowell House contaba que todos los que vivían en ella sincronizaron los relojes y tiraron de la cadena de todos los baños que había a la vez.

—¿Por qué hicieron eso? —preguntó Medora.

—Por lo visto para meter una presión tremenda en las cañerías —dije—. Hubo inundaciones por toda la ciudad. Así que fue como un arma. Fue para decir a los ciudadanos de Cambridge y a la administración de la universidad que no jugaran con las campanas.

—Me habría gustado oírlas —dijo de repente Medora. Pensé que se refería a las cañerías de la Lowell House, pero resultó que se refería a las campanas—. Ojalá hubiera ganado Harvard —dijo desilusionada—, para que pudieras estar aquí y oírlas.

Imposible aclararse con Medora. ¿No quería oírlas también ella?

No mucho después del viaje entré en su habitación cuando no estaba. Tiffany, su periquito, estaba escarbando por la jaula. Siempre me ha resultado irresistible visitar su habitación de tanto en tanto, ver qué cosas nuevas hay e inspeccionar los desechos de su complicada vida de colegiala. Una nota «secreta» de una amiga del colegio en el tablero de corcho. Lo que ha tirado últimamente en la pecera. La última de las figurillas de ratones que ha añadido a una imponente colección en una balda.

En el escritorio había un borrador de un periódico que por lo que parecía estaba preparando como regalo de Navidad. Había hojas de acebo verdes pegadas en cada esquina. El titular decía YALE DERROTA A HARVARD CON DIFERENCIA, y el subtítulo EL MARCADOR ES 14-0 PARA YALE EN UN DÍA HELADO. De forma involuntaria, eché una mirada atrás para estar seguro de que no me pillara entrometiéndome en su cuarto y luego me volví para leer: «Los hinchas de Harvard tenían poco que aplaudir ayer mientras los pañuelos de Yale ondeaban en el aire. Hubo muchos aplausos de las gradas de Yale. Los jugadores de Harvard resbalaron demasiado en el césped. Al final del partido los hinchas de Yale tiraron abajo los dos polos. Los hinchas de Harvard se marcharon a fiestas para ahogar sus penas».

Un montón de fotografías de secciones de deportes de periódicos estaban esperando para que las pegara. Reconocí a Earl Campbell de los Houston Oilers en una de ellas, saltando a una pila compacta de *tacklers*, sin que la distinción del equipo donde jugaba Campbell tuviera demasiada relevancia para la joven directora. No pude resistirme a hojear el periódico. En la segunda página había un anuncio grande de gatos ilustrado con una docena de estudios de silueta de gatos con los rabos colgando, como si estuvieran sentados en una balda imaginaria. Medora hace muchos estudios de estos.

Lo que me llamó la atención fue una noticia en la misma página bajo el titular en letra grande (con una línea que atravesaba la segunda palabra, cuya grafía al parecer le había resultado confusa): CABALLO ~~COR~~ NEGRO CONPRADO. El texto, de nuevo con varias palabras tachadas, decía lo siguiente: «El caballo negro llegó en un camión poco después del anochecer. Fuera estaba oscuro. ¡Su nombre era ~~Abraham Lincoln Tom, Blueboy~~ Prince!». Sospeché que ya sabía a qué se habían debido aquellos silencios pensativos que había detectado aquella fría tarde de noviembre: no a si iba a tener hipo o a si la paloma había cruzado la *goal line*, o incluso a si prefería Harvard, Yale o hasta Princeton. Estaba rumiando nombres, pero no de universidades.

Una pequeña noticia me llamó la atención en la última página del periódico. El titular decía HARVARD NO DESHANIMADO.

Debajo, la noticia en su integridad decía: «Harvard no está deshanimado».

CAPRICHOS

FUEGOS ARTIFICIALES

—*¿Cómo son los fuegos artificiales?* —*preguntó ella.*
—*Son como la aurora boreal* —*dijo el Rey*—, *solo que mucho más naturales. Yo mismo los prefiero a las estrellas, porque siempre sabes cuándo van a aparecer.*

OSCAR WILDE
El famoso cohete

Lo mejor de todo era hacerlo tú mismo, con un simple toquecito de una yesca encendida en una mecha, un acto que parecía de lo más insignificante, y sin embargo el resultado no podía ser más contundente y visible... la ráfaga repentina de una bola de color saliendo del tubo largo de una candela romana, el veloz movimiento hacia delante de un cohete y el silbido que se apagaba, el frenesí de estallidos de las fuentes de fuegos artificiales en el césped que humeaban y chisporroteaban y mandaban al gato de la familia corriendo debajo de la cama de la planta de arriba. Podía hacerlo cualquiera. Incluso «el traidor», esa curiosa bolita que se estiraba y se enroscaba en un trozo de fresno de color negro grisáceo, tenía su misterio. Quienquiera que la encendiera, tenía el extraordinario don de alquimista de convertir un objeto inerte en otra cosa. Y los fuegos artificiales eran una suerte de mecanismo igualador, sobre todo entre aquellos chicos a los que no se les daban bien los deportes, a quienes escogían al final para los equipos de los partidillos de béisbol, y que sabían que estaban condenados a pasar la mayor parte de las largas tardes de verano en las zonas lejanas del exterior derecho, cuando no estaban acercándose al plato y siendo eliminados. El Cuatro de Julio ellos también podían crear algo tan satisfactorio como una pelota atrapada contra la valla —o un sencillo— y encima armar jaleo con ello. El único requisito era tener el valor suficiente para alargar una mano adelante con la yesca hasta el artefacto vivamente empapelado sobre el césped y tocar con ella la mecha para lanzarlo.

Siempre me pareció el mejor día del año. Era en pleno verano, para empezar, y cuando te levantabas por la mañana era casi seguro que alguien dijera, como solía decirse en aquellos tiempos, que iba a ser «un Cuatro de Julio de achicharrarse». Las clases habían terminado hacía bastante tiempo, de forma que uno estaba preparado para el gran día. Los pies ya estaban duros como el cuero, de manera que cruzar a grandes zancadas un camino de grava con los pies descalzos podía hacerse sin un gesto de dolor, y sin embargo no lo bastante insensibles como para que uno no notara contra las plantas la placentera capa húmeda de un césped empapado de rocío a primera hora de la mañana. Por supuesto, lo mejor del día era la expectativa de los fuegos artificiales, de la bolsa de papel con el surtido, cuidadosamente seleccionado de los catálogos, y luego, también, después de un día de excitación lanzándolos, siempre estaba la tradición de subir al coche con la familia e ir al espectáculo municipal, o quizá a una exhibición del club de playa… la gabarra fuera en el puerto, un cascarón oscuro al caer la noche, y la emoción que hacía latir con fuerza el corazón al ver el primer resplandor de una bengala allí fuera a través del agua y saber que la primera carcasa estaba a punto de subir al cielo.

La Navidad estaba bien, pero se acababa demasiado rápido, y de forma casi indefectible estaba cargada de esperanzas truncadas. En vez del rifle Savage .475 Special (con mira telescópica incluida) que uno había pedido explícitamente, el «gran regalo» resultaba ser (a uno se le caía el alma a los pies cuando advertía la forma del paquete debajo del árbol de Navidad) una diana para dardos. La abuela —uno había contado con ella— indefectiblemente aparecía en casa con un jersey noruego que había comprado «expresamente» en un crucero por los fiordos.

El Cuatro de Julio no había estas decepciones, a menos que lloviera, cosa que no recuerdo que pasara nunca hasta que prohibieron los fuegos artificiales, y entonces ya daba lo mismo. Siempre hacía un día radiante.

Cuando yo era un crío, una parte importante del Cuatro de Julio era lo que con justicia se convirtió en la pesadilla de la industria pirotécnica: las bombas cereza y los triquitraques de plata. Eran los primeros objetos, después del cuchillo de explorador, las cerillas y la primera escopeta de aire comprimido, sobre los que se sermoneaba verdaderamente a un chico. A gritos, con un tono amonestador, se relataba lo que podía hacerles la bomba cereza a los dedos o a los ojos. Recuerdo la huida atropellada después de prender nervioso mi primera bomba cereza con una yesca, y que miré a la vuelta del árbol el humo parecido al vapor en la hierba y me sobresalté con la violenta detonación.

Había varios accesorios que podían utilizarse con una bomba cereza. Recuerdo un artefacto de hierro, como un tee de fútbol americano, sobre el que uno mantenía en equilibrio una pelota de tenis; cuando la bomba cereza estallaba debajo, mandaba la pelota hacia arriba, muy por encima de los olmos y los tejados, al final solo una manchita en el cielo. Lo bueno era dar vueltas debajo de la pelota con un guante de béisbol a medida que empezaba a aparecer de nuevo. Había tiempo suficiente para elaborar un escenario mental: el último *out* de la Serie Mundial, una pelota de *foul* muy alta y fuerte que había que cazar sí o sí porque las bases estaban llenas, y te ponías a agitar la mano para que todo el mundo se mantuviera apartado de aquella enorme responsabilidad, y gritabas a tu hermana de cinco años, que estaba allí mirando sobre la hierba, con los ojos como platos, con una piruleta en la boca: «¡La tengo! ¡La tengo!».

Había otros usos de la bomba cereza de los que oía hablar entre los amigos de clase pero que nunca tuve el valor de probar: con la mecha laqueada y por tanto impermeable, la bomba cereza era una de las favoritas para encenderla y tirarla por el retrete para ver qué pasaba.

Lo inevitable era una cañería que reventaba una planta o dos abajo con un efecto devastador, sobre todo si resultaba que estaban dando clase. Por suerte, era en pleno verano cuando había aquellos artefactos, o al menos la mayoría de ellos, y los colegios no estaban abiertos. Lógicamente no era un experimento que uno quisiera hacer en casa.

El Cuatro de Julio había otros artículos más refinados que también utilizaban un estallido estridente. Uno de mis favoritos era el barco SOS, un transatlántico achaparrado de cartón, de unos quince centímetros de largo, con gente de pie pintada a lo largo de la barandilla. Bajo cubierta, los rostros miraban a través de unos ojos de buey redondos. Era una embarcación de lo más adecuada para botarla en un estanque o una piscina. Tenía una única chimenea con una mecha que asomaba de la parte superior y que, cuando se encendía, producía (según el catálogo) «un pitido agudo de sirena seguido de varias detonaciones fuertes que terminan con la destrucción completa del barco». Para un muchacho había algo placenteramente satánico en el hecho de tener en la mano el destino de aquellas personas pintadas y echarlas al agua en su último viaje: veías las caras inmóviles y pasivas que observaban por los ojos de buey de manera imperturbable mientras el transatlántico salía cabeceando al estanque, al tiempo que encima de ellas la chimenea del barco comenzaba a emitir un último y desesperado pitido. Como complemento había un coche de bomberos de cartón que hacía más o menos lo mismo, incluyendo un final igual de catastrófico, descrito en el catálogo de la siguiente manera: «Un pitido seguido del fogonazo luminoso de una llama que termina con la conflagración completa del coche de bomberos». Solo en el fecundo ingenio de los diseñadores de fuegos artificiales podía caber la idea de un coche de bomberos que explotaba y se desintegraba.

Había toda una serie de artículos que se autodestruían, un «castillo gótico» entre ellos, y quizá el más extraño de todos, «un elefante salvaje... ¡Una bestia feroz que escupe fuego, se vuelve loco y se autodestruye!».

Los precios estaban dentro de los parámetros fiduciarios de un muchacho. Por ejemplo, por cinco dólares, en 1935 podías encargar un «surtido infantil» a American Fireworks Distributing Co., en

Franklin's Park, un barrio de las afueras de Chicago, que incluía cuatro cajas de bengalas, doce serpientes pitón negras, cinco kilos de petardos de varios tamaños, una rueda de fuegos artificiales, ollas de fuego y candelas romanas, ¡un total de cincuenta y seis artículos!

Lo que uno elegía estaba cuidadosamente seleccionado de folletos de colores vivos impresos en papel barato de color pajizo con ilustraciones que podían capturar la atención de un chaval casi un día entero. Una vez más, eran al menos tan fascinantes como los que llegaban las semanas anteriores a Navidad. Los catálogos de Navidad iban dirigidos a los adultos y parecían hacer hincapié en los electrodomésticos para la cocina y la porcelana, todo a precios desorbitados, en tanto que los artículos de los catálogos del Cuatro de Julio no solo mayormente entraban dentro de los recursos de uno, sino que no podían ser más coherentes y pertinentes: allí todo estaba calculado para aterrorizar a las madres.

Los catálogos tenían un estilo hiperbólico (una «carcasa pulpo» tenía veinticuatro tentáculos) que te mantenían enganchado un buen rato a sus páginas, con la imaginación inflamada por las vivas ilustraciones y la prosa de feria ambulante. «Fulano, Mengano y Zutano» —podía decir por ejemplo la descripción— «¡un trío explosivo! Fulano, una potente bomba flash de categoría 2; Mengano, una preciosa carcasa de estrellas de categoría 3; Zutano, una gran bomba aérea que silba de categoría 3. Tócalo con una cerilla y Fulano sale con un gran estruendo surcando el aire en lo alto antes de explotar con un fuerte estallido. Mengano lo sigue con una increíble lluvia de preciosas estrellas. Luego sale Zutano con un pitido penetrante antes de explotar en el aire con un gran estrépito. Nuevos. Diferentes. Sensacionales. ¡Pide muchos!».

Aunque el ejemplar siempre fuera vistoso e hipnotizador, a lo mejor las primeras sospechas en la mente de un muchacho de que uno no debía creer todo lo que leía venían de estos catálogos. Incluso si «Fulano, Mengano y Zutano» hacían allí en la hierba todo lo que uno había esperado de ellos, había otros artículos que no estaban a la altura de las expectativas. «Serpientes pitón extragrandes», proclamaba la descripción. «Simplemente enciende una de las bolitas, y ya sale una serpiente negra, poco a poco, ¡hasta alcanzar de ciento veinte a ciento cincuenta centímetros!»

Encendí a lo mejor treinta —todas cuando tenía unos diez años—, quizá fue el primer artículo pirotécnico que me dejaron tocar con una yesca encendida; y aunque observé con prudencia lo que hacían, como de costumbre desde detrás de un árbol, nunca vi una «serpiente» de más de quince centímetros hasta que —en una convulsión final de lo más conmovedora, que parecía más una muerte que un nacimiento— la delgada tubería de fresno de color negro grisáceo se consumía y se desmoronaba sobre sí misma.

Así que uno aprendía a tener cuidado con los catálogos. Las selecciones se hacían con sumo cuidado. Un par de semanas antes del Cuatro de Julio llegaban los propios fuegos artificiales. Indefectiblemente, los padres cogían los paquetes y los escondían en algún sitio, pero por lo general podías encontrarlos y alinear los artefactos que había dentro para regodearte con ellos.

Invariablemente, con sus vistosos colores, eran bonitos, pero siempre había aquella pequeña parte de peligro de la que uno era consciente. Desde luego, si aprendías a sospechar de la jerga promocional de un catálogo de fuegos artificiales, quizá las primeras frases que uno asimilaba de verdad eran las que estaban en los propios artículos: «No sujetar en la mano después de encender» o (aún más impresionante) «Colocar en el suelo—Encender mecha—Alejarse»... Aquellos eran los primeros indicios concluyentes para un chaval de que el lenguaje escrito era de utilidad a la hora de comunicar información muy importante.

El propio Cuatro de Julio siempre parecía el día más largo del año. Pasaban muchas cosas: cuando a uno le habían adjudicado los fuegos artificiales del día —las bombas cereza, las bombas de humo, las carcasas con paracaídas y demás— te unías calle abajo a los amigos con los suyos. El crepúsculo se esperaba con impaciencia, porque la mayoría de los «mejores» fuegos artificiales se prendían en la oscuridad. Las estrellas de color subían desde el césped por encima de los árboles.

Y luego, por supuesto, estaba el espectáculo profesional. En aquellas suaves noches de verano no solo hacía un tiempo perfecto, sino que quizá eran las primeras reuniones comunitarias que uno experimentaba en la infancia, el primer ejemplo de actividad comunal. La gente se había juntado para un objetivo común. Siempre había algún que otro estallido de petardo en el perímetro, o quizá una bengala o dos que silbaban y escupían una lluvia de chispas entre los niños que correteaban. Luego, al final del muelle o al otro lado del diamante del campo de béisbol, donde se apreciaban en la creciente oscuridad los andamios con la bandera norteamericana perfilada por fuentes de fuegos artificiales, de repente brillaba una bengala roja. Murmullos expectantes se dispersaban por la multitud, la bengala descendía, y luego llegaba el ruido sordo de la primera carcasa cilíndrica de la noche que subía, el ligero flameo de su paso, y las caras vueltas hacia el cielo con la expectación de lo que iba a pasar allí arriba.

Para mí, una de las primeras figuras auténticamente románticas fue el hombre responsable de aquello, el pirotécnico o, como lo llamaban, «el hombre de los fuegos artificiales». Solo se lo veía una vez al año, a diferencia de los soldados o los bomberos, o de los jugadores de béisbol, que eran bastante omnipresentes, de forma que al cabo de un tiempo solían ser comunes y corrientes. El hombre de los fuegos artificiales, por otro lado, no solo era visto una vez al año, sino de noche, y un instante nada más... cuando desembarcaba de la gabarra de los fuegos artificiales y avanzaba a grandes zancadas por el muelle, o cuando aparecía al otro lado del césped del club de campo desde la lejana línea de fuego. De alguna manera, lo recuerdo como a un tipo solitario, distante, vestido con un mono, quizá tiznado, mirando al frente mientras se aproximaba, acaso meditando sobre la violencia de guerra de trincheras de la que acababa de formar parte, de la que era responsable, desde luego, y parecía ajeno a nosotros, que nos apartábamos, con los ojos como platos, para dejarlo pasar: «¡El hombre de los fuegos artificiales, el hombre de los fuegos artificiales!».

El primer pirotécnico al que llegué incluso a conocer —mucho después de aquellos años de infancia— fue un hombre llamado John Serpico. Era el propietario de una pequeña fábrica —International Fireworks Co.— de North Bergen, en Nueva Jersey. Había encontrado el nombre de la empresa en la guía telefónica y le llamé para preguntarle si podía acercarme a la planta y comprarle fuegos artificiales porque quería hacer un pequeño espectáculo en la casa de campo de un amigo donde iba a pasar el fin de semana. Me pareció que aquello sería un regalo bastante único. Serpico no lo vio claro. Después de todo, la cuestión de los fuegos artificiales ha cambiado. Poco después de la guerra, las leyes contrarias a los fuegos artificiales de muchos estados, incluido el mío, Nueva York, se habían vuelto de lo más rigurosas. Todos los fuegos artificiales comerciales, incluso las candelas romanas y las bengalas, estaban prohibidos. Los estallidos de fuegos artificiales que se oían durante el Cuatro de Julio, el silbido aislado de un cohete, eran ilegales: o bien se habían introducido en el estado de forma clandestina o bien se habían comprado de la parte de atrás de la ranchera de un contrabandista. Así pues Serpico no tenía fuegos artificiales comerciales a la venta, y era indebido que él se los proporcionara a un aficionado y también que yo los lanzara sin una licencia y el permiso de las autoridades locales. Pero creo que Serpico se dio cuenta de mi pasión por los fuegos artificiales. Debió de notarla en la voz por teléfono. También se enteró de que en el ejército yo había sido especialista en demoliciones, lo que significaba que me cuidaría y preocuparía mucho de los factores relacionados con la seguridad. Aceptó facilitarme un pequeño lote y un mortero desde el que lanzarlos.

Las instalaciones de la planta eran un pedazo de tierra desolado, llano y asolado por el calor, que daba a los cenagales de anea de las marismas de Nueva Jersey: una serie de pequeños edificios y caravanas en los que o bien se hacían carcasas aéreas o bien se almacenaban. Había dos animales en las instalaciones que simbolizaban la naturaleza yerma de aquel triste lugar: un gran perro policía con tres patas y un temperamento casi furioso —no paraba de chocar contra una cadena al intentar atacar a los desconocidos— y el otro una cabra lisiada. También le faltaba una pierna, como si tener aquella minusvalía fuera el sello distintivo de International Fireworks Co. La cabra estaba mucho más tranquila que su compañero canino. Pacía entre los armazones de los carteles pirotécnicos de la bandera norteamericana fuera al sol, brincando de manera extraña de un macizo polvoriento de hierba al siguiente.

El propio Serpico tenía una mancha grande y morada en una mejilla que uno podría imaginarse que estaba relacionada con los fuegos
artificiales pero que, de hecho, era una marca de nacimiento. Me
enseñó las naves. Me enseñó una carcasa aérea, cilíndrica, de dimensiones parecidas a las de una lata de galletas, tapada con papel de
envolver marrón y de un aspecto de lo más funcional en comparación con los diseños brillantes de los fuegos artificiales preparados
para la venta al público. Tenía una mecha en un extremo revestida
con un trozo de tubo marrón y en el otro —le dio la vuelta a la carcasa para que lo viera— la base que contenía la carga de propergol
para expulsar el dispositivo pirotécnico del mortero hacia el cielo.
Lo que pasaba después, continuó diciéndome Serpico, era que la
carcasa, dando volteretas mientras se elevaba en la noche, tenía una
espoleta de tiempo dentro que ardía hasta que el fuego alcanzaba la
carga explosiva, la cual rompía el cilindro en el punto más alto de la
ascensión e inflamaba unos pequeños cubos de una mezcla de oxi-
dantes y carburantes llamados «estrellas». Estas se esparcían en el aire
y ardían siguiendo los patrones conocidos de los fuegos artificiales.
    Los envases que fabricaba Serpico en la planta oscilaban entre
los siete y los treinta centímetros de diámetro. La carcasa de treinta
centímetros era un proyectil que llegaba a pesar cuarenta y cinco
kilos y se disparaba de un mortero enorme donde podría esconderse
un crío, con asas de hierro en el borde, de forma que dos hombres
pudieran colocarlo en su sitio tambaleándolo. La media docena de
carcasas que me dio Serpico tenía un diámetro de diez centímetros.
Una de ellas —que me dijo que era una «tres repeticiones y detonación»— medía sesenta centímetros de largo. Parecía gigantesca e
imponente. Me dio una bengala de seguridad para encender las carcasas y un solo mortero desde el que lanzarlas. Aunque sabía que no
había el más mínimo peligro, por mucho que se zarandeara la caja
de las carcasas, recuerdo que me estremecí cuando ya en el coche
atravesé de un brinco las vías del tren al otro lado de las instalaciones
de Serpico.
    Cuando llegué a su casa de campo, mi anfitrión estaba algo sor-
prendido.

—Ejem —dijo mirando la pequeña caja de cartón de las carcasas—. ¿Qué se supone que tengo que hacer con todo esto?

—No nos van a meter en la cárcel ni nada parecido, ¿verdad? —dijo
su mujer.

—Solo hay unas cuatro o cinco —dije—. Cuando anochezca, sal-
dré al campo y las lanzaré para vosotros.

Clavé el mortero. El grupito de la casa salió a mirar desde el patio.
Veía el brillo de los cigarrillos. Encendí la bengala de seguridad e
hice estallar la primera carcasa —una repetición y detonación— y
salí corriendo, con algo de pánico, a través de la hierba del prado.
Primero llegó el ruido sordo de la carga de propergol al expulsar
la carcasa del mortero, y luego arriba oí el reventón del cilindro al
abrirse. Levanté la vista para observar cómo se esparcía en curvas
el rojo y el azul, y, rápidamente, el fogonazo de la detonación, el
estruendo que retumbaba en las colinas... En ese momento sentí, por
vez primera, el increíble júbilo y la increíble realización personal de
lanzar una carcasa profesional grande.

Pensé después en lo placentero que era mientras rondaba por la
cocina. Se siente una especie de deliciosa inquietud. Primero, después de encender la mecha, a veces hay una espera hasta que la
carcasa —con un sonido como de alguien que carraspeara sonora-
mente— abandona el mortero, cuyo hierro retumba con el golpe
repentino de la carga de propergol. Hasta que ocurre tal cosa, uno
barrunta con preocupación la posibilidad de que la carcasa se nie-
gue a moverse. En ese caso hay que quitarla. Así que cuando sube
el alivio es considerable. Incluso entonces, una carcasa grande tarda
tanto tiempo en alcanzar el punto más alto —hasta cuatro o cinco
segundos— que toma el relevo una preocupación adicional. Uno
espera, levantando la vista hacia la oscuridad, hasta que se produzca
la posibilidad de que la carcasa vuelva a bajar, aquel horrible proyectil, invisible en la noche, lo que los pirotécnicos llaman una «carcasa
negra»... y entonces justo cuando estás pensando en salir disparado
desesperadamente para ponerte a cubierto, muy arriba la carcasa se
abre con un ruido seco en un enorme paraguas envolvente de estrellas tan sumamente bello que de forma indefectible provoca un grito

de placer, en parte en reconocimiento a la estética de la carcasa, pero
también de alivio por el hecho de que aquella cosa haya estallado de
manera correcta.

Es una práctica contagiosa. Al cabo de un rato, los amigos salían
del refugio del patio, o venían a la playa, a donde fuera, y preguntaban si podían lanzar una. Les daba unas instrucciones estrictas y
rudimentarias: «Mantén el cuerpo alejado de la parte superior del
mortero... sobre todo, ¡no mires ahí abajo para ver si pasa algo!».

Algunos estaban nerviosos. La primera visión del tubo del mortero con la mecha colgando sobre el borde de la boca, apenas visible
en la penumbra, el silbido de la bengala de seguridad, con chispas
líquidas que goteaban al suelo, y la incertidumbre sobre lo que le
provocaría la ignición a aquel artefacto aletargado que esperaba fuera
de la vista, como una bestia en su guarida, era para ellos de lo más
inquietante. Solían acercarse a la mecha agachados, tensos, preparados para escapar, como si estuvieran ofreciendo un bocado a un
leopardo. A veces, a salvo detrás de ellos, decía en voz alta: «Recuerda
a Ralph Waldo Emerson: "En cuanto hay vida, hay peligro"».

De mis amigos, los escritores parecían ser los que más disfrutaban
la sensación de lanzar una carcasa, sobre todo los que tenían dificultades con su trabajo y sufrían el denominado «bloqueo del escritor». Yo
pensaba que entendía por qué: era la frustración de no poder poner
por escrito lo que era tan vívido en la mente de uno —la agonía de
enfrentarse a la página en blanco de Mallarmé— en comparación
con el acto simple de encender una mecha y producir de forma inme-
diata un crisantemo de color y belleza en lo alto, realzado por una
espléndida sacudida, mientras abajo la gente miraba boquiabierta y
maravillada y gritaba «¡guau!». Era el tipo de reacción que los escritores buscaban con su trabajo pero que nunca recibían de una manera
tan visible y aduladora. Lo más que podías esperar de un lector era
un «um» en voz baja, mientras que los fuegos artificiales podían provocar «ohhs» y «ahhs». Con frecuencia, después de lanzar una carcasa
y ver lo que hacía, un autor se acercaba corriendo en la oscuridad y
me pedía probar con otra, una mayor esta vez, «¡una carcasa japonesa
enorme, por favor!».

Recuerdo a Norman Mailer en una de nuestras fiestas de fuegos artificiales de julio en los Hamptons. Quería lanzar una carcasa. Llevaba un bourbon en un vaso azul, más bien un jarrón en realidad, esa clase de recipiente que uno encuentra al fondo del armario de la cocina cuando se han apropiado de todo lo demás en la casa, incluso de los vasos de plástico. Sostenía la bebida en una mano, a salvo detrás de él, y se acercó a la mecha con la bengala de seguridad en la otra. El mortero contenía una carcasa japonesa de quince centímetros. Lo observé, impresionado de nuevo por las posturas grotescas que adopta la gente cuando se enfrenta al hecho de prender fuego a una carcasa. En su caso, no parecía diferente de un científico concentrado en cazar un lagarto por la parte de arriba del cuello. La carcasa salió casi de forma instantánea. La sorpresa ante la sacudida de su aparición —una carcasa de quince centímetros pesa unos tres kilos y medio— derribó a Norman en una vuelta hacia atrás completa a través de la juncia. Increíblemente el jarrón azul permaneció derecho mientras giraba como un molinillo alrededor de él. Ni una gota de bourbon salpicó fuera. Mailer se levantó, echó un trago y preguntó si podía encender otra: «¿Tienes algo un poco más grande?».

Por supuesto, había algún que otro trauma. Después de todo, los fuegos artificiales eran bastante peligrosos si no se utilizaban de manera correcta, e incluso, de vez en cuando, impredecibles si se usaban como era debido. Una vez, en nuestra casa de los Hamptons, al lado del mar, una carcasa grande de veinte centímetros que lanzamos en nuestra fiesta de fuegos artificiales anual en verano volvió volando desde la playa impelida por un viento cargado de niebla y estalló más bajo de lo que debía. Una de las estrellas, todavía ardiendo, cayó entre los espectadores y aterrizó en el antebrazo de un ejecutivo de radiotelevisión de Chicago. Le quemó a través del jersey y le produjo una quemadura fea, desde luego...

Después de ser atendido en el hospital de Southampton, se fue a casa a Chicago con una gran tirita en la herida y luego —era un hombre al que no conocía (había venido invitado por un amigo)— ¡me puso una demanda de once millones de dólares!

El propio agente judicial estaba bastante apurado por la enormidad de la suma. Después de entregarme la citación, se quedó en mi
despacho de la *Paris Review*, era un hombre mayor bastante arru-
gado, recuerdo, que dijo que en sus muchos años de desagradable oficio jamás había entregado una citación de dimensiones tan colosales.
«¿Hizo estallar un edificio?», preguntó.

El incidente salió en la prensa. Le dije a un periodista que cualquiera que tuviera un brazo valorado en once millones de dólares
debería lanzar en los Chicago White Sox. Al ejecutivo no le hizo
gracia. Hizo saber que «se había quemado de los pies a la cabeza», un
pequeño salto desde la primera reclamación, según la cual tenía una
cicatriz de «siete centímetros de largo y cinco de ancho».

No mucho después conocí a un famoso abogado procesalista en
La Costa, el centro turístico del sindicato del transporte al norte de
San Diego. Había leído cosas sobre el juicio en la prensa. Me invitó
a cenar. Fuimos al restaurante en su Rolls-Royce. Entre sus clientes
estaban algunas de las grandes figuras del mundo del espectáculo,
aunque había pasado los primeros años de la abogacía —me dio a
entender— en los niveles inferiores del mundo legal. Había trabajado
mucho en Chicago.

—¿Quién te representa?

—El bufete de mi padre.

Conocía el nombre, pero no estaba en absoluto de acuerdo en que
un bufete especializado en empresas —el de mi padre— fuera adecuado para el trabajo.

—No, no, mal. Deberías buscar un buen abogado duro de la calle
Court para ese trabajo.

Yo no sabía qué significaba eso.

—Alguien que quiera de verdad pelearse con este tipo. Que le haga
llegar alguna amenaza. Que responda con otra demanda. El bufete de
tu padre es demasiado caballeroso para hacer una cosa así.

Mi amigo dio un golpecito en el volante de su Rolls-Royce.

—Y si nada de eso funciona —dijo—, haré una llamada a algunas
personas de Chicago.

Me he preguntado qué habría podido implicar aquella medida

extrema. Me imaginaba una escena de *El padrino* —algo del estilo de
la famosa cabeza de caballo en la cama— solo que, en aquel caso, la
intimidación se habría hecho de una manera mucho más sutil. Y suponía que con fuegos artificiales. El ejecutivo de la televisión volvería
después de su día de trabajo y encontraría una fuente de fuegos artificiales de colores vivos chisporroteando misteriosamente en el césped;
o bien entrada la noche, la bola coloreada de una candela romana se
elevaría por delante de la ventana de su habitación; o un Barco SOS
empezaría a emitir un sonido penetrante en la bañera. Al investigar un
extraño silbido, abriría la puerta del sótano y miraría escaleras abajo
para descubrir una larga mecha ardiendo despacio hacia algo que
hubiera detrás de una pila de maletas vacías en un rincón...

Nade de esto sucedió, por supuesto. El asunto se zanjó extrajudicialmente, el hombre recibió una pequeña cantidad de la aseguradora.

A pesar de lo desagradable de este incidente, mi obsesión por
los fuegos artificiales continuó. Durante el mandato de Lindsay, en
Nueva York, no paré de dar la lata al alcalde y a otros dirigentes para
que accedieran a que se organizaran más espectáculos de fuegos artificiales, sobre todo en grandes descargas desde Central Park, hasta tal
punto que al final el alcalde me nombró comisario de fuegos artificiales, un nombramiento totalmente falso que no consta en los registros
del ayuntamiento pero que he mantenido a lo largo de los mandatos
subsiguientes, y un título al que respondo en un abrir y cerrar de ojos.

Conocí a varias personas que se dedicaban a los fuegos artificiales en el área metropolitana, en particular, a la familia Grucci de
Bellport, en Long Island. Me dejaron ayudarles en la coreografía de
algunos espectáculos: una exhibición internacional lanzada desde
Central Park, una Noche Veneciana en Chicago, espectáculos en el
estadio Shea durante la Noche de los Fuegos Artificiales, la investidura de Ronald Reagan y el centenario del puente de Brooklyn, entre
otros. Fue un gran halago para mi ego coreografiar un gran espectáculo de fuegos artificiales. Me dio la oportunidad —dado que las
carcasas se lanzaban mediante impulso eléctrico— de poner efectos
asombrosos en el cielo, presenciados no solo por gente sentada alre-

dedor en el césped sino literalmente por más de un millón de espectadores que rugían entusiasmados con lo que estaban viendo.

Y sin embargo, curiosamente, los espectáculos pequeños, más ínti-
mos, son los que recuerdo más vívidamente. Recuerdo uno en concreto que John Serpico, mi primer mentor, y yo hicimos en las montañas de Vermont, en una ocasión para celebrar la graduación de la
promoción de 1975 del Bennington College. Un miembro de aquella
promoción, una chica preciosa llamada Pamela Morgan, me había
preguntado si tenía algún sentido intentar convencer a su tutora de
último curso para que le dejara hacer el trabajo de fin de curso sobre
la historia de los fuegos artificiales.

—¡Por supuesto! ¡Qué marco tan excepcional donde explayarse! ¡Y
qué manera tan original e inteligente de presentar la historia! Piensa
en los grandes personajes obsesionados con los fuegos artificiales: la
reina Isabel, Pedro el Grande, Luis xiv, la reina Victoria, John Adams,
y tantos otros —había dicho yo.

¡Ay! Su tutora no compartía mi entusiasmo. Acabó haciendo el trabajo sobre la poesía de Paul Éluard.

Pero, quizá imbuida de mi entusiasmo por los fuegos artificiales,
pudo convencer a la comisión del último curso de que la clase debía
acoger algún tipo de evento pirotécnico para la graduación en vez de
la consabida banda de rock.

Me ofrecí. John Serpico y yo subimos en coche a aquellas preciosas
montañas con una furgoneta llena de carcasas. Clavamos los morteros en la ladera que había justo bajando de un largo terreno de césped
que se extendía hasta los edificios del colegio. La ceremonia de graduación era por la noche. Desde donde esperábamos, pudimos oír los
discursos que iban llegando a través del césped. Cuando terminaron,
di un paso adelante y por un megáfono leí la lista de los alumnos de
último año que se graduaban mientras, detrás de mí, John Serpico
encendía una carcasa para cada uno de ellos. A veces, para acelerarlo
un poco, leía diez nombres seguidos y cuando había terminado de
gritarlos por el megáfono Serpico encendía una mecha rápida para
lanzar toda una escuadrilla de carcasas de forma simultánea, y los
ramilletes estallaban en gran abundancia sobre los prados.

Hubo un ligero intento en algunos casos de combinar el dispositivo pirotécnico con el carácter de los estudiantes que se graduaban: la carcasa de un alocado colibrí coreano para la payasa de la promoción, los preciosos cometas para la perdidamente enamorada de la clase, un enorme crisantemo para la propia Pamela Morgan. La directora del colegio —una vociferante ordenancista, al parecer— recibió un solo estallido agudo (lo que algunos fabricantes de fuegos artificiales llaman «un marrón») y nada más, y desde el césped, después de que los ecos de aquella carcasa se hubieran dispersado, retumbando en las colinas, oí el débil sonido de la risa.

Los largos ecos de los estallidos que volvían de aquellas colinas de color azul oscuro debieron de parecerse a los sonidos producidos cuando el general John Burgoyne pasó con los colonos leales a la corona británica y los mercenarios alemanes en el otoño de 1777 y topó con los Green Mountain Boys. Las colinas recogieron los estallidos y los ocultaron en sus apriscos y barrancos, y luego de repente los soltaron, bastante tiempo después, de forma que dio la impresión de que lo que había producido los sonidos era algún agente ajeno a nosotros. Cuando los fuegos artificiales, y sus ecos finales, por fin se apagaron, fueron sustituidos por los débiles gritos de celebración de los estudiantes, con ramilletes de flores arrojados al aire en una imitación de poca monta de los grandes florecimientos de los fuegos artificiales unos momentos antes, y vi muchas parejas de pie abrazadas en la extensión del inmenso prado, formas diminutas apenas visibles ya en la creciente oscuridad.

GOLF

Creo que mis tribulaciones en el golf han sido en buena parte psico-
lógicas. Cuando estoy jugando bien, ligeramente por encima de los
noventa golpes (mi hándicap es dieciocho), siguen atormentándome
pequeñas manías, una sospecha, por ejemplo, de que justo cuando
empiezo el *downswing*, con los ojos forzando la vista concentrados,
algún insecto o escarabajo va a aparecer de repente sobre la pelota de
golf.

Cuando estoy jugando mal, surge una especulación mucho más
intensa: a menudo siento, cuando me entrego a un swing de golf, que
mi cuerpo cambia por completo el estado corpóreo y se convierte en
una entidad mecánica, construida a base de tubos y conductos, salas
de calderas aquí y allá, con grandes esferas e indicadores de control,
una construcción brobdingnaguiana, levantada por un equipo de
brillantes ingenieros pero tripulada en buena parte por un grupo
alicaído y excéntrico de disolutos; hombres con problemas con la
bebida que no ven muy bien y que viven atormentados por dolencias
hepáticas.

La construcción donde trabajan es enorme. Me veo a mí mismo
como un coloso gigantesco tripulado, preparado a gran altura sobre
la pelota de golf, un esferoide apenas discernible catorce plantas
abajo sobre el tee. Arriba, mirando por las ventanas de los ojos, que
sobresalen como unos grandes porches salientes, hay un grupo inseguro (tal y como lo veo yo) de militares japoneses de la armada,
almirantes en su mayoría. En las manos sostienen unos tubos por-

tavoces del año de la pera, inservibles, en los que gritan las órdenes conocidas: «¡Ojo a la pelota! ¡Barbilla firme! ¡Brazo izquierdo rígido! ¡Dobla las rodillas! ¡Haz el swing de adentro afuera! ¡Acompaña el movimiento! ¡Mantén la cabeza abajo!». Dado que los tubos portavoces son inservibles, los gritos van bajando por los largos corredores y pozos entre los tendones y los músculos de hierro, y resuenan dentro y fuera de cámaras vacías, hasta que, al final, como un murmullo, alcanzan los centros de control. Estos puestos están situados en las articulaciones, y de responsables están los disolutos que he mencionado, de entre los que destaca un anciano cascarrabias encaramado a un taburete metálico, media botella de whisky de centeno en el suelo al lado de él, pendiente de las órdenes de las que acusa recibo con groserías antediluvianas: «¡Me cago en san Blas!», y cosas por el estilo, y si está de acuerdo, alarga una mano hacia los controles (como los tableros de palancas altas que uno recuerda de la caseta de las agujas de la cochera del ferrocarril) y a lo mejor tira de la palanca correcta o a lo mejor no. De forma que, resumiendo, todo el aparato, empeñado en golpear una pelota de golf con fuerza, se ladea y se retuerce y arremete, y los almirantes japoneses se agarran mutuamente en busca de apoyo en el centro de control principal arriba en la cabeza mientras la construcción se balancea y cruje. Y cuando el lanzamiento ha salido, los militares de la armada se ponen de pie y miran hacia afuera a través de los ojos e informan: «¡Un talonazo! ¡Un talonazo! ¡Madre de Dios, hemos golpeado otro talonazo!». Se mueven de un lado a otro en el centro de control bebiendo de unas tazas de saque finísimas, consolándose, y de tanto en tanto uno de ellos alarga una mano para coger un tubo portavoz y grita: «¡A ver si espabilamos ahí abajo!».

Por debajo, en las zonas oscuras de la construcción, los disolutos alargan una mano con una risa disimulada para coger el whisky de centeno, y ponen los pies sobre las palancas y a lo mejor pronto va a ser la hora de leer el periódico de la tarde.

Era una imagen desalentadora para llevarla grabada en la mente. Pero yo tenía una teoría interesante: competir durante un mes en una temporada como golfista profesional (me habían invitado a tres torneos), jugando regularmente, sujeto a las condiciones propias de los torneos abiertos al público y examinado de forma minuciosa por los profesionales con los que jugaría, podría tener como resultado cinco, quizá incluso seis golpes menos en mi hándicap de dieciocho. Sería como una puesta a punto. Se les pediría con buenos modales a los almirantes japoneses que se fueran, y se irían, haciendo reverencias y sonriendo. Sacarían a los disolutos de los centros de control, rezongando, aferrados a las botellas de whisky de centeno, muchos de ellos desalojados a la fuerza, acarreados fuera en las sillas.

Aparecerían los sustitutos, una cuadrilla de científicos vestidos con batas blancas. No demasiados. Pero con ellos llegarían toneladas de equipamiento, equipamiento automático en cajas de color verde grisáceo y aparatos informáticos que se colocarían por todos lados, y se enchufarían y empezarían a hacer clic y a zumbar. La gran estructura se volvería casi automática del todo. La vida del centro de control cambiaría, sería aburrida, francamente, los científicos mirarían la pelota en el campo de golf y luego juguetearían con las esferas y calcularían estimaciones, la resistencia al viento y cosas por el estilo, y al final lo almacenarían todo en los grandes ordenadores. Y con bostezos que se dibujarían en las comisuras de los labios, porque sería todo demasiado sencillo, apretarían los botones de «activar» para generar el movimiento fluido en la gran construcción, que mandaría como una bala la pelota certeramente hacia el lejano green. Muy aburrido y predecible. Los científicos no encontrarían precisamente mucho que decirse después de un golpe. A lo mejor un «s—í» muy alargado. «S—í. Muy bien.» De vez en cuando, abajo en las tripas de la construcción, aparecería alguien bajando por los largos corredores con una lata de aceite, o quizá con algún abrillantador de dorados, para dejar relucientes las tuberías.

Esa era la visión que tenía. Empecé la puesta a punto yo mismo. Como era lógico, tendría que encajar bien en el papel. Un mes antes de ir al circuito me equipé al completo y sin reparar en gastos con artículos de golf nuevos. No he dejado el golf desde que empecé a jugar, cuando tenía unos doce años, con una bolsa de golf de tela blanca que por algún motivo llevaba la marca de Canvasback. Si sacabas los palos, se desplomaba sobre sí misma como un acordeón o como unos pantalones al bajártelos de pie. Era ligera como una pluma, y los caddies siempre parecían desenfadados y desdeñosos cuando la cargaban. A menudo la llevaba yo mismo. Tenía un bolsillo pequeño con espacio para tres pelotas y algunos tees. Llevaba ocho palos, quizá nueve, dos maderas y un putter, y el resto, hierros, de los que faltaban dos o tres: un equipamiento que no era del todo apropiado para jugar en un torneo.

Así que lo compré todo. Palos y una bolsa nueva. Jerseys. Calcetines de rombos. Una pequeña bolsa de plástico de tees de golf dorados. Me compré unos zapatos de golf con unas solapas que caían sobre los cordones, mi primer par. Siempre había utilizado zapatillas de deporte. La bolsa de golf era enorme. Parecía de un color aburrido y conservador cuando la vi al final de una tarde en una tienda de golf de Florida. Pero cuando me la llevé en una vuelta de práctica al día siguiente, resplandecía con un color rojo oscuro brillante, como una salchicha inmensa. Pesaba mucho y tenía un fondo metálico con tachuelas de latón alrededor, y cuando empecé a jugar los primeros nueve hoyos me sentí culpable al verla a la espalda de un caddy. Pero los palos producían un tintineo magnífico mientras eran transportados en la bolsa, tan suntuoso y exclusivo como el sonido de la puerta de un Cadillac al cerrarse, y el hecho de que los mozos, los caddies, y yo mismo, quienquiera que la transportara, casi doblara la cadera por el peso solo parecía aumentar su categoría.

Era apropiado tener una bolsa tan enorme. Pensaba en los caddies que veía por televisión que subían por las largas colinas del Congressional. Llevaban aquellos petos blancos con los números, y aquellas bolsas gigantescas, de la marca MacGregor, Haig o Wilson, con los nombres de los profesionales estampados de arriba abajo en la parte delantera y las toallas colgando, las bolsas casi al sesgo a través de los hombros, con una mano atrás para sujetarlas y distribuir mejor el peso.

Con todo, no acabé de acostumbrarme a la gran bolsa de golf. Los palos de madera tenían fundas de lana marrones. En las primeras vueltas de práctica, en el este, solía seguir los palos a bastante distancia, cohibido y un poco apurado, y a un lado, mientras los transportaban a lo largo de la calle, igual que uno daría vueltas de lejos alrededor de unos operarios que estuvieran trasladando un clavicémbalo a su casa.

Era especialmente consciente de la gran bolsa en los viajes, sobre todo al ir con ella a cuestas en una estación de ferrocarril o en una terminal de aeropuerto, donde pasan a toda prisa hombres enérgicos con maletines, y hay despedidas con lágrimas, y melancólicos grupos de militares esperan de pie con identificaciones en las guerreras para indicarnos quiénes son. Una bolsa de golf es un símbolo de frivolidad tremendo en estos azarosos tiempos, mucho mayor que una raqueta de tenis. Cuando llegué a Los Ángeles en avión para, desde allí, dirigirme al norte del estado para disputar el torneo de Crosby, la terminal parecía llena de soldados. Había habido muchos en el avión. En el mostrador de recogida de equipajes empezaron a pasar uno detrás de otro por la cinta trasportadora los talegos de lona militares de color verde grisáceo, y los soldados los levantaban con esfuerzo y los colocaban a un lado en un gran montón. Mi bolsa de golf apareció entre ellos con su resplandeciente brillo rojo oscuro, ofensiva, tintineando un poco mientras se acercaba a mí sobre la cinta transportadora. Un mozo me echó una mano. La llevamos fuera a la rampa para vehículos con el resto del equipaje, y él esperó mientras yo alquilaba un coche para el largo viaje hasta Monterey.

—Debe de ir al torneo —dijo el mozo.

—Pues sí —dije agradecido—. El de Crosby.

—Acaba de pasar George Knudson, hace un rato —dijo—. Y George Archer. Siempre lo distingo, porque mira que es alto.

—Es verdad —dije—. Es altísimo.

Levantó con esfuerzo la bolsa y la puso en el maletero del coche.

—Le han dado una bolsa nueva, veo.

La bolsa estaba tan nueva que desprendía un olor penetrante a cera para muebles.

—Una muy grande —dije—. Parece que son cada vez mayores.

—Rebusqué en un bolsillo para darle una propina.

—Bueno, buena suerte —dijo.

Quiso que le dijera mi nombre, un nombre que reconocería del circuito de forma que pudiera anunciar de vuelta en la terminal: «Bueno, mire, fulano de tal acaba de pasar... de camino al torneo de Crosby».

—Bueno... yo solo voy hacia el norte —dije. Agité un brazo y me metí en el coche.

—Sí, allí es donde está. Subiendo por la costa. —Sonrió—. Bueno, buena suerte —dijo—. Yo tengo un hándicap cinco.

—¿En serio? —dije.

—Bueno, eso no es nada comparado con vosotros. Juego en el campo de golf municipal. Y en Ramble Beach.

—Un hándicap cinco no está nada mal —dije.

—Ojalá fuera un cuatro —dijo.

—Claro —dije—. Bueno... —Me esforcé por pensar en un término de golf apropiado—. Bueno, el chip —dije. Puso cara de sorpresa—. Quiero decir, hay que afinar el chip allí afuera.

Una sonrisa vacilante de agradecimiento empezó a dibujarse en sus rasgos. Metí la marcha y arranqué. Al observar en el retrovisor vi que seguía el coche con la mirada.

FANTASÍA: SIDD FINCH

A mitad del invierno de 1983 los redactores de Sports Illustrated *me lla-*
maron para una entrevista sobre un número que iba a salir el 1 de abril. A lo
mejor pensaron que mi experiencia como antiguo redactor de The Harvard
Lampoon *podría ser adecuada. La primera idea fue hacer una simple cró-*
nica sobre las bromas en el deporte. Lo cierto es que sugerí aquello porque el
año anterior me había tragado una broma del día de los Inocentes que había
aparecido en uno de los periódicos más importantes de Londres. En ese país se
toman muy en serio el 1 de abril, sobre todo en los medios de comunicación.
Hace años la bbc hizo un documental muy famoso —y convincente— sobre
el cultivo de los espaguetis. Salían agricultores rastrillando espaguetis de
árboles, y las festividades posteriores. Mucha gente se lo creyó. Lo que me
había creído yo había sido una noticia que hablaba de un corredor japonés
que había ido al maratón de Londres. Al no hablar inglés, había entendido
mal y había pensado que debía correr no cuarenta y dos kilómetros, sino
cuarenta y dos días. Había desaparecido en la campiña inglesa; lo habían
visto corriendo al lado de una gasolinera en East Anglia. Había llamado
su mujer desde Osaka, preocupada por él porque era un hombre de lo más
decidido. Aquella crónica me la había enviado el compañero de habitación
de Cambridge. Me la tragué. Telefoneé a Jerry Tax, un redactor de Sports
Illustrated.
—¡Jerry! Hay un maratonista japonés chiflado... —pasé a explicar—.
Tengo aquí el artículo. Lo han visto en East Anglia. Es una historia genial.
Jerry, ¿no quieres que vaya?
—¿Cuál es la fecha del artículo? —dijo Tax después de una pausa.

—Ajá.

Así que sugerí escribir sobre este tipo de cosas, pero después de unas cuantas entrevistas resultó que a pesar de las investigaciones de los corresponsales de todo el mundo, los frutos para un ensayo sobre las bromas apropiadas para el 1 de abril eran bastante escasos. Conque al final Mark Mulvoy, el director de Sports Illustrated, me miró desde el otro lado de la mesa y dijo: «George, ¿por qué no nos escribes tú una broma?».

¡Qué encargo más emocionante! Me estaba dando permiso para intentar engañar a seis millones de lectores de la revista. Recuerdo que me fui de la entrevista con la cabeza descubierta, sin abrigo, y que salí andando del edificio Time-Life a un temporal. Aunque fuera una comparación algo exaltada, me pasó por la cabeza que Orson Welles había debido de sentir una excitación parecida cuando una emisora había decidido emitir su famosa adaptación radiofónica de La guerra de los mundos de H. G. Wells.

Cuando se publicó el artículo (sobre un lanzador llamado Sidd Finch que, en el Himalaya, había aprendido, a fuerza de voluntad, a lanzar una pelota a velocidades de vértigo), las fotografías le confirieron verosimilitud. El fotógrafo de Sports Illustrated llevó a un amigo suyo (un profesor de instituto) a la concentración de Saint Petersburg, Florida, para que posara como Finch. Aunque pareciera mentira, era la personificación del aspecto que tenía Sidd Finch en mi imaginación: desgarbado, de cuello largo y cabeza pequeña. Los Mets también colaboraron, de forma que unas fotos de Mel Stottlemyre, el pitching coach, hablando con Finch, dieron crédito a la broma; o de Ronn Reynolds, el receptor de Finch, mientras se agarraba la mano de recibir y hacía una mueca de dolor tras intentar controlar el lanzamiento a aquella increíble velocidad.

La reacción al artículo fue tremenda. Se recibieron más de mil cartas. Muchos lectores contaron cuánto los habían embaucado. Otros estaban furiosos por el hecho de que una revista tan consagrada a la precisión se rebajara a semejante jugarreta. Mi queja favorita fue la de un lector que no solo canceló la subscripción a Sports Illustrated, sino también a Fortune, Time, Life, Money, People, a todas las publicaciones de Time-Life que había estado recibiendo. Las barrió de la mesa, sin más. «¿Qué les parece?», decía para zaherir al final de la carta.

Seguí interesado en lo que pasaría si de alguna manera un deportista
como Sidd Finch entrara en las Grandes Ligas provisto de aquel increíble
brazo. Así que amplié el artículo y escribí un libro con el mismo título que
llevaba el texto de Sports Illustrated: The Curious Case of Sidd Finch.

La gente sigue creyendo que Finch es una persona real. «Oye, ¿qué tal está
Finch?», dicen en voz alta. «A los Mets les iría bien.» Sonrío burlonamente,
y si se quedan para hablar de él, les digo que tiene un número de teléfono
en Londres al que llamo a veces. Nunca contestan. Pero el otro día llamé y
estaba ocupado.

No se puede guardar el secreto mucho más. No paran de hacer preguntas, y más pronto que tarde los directivos de los New York Mets tendrán que hacer una declaración. Pudo haber empezado a aclararse en Saint Petersburg, Florida, hace dos semanas, el 14 de marzo para ser exactos, cuando Mel Stottlemyre, el *pitching coach* de los Mets, se acercó andando a los cuarenta y pico jugadores de los Mets que realizaban los ejercicios de gimnasia matutinos en el complejo de Payson Field, no lejos del golfo de México —una figura solitaria entre el compás de los saltos de tijera—, e hizo un gesto a tres jugadores de los Mets para que salieran del ejercicio. Los tres, todos con un buen porvenir, eran John Christensen, un exterior de veinticuatro años; Dave Cochrane, un jugador de tercera base enjuto pero musculoso ambidiestro en el bateo; y Lenny Dykstra, un exterior central bastante rápido que puede llegar a convertirse en el primer bateador de los Mets.

Tras ordenar a los tres que recogieran los bates y los cascos para batear, Stottlemyre llevó a los jugadores al extremo norte del complejo, donde dos semanas antes se había levantado un recinto grande de lona. Corría el rumor de que estaban instalando alguna maquinaria de riego en un hoyo subterráneo.

Fuera del recinto, Stottlemyre explicó qué quería.

—Para empezar —dijo el coach—, el club está en una situación delicada, y convendría que hablarais bastante poco de ello. ¿De acuerdo?

Los tres asintieron con la cabeza. Stottlemmyre dijo:

—Tenemos a un joven lanzador al que estamos siguiendo. Queremos ver qué hace con un bateador en el cajón. Lo haremos por orden alfabético. John, entra ahí, ponte en el plato y dale un blanco al lanzador. Eso es lo único que tienes que hacer.

—¿Quieres que le pegue fuerte? —preguntó Christensen. Stottlemyre emitió una risita seca.

—Puedes hacer lo que quieras.

Christensen apartó una portezuela de lona y se vio dentro de un rectángulo de unos treinta metros de largo y diez de ancho, a cielo abierto, con un plato colocado en el terreno que tenía justo delante, y en el otro extremo un montículo de lanzador. Había un pequeño grupo de directivos detrás de él, de cara al plato. Christensen reconoció a Nelson Doubleday, el dueño de los Mets, y a Frank Cashen, que llevaba una gorra de pescar con una visera larga. Era la primera vez que veía a Doubleday en una concentración.

Christensen batea con la derecha. Pisando por el plato saludó con la cabeza a Ronn Reynolds, el receptor suplente, un tipo bajo y fornido que lleva con los Mets desde 1980. Reynolds le susurró levantando la cabeza desde la posición en cuclillas. «Chaval, no vas a creerte lo que estás a punto de ver.»

Se descorrió una segunda portezuela junto al extremo del lanzador, y un jugador alto y desgarbado entró y se colocó sobre el montículo del lanzador. Llevaba un guante de *fielder* negro en la mano izquierda y una pelota de béisbol en la derecha. Christensen no lo había visto nunca. Tenía los ojos azules, recuerda Christensen, y una cara pálida y juvenil, con unos músculos faciales inmóviles, como una careta. «Uno nota —explicó Christensen después— cuándo no está moviéndose al mascar tabaco o un chicle la mandíbula de un lanzador.» Luego, para su asombro, Christensen vio que el lanzador, que raspaba la tierra del montículo para dejarla bien lisa y a su gusto, llevaba una pesada bota de montaña en el pie derecho.

Desde entonces han insistido a Christensen para que describa aquel primer enfrentamiento. «Estoy allí para darle un blanco a aquel tipo, agito el bate una o dos veces sobre el plato. Empieza el *windup*.

Se inclina mucho hacia atrás, como Juan Marichal, con la bota de montaña sobre la goma —pensé que la llevaba por el equilibrio o algo así—, y de repente se yergue derecho como una catapulta. La pelota sale despedida de un brazo completamente recto y rígido. Antes de que puedas pestañear, la pelota está en la mascota. Oyes el chasquido, y luego el pequeño quejido de Reynolds.»

Christensen dijo que el gesto le trajo a la memoria las asombrosas contorsiones que recordaba de los lanzamientos de Goofy en uno de los clásicos dibujos animados de Walt Disney.

«Jamás me imaginé que una pelota de béisbol pudiera lanzarse tan rápido. La muñeca debe de tener mucho que ver, y todo aquel movimiento de palanca. Apenas ves la mancha cuando pasa. En cuanto a batear aquello, francamente, no creo que sea humanamente posible. Podrías poner a un ciego allí, y quizá lo hace mejor si golpea atendiendo al sonido.»

Tanto Cochrane como Dykstra, que entraron después de él en el recinto, se hicieron eco de la opinión de Christensen. Después de probar, cada uno de ellos salió asombrado y atemorizado.

Sobre todo Dykstra. Brindando una comparación a *Sports Illustrated*, dijo que, por curiosidad, una vez había subido los botones que controlaban los motores de la máquina lanzadora a la velocidad máxima, lo que produjo un lanzamiento que alcanzó los ciento setenta kilómetros por hora, más o menos: «Lo que vi allí dentro —dijo haciendo una señal hacia el recinto— pasó silbando un tercio más rápido, lo juro.»

El fenómeno al que se enfrentaron los tres jóvenes bateadores, y del que están al corriente solo Reynolds, Stottlemyre y algunos miembros de la directiva de los Mets, es un místico algo excéntrico de veintiocho años llamado Hayden (Sidd) Finch, un tipo que puede cambiar el curso de la historia del béisbol. El día de san Patricio, para asegurarse de que no eran todos víctimas de una alucinación, los Mets trajeron una pistola de radar para calcular la velocidad de la bola rápida de Finch. El modelo utilizado fue una JUGS Supergun II. Parece una pistola espacial negra con una gran embocadura, pesa unos dos kilos y por lo general se apunta al lanzador desde detrás del

receptor. Un indicador redondo de cristal en la parte posterior de la
pistola marca la velocidad del lanzamiento, con una precisión, según
afirma el fabricante, de más menos 1,6 kilómetros por hora. La cifra
en la parte más alta del indicador es trescientos veinte kilómetros
por hora. El proyectil más rápido medido por la JUGS (cuyo nombre
viene de la vieja expresión, la curva «jug-handled[20]») había sido un
saque del tenista Roscoe Tanner, que había alcanzado doscientos
cuarenta y seis kilómetros por hora. La cifra más alta que había regis-
trado la JUGS con una pelota de béisbol había sido ciento sesenta
y cinco kilómetros por hora, cosa que había hecho, curiosamente,
dos veces el mismo día, el 11 de julio, en el partido All-Star de 1978,
cuando tanto Goose Gossage como Nolan Ryan habían lanzado la
pelota a aquella velocidad. El 17 de marzo Stottlemyre manejaba
la pistola. Oyó el golpe de la pelota en la mascota de Reynolds y
el pequeño chillido de dolor del receptor. Entonces apareció en el
indicador redondo de cristal la pasmosa cifra de doscientos setenta.
Stottlemyre recuerda que silbó asombrado, y luego oyó decir a
Reynolds: «No me lo digas, Mel, no lo quiero saber».
    La directiva de los Mets es reacia a hablar de Finch. El hecho es
que saben muy poco de él. No ha hecho una carrera en el béisbol. La
mayor parte de su vida la ha pasado en el extranjero, exceptuando un
breve periodo en la Universidad de Harvard.
    La oficina del secretario de admisiones de Harvard no quiere dar a
conocer ninguna información sobre Finch, salvo que en la primavera
de 1976 dejó la universidad a mitad del primer trimestre. Los registros de exalumnos del Holyoke Center de Harvard no dan mucha
más información. Finch pasó la primera infancia en un orfanato de
Leicester, en Inglaterra, y fue adoptado por un padre de acogida, el
eminente arqueólogo Francis Whyte-Finch, que murió en un accidente
aéreo durante una expedición en la zona montañosa de Dhaulagiri,
en Nepal. En la época de la tragedia, Finch cursaba el último año en
la Stowe School de Buckingham, en Inglaterra, desde donde le habían

---

20. «De asa de jarra», un lanzamiento que coge mucha curva. [N. del T.]

aceptado en Harvard. Sin embargo, al parecer el muchacho decidió pasar un año en la zona alrededor del accidente, en el Himalaya (no llegó a encontrarse el avión) antes de regresar a Occidente y entrar en Harvard en 1975, tras omitir por razones desconocidas «Whyte» del apellido. La foto de Hayden Finch no está en el anuario de los estudiantes de primer año. Ni, por supuesto, jugó al béisbol en Harvard, al haberse marchado antes del inicio de la primavera.

El compañero de habitación que le asignaron fue Henry W. Peterson, de la promoción de 1979, ahora corredor de Bolsa con Dean Witter, que vio muy poco a Finch. «Casi nunca estaba», dijo Peterson a *Sports Illustrated*. «Me despertaba una mañana tras otra y miraba hacia su cama, que tenía encima una especie de tapiz indígena, creo que me dijo que estaba hecho de pelo de yak, y nunca tuve la sensación de que hubieran dormido en ella. Puede que durmiera en el suelo. De hecho, lo que yo pensaba era que tenía una novia en Somerville o por ahí, y se quedaba allá. Casi no tenía pertenencias. Una mochila. Un tazón que dejaba en un rincón del suelo. Un par de camisas de lana, siempre muy limpias, y a lo mejor un par de pantalones vaqueros o así. Un par de botas de montaña. Siempre tuve la impresión de que era muy inteligente. Tenía una trompa de pistones en un viejo estuche. No sé mucho de música de trompa de pistones pero tocaba de maravilla. A veces la tocaba en el baño. Sabía un montón de idiomas. Era tan ducho en ellos que estaba hablando en inglés, una lengua que pronunciaba con un acento cantarín inconfundible, muy oriental, y utilizaba una locución como *pied à terre*, y sin darse cuenta se pasaba sin ningún esfuerzo al francés un rato, hasta que soltaba una palabra en alemán como *Angst* y cambiaba a ese idioma. En cualquier tipo de conversación prolongada tenías que esperar que no utilizara algún palabro extranjero, sobre todo de las lenguas orientales que conocía, como el sánscrito, porque para mí aquello era el punto final.»

Cuando preguntaron a Peterson por qué pensaba él que Finch había dejado Harvard, se encogió de hombros. «Volví una tarde, y había desaparecido todo, la alfombrita, la trompa, el bastón... ¿Les he contado que tenía como un cayado de pastor de pie en un rincón? De hecho, para empezar había tan pocas cosas que era difícil notar que él ya no estaba allí. Dejó una nota curiosa en el suelo. Resultó ser un *koan* zen, que es uno de esos enigmas que no pueden resolverse con la inteligencia. Era el famoso sobre el ganso vivo en la botella. ¿Cómo sacas el ganso de la botella sin hacerle daño ni romper el cristal? La respuesta es: "¡Mira, está fuera!". Tuve noticias de él una vez, desde Egipto. Mandó fotos. Estaba de camino al Tíbet para estudiar.»

El debut de Finch en el mundo del béisbol se produjo el pasado mes de julio en Old Orchard Beach, Maine, donde los Tidewater Tides, el equipo filial de los Mets que juega en la Triple A, se enfrentaba a los Guides. Después del primer partido de la serie, Bob Schaefer, el entrenador de los Tides, se fue paseando de vuelta al hotel. Tiene unos recuerdos muy nítidos del primer encuentro con Finch: «Estaba caminando al lado de un parque cuando de repente aquel tipo —un muchacho guapo, bien afeitado, con vaqueros, botas grandes— apareció a mi lado. Al principio pienso que a lo mejor quiere un autógrafo o charlar sobre el partido, pero no, rebusca en una especie de mochila, saca una pelota de béisbol raspada y un guante de *fielder* pequeño y negro de cuero que parece salido del fondo del armario de un crío de la Little League. Aquel tipo me dice: "He aprendido el arte del lanzamiento". Una frase extraña de ese estilo, pronunciada con una voz cantarina, era como una salmodia, un poco como lo que oyes en un restaurante chino si hay chinos allí.
»Estoy a punto de seguir aprisa hasta el hotel cuando aquel chico señala una botella de refresco sobre el poste de una valla más o menos a la distancia a la que está el plato de la goma del lanzador. Se inclina mucho hacia atrás, vuelve y dispara la pelota contra ella. Allí en el poste de la valla la botella de refresco explota. Se desintegra como si la hubiera alcanzado la bala de un rifle, solo quedan unas motitas de cristal vaporizado en una pequeña nube. Más allá del poste veo que la pelota rebota por la hierba del parque hasta que se para más o menos a la distancia a la que puedo golpear con una madera tres si tengo un buen día.
»Dije, muy tranquilo: "Muchacho, ¿te importa enseñarme eso otra vez?".

»Y lo hizo. Desapareció por el parque a por la pelota, había ido tan lejos que estuvo buscándola lo que parecieron unos quince minutos. Entretanto encontré una lata en un contenedor de basura y se la coloqué. Volvió a hacerlo, tiró de un pelotazo la lata de la valla como si le hubieran dado con un bate de béisbol. No fue tanto la precisión del lanzamiento como la velocidad lo que me impresionó. Era como si la lata recibiera el golpe en cuanto la pelota abandonaba las yemas de los dedos. De forma instantánea. Me dije: "Madre de Dios, este chaval ha lanzado la pelota a unos doscientos cincuenta kilómetros por hora. La bola rápida de Nolan Ryan es un mero cambio de velocidad comparado con lo que acaba de lanzar este chaval".

»Bueno, lo que pasa después es que aquel chaval y yo nos sentamos a hablar en el césped del parque. Se sienta con las enormes botas metidas debajo de las piernas, como esos que hacen yoga, y me dice que no está seguro de querer jugar al béisbol en las grandes ligas, pero que le gustaría intentarlo. No ha jugado nunca, pero conoce las reglas, incluso la del *infield fly*, me dice con una sonrisa, y sabe que puede lanzar la pelota con una precisión total y a una velocidad tremenda. No quiere decirme cómo lo ha conseguido, salvo que "lo aprendió en las montañas, en un sitio llamado Po, en el Tíbet". Allí es donde dijo que aprendió a lanzar... en las montañas, tirando peñascos y meditando. Me dijo que se llamaba Hayden Finch, pero quería que le llamaran Sidd Finch. Le dije que la mayoría de los Sid que había en el béisbol era de Brooklyn. O del Bronx. Dijo que Sidd venía de Siddhartha, que significa "objetivo alcanzado" o "el lanzamiento perfecto". Eso es lo que había aprendido, a hacer el lanzamiento perfecto. "Por mí no hay problema", le dije, y eso es lo que pongo en el informe de búsqueda de talentos, "Sidd Finch". Y lo envío por correo a la directiva.»

La reacción en Nueva York cuando llegó el informe fue de absoluta incredulidad. Supusieron que o bien Schaefer estaba gastando una broma a sus superiores o bien había enviado el producto de un sueño muy potente donde satisfacía fantasiosamente sus deseos. Pero Schaefer es uno de los hombres más respetados en los Mets. A lo largo de los últimos siete años los equipos que ha entrenado han ganado seis campeonatos. Dave Johnson, el entrenador de los Mets,

lo llamó por teléfono. Schaefer confirmó lo que había visto en Old
Orchard Beach. Le dijo a Johnson que a veces él también pensaba que
lo había soñado, pero que esperaba que los Mets mandaran a Finch
una invitación para que, al menos, su mente pudiera descansar.

Cuando a un novato le invitan a una concentración, recibe un
pequeño paquete de instrucciones a finales de enero. Los Mets enviaron la información de costumbre a Finch a la dirección que les había
proporcionado Schaefer. Para su sorpresa, Finch contestó por carta
con una serie de condiciones. Insistió en que se presentaría en la concentración de los Mets de Saint Petersburg solo si: 1) no hubiera com-
promisos contractuales; 2) durante las horas libres tuviera permiso
para estar completamente solo; 3) no quería participar en los ejercicios o actividades del equipo; 4) mostraría a los Mets su destreza lanzando en privado; 5) toda la operación de Saint Petersburg debía mantenerse en secreto en la medida de lo posible, sin prensa ni fotógrafos.

El motivo de estos requisitos, expuesto en una carta escrita (según
una fuente de la directiva de los Mets) con una terminología algo
rebuscada, formal y muy educada, era que no había decidido si quería
jugar de verdad al béisbol. Escribió, para disculparse, que había que
hacer algunas adaptaciones mentales. No quería suscitar las esperanzas de los Mets, y mucho menos de los aficionados, y luego defrau-
darlas. Por lo tanto, lo mejor era que todo se mantuviera en secreto
o, como decía en la carta, «a puerta cerrada».

Al principio, la reacción de la directiva de los Mets fue hacer caso
omiso de aquel disparate y decirle a Finch que o bien lo intentaba
con los procedimientos normales o en caso contrario que lo olvidara.
Pero las asombrosas estadísticas del informe de búsqueda de talentos
y la confirmación de las mismas por parte de Schaefer eran demasiado intrigantes para obviarlas. El 2 de febrero se aceptaron por carta
las condiciones de Finch. Mick McFadyen, el encargado del campo en
Saint Petersburg, recibió la orden de levantar un recinto de lona en un
extremo del complejo de Payson, con un montículo de lanzador y un
plato incluidos. Estaba a punto de comenzar el suplicio de Reynolds.

Reynolds es un receptor robusto y esforzado (se ha dicho de él que
parece un *tackle* de fútbol americano de instituto). Ha intentado man-

tener el hermetismo en referencia a Finch, pero sus experiencias dentro del recinto de lona le han dificultado resistirse a contestar unas cuantas preguntas. El primero que le habló a Reynolds de Finch fue el director deportivo de los Mets. «El Sr. Cashen me llamó a su despacho un día a principios de marzo», reveló Reynolds. «Estaba nervioso porque pensaba que me habían traspasado. Llevaba una pajarita azul. Se inclinó sobre la mesa y me susurró que muy probablemente iba a formar parte de la historia del béisbol. ¡Poca broma! Los Mets tenían a un novato que iba a ir a la concentración y yo iba a ser su receptor particular. Todo supersecreto.

»Bueno, espero que no vuelva a aparecer nadie como aquel tipo. La primera vez que lo veo es dentro de la caseta de lona, allí sobre el montículo del lanzador, un chaval delgado preparándose para lanzar, y pienso que querrá tirar un par de pelotas para calentar. Así que me pongo detrás del plato de pie sin la máscara, el peto, las espinilleras ni nada, con la mascota arriba, como descuidado, para darle un blanco al que lanzar... y de repente veo aquel *windup* como un pretzel loco, y lo siguiente es que me veo empujado un metro o así atrás y acabo sentado en el suelo con la pelota en la mascota. Siento en la mano receptora como si me hubieran golpeado con un mazo.

—¿Lanza curvas? ¿*Sliders*? ¿*Sinkers*?

Reynolds sonrió burlonamente y negó con la cabeza.

—¡Buenas preguntas! ¡No me pregunten a mí!

—¿Hace ruido?

—Sí, un pequeño *pff...* ¡pff-PUM!»

Stottlemyre ha estado a cargo de forma directa del régimen de lanzamientos de Finch. Su carrera como jugador terminó en la primavera de 1975, con una lesión del manguito rotador, que lo hace especialmente sensible a la tensión que puede provocar el movimiento del lanzador en el brazo. Aunque es tan hermético como el resto del personal, Stottlemyre admite que Finch ha creado un estilo de lo más revolucionario. Dijo a *Sports Illustrated*: «No entiendo la mecánica. Cualquiera que intentara lanzar la pelota de esa manera debería caer de espaldas. Pero lo he visto. Lo he visto cien veces. Es lo más impresionante que ha sucedido jamás en el béisbol».

Preguntado por las influencias que hayan podido contribuir al estilo y la velocidad de Finch, Stottlemyre dijo: «Bueno, puede que el cricket tenga algo que ver. Finch ha cogido la potencia y la velocidad del lanzador a la carrera y de alguna manera ha aprovechado toda esa energía para la goma del montículo. El movimiento de muñeca en ese brazo rígido es increíble. Solo he hablado con él una o dos veces. Le pregunté si había pensado girar rápido el brazo, como los lanzadores de béisbol, en vez de la muñeca: eso aumentaría la velocidad. Contestó, muy educado, ¿sabes?, tras inclinar un poco la cabeza: "Me tomo como norma en los entrenamientos abstenerme de lastimar a seres vivos". Hace bien, por supuesto. El que me da pena es Ronn Reynolds. Cada vez que llega la pelota, primero oyes el chasquido cuando golpea contra el bolsillo de la mascota, y luego un gritito ahogado, un "¡ay!"; el pobre receptor, con todo el cuerpo temblando como si le hubiera dado una angina de pecho. Es lo más lastimoso que he oído, después de un conejo en una trampa».

Hayden (Sidd) Finch llegó a Saint Petersburg el 7 de febrero. La mayoría de los novatos y los jugadores de las ligas menores se aloja en el Edgewater Beach Inn. Al dar por hecho que Finch se registraría con el resto de los primeros que llegaran, los Mets se sorprendieron cuando llamó por teléfono e informó que había arrendado una habitación en una pequeña pensión al lado de la avenida Florida, cerca de una masa de agua en el lado de la bahía llamada Big Bayou. Como el recinto para lanzar se había levantado al otro lado de la ciudad y Finch no sabe conducir, los Mets le asignaron un chófer, un joven vecino de Tampa Bay, Eliot Posner, que lo recoge por la mañana y lo devuelve a la avenida Florida o, más a menudo, a una playa del golfo donde, según afirma Posner, Finch, todavía con el equipamiento de béisbol y el guante viejo y estropeado, se acerca andando a la orilla e, inmóvil, mira a lo lejos a los windsurfistas. De forma indefectible, le dice a Posner que se vaya y regresa a la pensión solo.

Los directivos de los Mets han averiguado muy pocas cosas acerca de la vida que lleva en Saint Petersburg. La señora de Roy Butterfield, la casera, afirma (como uno podría esperar) que «lleva una vida muy sencilla. A veces entra por la puerta de la calle, otras por detrás. A veces ni siquiera estoy segura de que haya pasado la noche en la pensión. Creo que duerme en el suelo, la cama siempre está como los chorros del oro. Tiene una alfombra pequeñita. Nunca he tenido un huésped que se trajera su alfombra. Tiene un tazón sopero. Poca cosa, es lo que digo yo. Por supuesto, toca la trompa de pistones. La toca de maravilla y, gracias a Dios, suave. Las notas llenan la casa. A veces pienso que vienen del televisor».

Es probable que, del personal de los Mets, el que más haya intimado con Finch sea Posner. Cuando regresa al complejo de Payson, siempre hay alguien que sale corriendo de las oficinas de los Mets y pregunta:

—¿Ha dicho algo? ¿Qué ha dicho?

Posner saca un cuaderno.

—Hoy ha dicho: «Cuando tengas la mente tan vacía como un cañón conocerás el poder del Camino».

—¿Alguna cosa más?

—No.

Aunque las excentricidades de Finch los ponen a prueba, y obviando la losa que supone para los receptores, por lo que parece, los Mets tienen a un jugador extraordinariamente valioso en la concentración. Pero el problema es que nadie está seguro de que Finch quiera jugar de verdad. Todavía tiene que decidirse. Sus únicas apariciones son en el recinto de lona. Reynolds se queja desesperado cuando le dicen que ha llegado Finch. A veces el suplicio le dura poco. Después de saludar educadamente con la cabeza a Reynolds y de gritarle desde arriba «¡Namas-te!» (que significa «buenas» en sánscrito), hace solo cuatro o cinco aterradores lanzamientos antes de anunciar, con una amable sonrisa, «¡Namas-te!» (también significa «adiós») y se sube al coche para que se lo lleven.

Una curiosa manifestación de la renuencia de Finch a entregarse por entero al béisbol ha sido el rechazo a llevar un uniforme completo. Como se cambia en la pensión, nadie está seguro del todo de lo que va a llevar cuando entra por la portezuela de lona al recinto. Una tarde apareció luciendo una corbata que colgaba sobre el logo de la camiseta, y de tanto en tanto —como observó Christensen— calza una bota de montaña en el pie derecho. Siempre lleva la gorra de béisbol al revés. Los dirigentes de los Mets suponen que esta forma de ponérsela apunta a su ambivalencia con respecto al béisbol.

Con el propósito de comprenderlo mejor, a principios de marzo los Mets llamaron a un especialista en religiones orientales, el Dr. Timothy Burns, autor, entre otros tratados, de *Satori, o cuatro años en una lamasería tibetana*. Sin la autorización de hablar en persona con Finch por miedo a que lo «asustara», Burns solo pudo especular sobre el último jugador de los Mets.

Según fuentes internas de los Mets, Burns dijo en una reunión de los mandamases del club que el extraño jugador de béisbol que tenían entre ellos era muy probablemente un *trapas*, es decir, un aspirante a monje.

Dicen que Nelson Doubleday soltó un gruñido. Burns afirmó que Finch, casi con toda seguridad, era discípulo del gran poeta-santo tibetano Lama Milaraspa, que nació en el siglo XI y murió a la sombra del Everest. Burns les dijo que Milaraspa era un gran yogui capaz de manifestar un asombroso fenómeno: podía producir «calor interno», cosa que le permitía sobrevivir a ventiscas y al frío intenso con una fina toga de algodón blanco. Finch hace algo parecido: una aparente desviación de las enormes fuerzas del universo para lanzar una pelota de béisbol con una precisión y una velocidad desconcertantes mediante el proceso del *siddhi*, esto es, el misterio yoga del cuerpo-mente. Comentó que el *Libro de los cambios*, el *I Ching*, sugiere que todos los actos (incluso lanzar una pelota de béisbol) están conectados con los anhelos espirituales más elevados. Utilizando el principio tántrico del cuerpo y la mente, Finch ha decidido lanzar pelotas de béisbol, al menos durante un tiempo.

Los Mets insistieron a Burns. ¿Había alguna posibilidad de que Finch recuperara el juicio y se entregara al béisbol?

«Hay una posibilidad», les dijo Burns. «Recordarán que el propio Buda, después de lo que se conoce como la Gran Renuncia, comprendió al final que incluso en las más rigurosas estrecheces —aunque había dominado la lujuria y el miedo y adquirido muchísimo conocimiento de sí mismo— podía no encontrarse necesariamente la verdad. Así que después de ayunar seis años decidió volver a comer.»

Contactado por *Sports Illustrated* en la Universidad de Maryland, donde dio una conferencia la semana pasada, Burns fue menos optimista. «El mayor problema que tiene Finch con el béisbol —dijo por teléfono— es que el nirvana, que es el estado que todos los budistas desean alcanzar, significa literalmente "el apagado", en concreto purificarse de la codicia, el odio y el engaño. El béisbol —continuó Burns— está marcado en gran medida por esos tres mismos aspectos: la codicia (contratos millonarios, robar la segunda base, privar a un tipo de un sencillo, cobrar por un asiento detrás de un pilar de hierro, etcétera), el odio (jugadores que desprecian a los directivos, lanzadores que odian a bateadores, los Cubs que detestan a los Mets, etcétera) y el engaño (el *slider*, el *pitch out*, la jugada de la pelota escondida y demás). Así que ya entienden por qué no le resulta fácil a Finch entregarse a un modo de vida tan contrario a lo que ha acabado valorando.»

Burns está más desconcertado con el ensimismamiento de Finch en la trompa de pistones. Sospecha que en el Tíbet Finch pudo haber aprendido a tocar el *krang-gling*, una trompa tibetana hecha de fémures humanos, o quizá incluso la larga trompeta tibetana, el *dung-chen*, cuyos sonoros rugidos en las inmensas gargantas del Himalaya recuerdan algo los registros más bajos de la trompa de pistones.

Los mandamases de los Mets creen que el problema de Finch quizá sea que no acaba de decidirse entre el béisbol y una carrera de trompetista. A principios de marzo el club contactó con Bob Johnson, que toca la trompeta y es el director artístico de la distinguida New York Philomusica, y le pidió que fuera a Saint Petersburg. Le dijeron que hiciera una valoración en secreto de la pericia de Finch con la trompeta y, sobre todo, que se acercara a él. La idea era que, al tiempo que lo elogiaba por la calidad de la interpretación de trompeta, Johnson intentara convencerle de que el destino de un músico que tocara la trompeta de pistones (incluso si era muy bueno) no era particularmente lucrativo. A lo mejor eso inclinaba la balanza a favor del béisbol.

Johnson bajó a Saint Petersburg y anduvo por la avenida Florida una semana. Después aseguró a *Sports Illustrated*: «Me pagaban por aquello, así que no estaba mal. Pasaba mucho tiempo mirando hacia arriba para broncearme bien. De vez en cuando veía a Finch entrar y salir de la pensión, vestido para jugar al béisbol y con un guante negro de un aspecto extraño. Entonces, una noche, oí la trompa de pistones. La tocaba en su habitación. He oído a muchos grandes trompetistas en mi carrera: Bruno Jaenicke, que tocaba para Toscanini; Dennis Brain, el gran virtuoso británico; Anton Horner, de la Orquesta de Filadelfia. Y yo diría que Finch no les iba a la zaga. Estaba tocando la *Serenata* de Benjamin Britten, para tenor, trompa y orquesta de cuerdas —una pieza inquietante y sensible, que da mucho margen al músico— cuando de repente produjo un gran «bong» evocador que pareció estremecer las hojas de los árboles. Luego pasó al rondó del trío para violín, trompa y piano de Brahms; sensacional. Puede que tuviera algo que ver con el atardecer de Florida y una brisa que llegaba sobre Big Bayou y las ranas de San Antonio, pero fue excepcional. Se lo dije a los Mets, y me mandaron inmediatamente a casa, suponiendo, creo, que iba a contratarlo. No es ninguna exageración. Puede tocar en la Philomusica cuando quiera».

Mientras tanto, los Mets están probando otras maneras de que Finch vea más positivamente el béisbol. Se han iniciado con discreción averiguaciones en lamaserías norteamericanas (hay más de cien asociaciones budistas en Estados Unidos) con la esperanza de encontrar monjes o sacerdotes aficionados al béisbol que puedan convencer a Finch de que las dos religiones (el budismo y el béisbol) son compatibles. Hay un plan que consiste en meterlo en un cine para que vea *El mejor*, la película mística sobre béisbol, protagonizada por Robert Redford. Otra película sugerida es el clásico sobre béisbol *It Happens Every Spring*, protagonizada por Ray Milland, que interpreta a un químico que, por casualidad, descubre un compuesto que esquiva la madera. Cuando se aplica a una pelota de béisbol en la película, convierte a Milland en un lanzador tan efectivo como Finch en la vida real.

Al parecer, las conversaciones con el propio Finch han resultado ejercicios vanos. Todos los alicientes convencionales —contratos millonarios, acuerdos publicitarios, el circuito de los banquetes, desfiles triunfales, su foto en un cromo de Topps, charlar en *Kiner's Korner* (el programa de televisión que se emite tras los partidos de los Mets) y demás— tienen poco valor para él. Igual que los extras («Es muy amable al ofrecerme una moto Suzuki, pero no sé conducir»). Ha rechazado con mucha educación todas las propuestas que le han hecho los Mets. La lucha es una lucha puramente interna. La resolverá. La semana pasada anunció que haría saber a los directivos qué había decidido el 1 de abril o alrededor del 1 de abril.

Davey Johnson, el entrenador de los Mets, ha visto a Finch lanzar una media docena de veces. Está impresionado («Si no tuviera ese gran control, sería como Terminator. Demonios, esa bola rápida, si se desviara hacia dentro, estamparía la rótula del bateador en la mascota del receptor»), pero deja el caso en manos de la directiva. «Yo me encargo de la rotación de los lanzadores. Que ellos se encarguen del monje.» Ha tenido una entrevista con Finch. «Iba a preguntarle si al menos podíamos darle un guante de *fielder* decente. Le pregunté por qué le gustaba tanto aquel andrajo que utilizaba. "Es —me dijo el tipo— el único que tengo." De hecho, no veo por qué le hace falta uno mejor. Solo va a necesitarlo al atrapar la pelota para el siguiente lanzamiento. Entonces le dije: "Solo te puedo ofrecer una cosa, Finch, que es un trato justo".»

Según Jay Horwitz, el encargado de las relaciones públicas de los Mets, Finch sonrió ante la oferta del trato justo y asintió con la cabeza educadamente, a lo mejor porque era la única oferta no material que le habían hecho, y no se inmiscuía en las ideas de Finch sobre la renuncia a los bienes materiales. Fue una jugada ingeniosa, aunque quizá involuntaria, por parte del entrenador.

Nelson Doubleday es de lo más optimista por lo que se refiere a la decisión final de Finch. «Creo que vamos a convencerlo», dijo hace unos días. «Después de todo, el tipo no es un chiflado, estudió en Harvard.»

Mientras tanto, los Mets solo pueden esperar. Finch aparece de forma periódica en el recinto. Llaman a Reynolds. No hay ejercicios. A veces Finch lanza cinco minutos, enseguida a máxima velocidad, a menudo media hora. Luego se va. La seguridad en torno al recinto ha sido estricta. Dado que Finch no ha firmado con los Mets, técnicamente está libre y puede descubrirlo otro club. A los curiosos, incluso a los jugadores de los Mets, los echan educadamente del recinto de Payson Field. Hasta ahora, la única relación que ha tenido Finch con los jugadores de los Mets (aparte de Reynolds) ha sido el breve enfrentamiento con Christensen, Cochrane y Dystra, cuando la directiva decidió con nerviosismo poner a prueba su control con un bateador en el cajón. Si decide jugar al béisbol, abandonará su mundo privado del recinto de lona y se unirá al entrenador Johnson y al resto del equipo. Por vez primera, Gary Carter, el receptor habitual de los Mets, se enfrentará a las bolas rápidas de Finch, y los otros lanzadores se quedarán papando moscas. Será un festín para la prensa («¿Cómo se deletrea Siddhartha? ¿Cómo agarra la pelota? ¿Cómo mantiene el equilibrio en el montículo?»). Los Mets intentarán protegerlo de los focos y ayudarlo a superar un choque cultural de lo más traumático, rezando para que no vuelva a las andadas y desaparezca algún día.

De hecho, la presencia de Hayden (Sidd) Finch en la concentración de los Mets suscita varias preguntas interesantes. Supongamos que los Mets (y el propio Finch) puedan disipar y resolver sus reservas mentales acerca del béisbol; supongamos que firma un contrato (uno se pregunta qué puede exigir un asceta cuyos principales bienes son un tazón, una alfombra pequeña, un bastón largo y una trompa de pistones); y supongamos que viene al estadio Shea de Nueva York para abrir la temporada contra los Cardinals de San Luis el 9 de abril. No importa que jamás haya hecho un entrenamiento de fildeo con sus compañeros. Es de suponer que machacará a los rivales en un partido perfecto. A lo mejor Willie McGee consigue un *foul tip*. Supongamos que Johnson descubre que la asombrosa relación simbiótica entre la mente y la materia es incansable, que Finch puede lanzar un día tras otro a aquella velocidad deslumbrante, imposible de batear. ¿Qué va a ser de Dwight Gooden? ¿Aguantarán Carter y los receptores suplentes toda la temporada? ¿Qué será del béisbol de las ligas mayores tal como lo conocemos hoy en día?

Sports Illustrated se puso en contacto con Peter Ueberroth, el nuevo presidente de la federación de béisbol, en su despacho de Nueva York.

Se le preguntó si había oído algo en relación con el nuevo fenómeno de los Mets.

No, nada. Había oído algunos rumores sobre la concentración de los Mets esta primavera, pero nada concreto.

¿Le sonaba de algo el nombre de Hayden (Sidd) Finch?

No.

Al presidente le habían dicho que los Mets tenían a un chaval capaz de lanzar una pelota a más de doscientos cuarenta kilómetros por hora. Imposible de batear.

Ueberroth había tardado un minuto en preguntar, «¿Cómo has dicho?».

Se le contó con todos los detalles que podían darse lo que estaba ocurriendo dentro del recinto de lona del complejo de Payson. Era posible que estuviera a punto de entrar en el béisbol un superlanzador absoluto, tan extraordinario que el delicado equilibrio entre el lanzador y el bateador pudiera quedar trastocado. ¿Qué iba a hacer al respecto el béisbol?

«Bueno, antes de tomar cualquier decisión, le diré una cosa», dijo por fin el presidente, haciéndose eco de lo que muy bien puede convertirse en un sentimiento nacional la próxima temporada. «¡Tendré que verlo para creerlo!»

CODA

EL FUNERAL
DE JIMMY GRUCCI

Supe que ocurría algo en cuanto entré en casa. Era el sábado del fin de semana del Día de Acción de Gracias de 1983. Había llegado en coche desde Nueva York. Era a primera hora de la tarde, con el sol radiante pero bajo sobre los patatales de Long Island. Mi hijo, Taylor, quería jugar al fútbol americano fuera en el césped, pero mi mujer me llevó aparte.

—El teléfono no ha dejado de sonar —dijo—. Ha pasado algo terrible en Bellport. La planta de los Grucci ha explotado. —Le costaba hablar—. En la radio dicen que han muerto seis personas. No han encontrado a Jimmy Grucci.

Intenté telefonear a la fábrica de los Grucci. Se oía la señal de ocupado.

—No creo que haya nadie, o incluso nada, al otro lado —dijo ella—. Dicen que está todo arrasado.

Nuestra casa está a una hora más allá de Bellport en Long Island. Al final, contacté con un miembro de la familia y aquel mismo día me acerqué en coche para ver qué podía hacer. No paraban de llegar informaciones por la radio. Decían que había restos de la explosión arrastrados por el viento en municipios a dieciséis kilómetros de distancia. El impacto se había notado en un radio de treinta y dos kilómetros. En la avenida Maple, que transcurre paralela a las instalaciones de los Grucci, había cundido el pánico. La radio aseguraba que algunas personas que pensaban que sus casas estaban derrumbándose habían lanzado a bebés por las ventanas. Una noticia hablaba de una zona próxima a las instalaciones de los Grucci donde los árboles estaban decorados con cientos de banderitas norteamericanas, se supone que de las cajas de embalaje con carcasas de broma que habían explotado.

Indefectiblemente, la radio describía la enorme nube que subía hirviendo de las instalaciones. Me pasó por la cabeza que de hecho la nube estaba compuesta de una multitud de carcasas aéreas muy bonitas de ver por separado, todas ellas adornadas de nombres de lo más floridos: seda roja, doncella que esparce flores, jardines en una montaña, pez plateado, niño travieso, peonía roja... la fina tracería del oro de los *crossettes*, las pequeñas bolas de azul, las carcasas de anillos naranjas, como si una agencia de publicidad estuviera trabajando afanosamente pero en vano para sugerir cierto orden en todo aquel caos.

De repente se oyó una voz en la radio que confirmó dos muertes. Jimmy Grucci y su prima Donna Grubber, de diecinueve años, habían fallecido. Recordaba a Donna del taller, una chica morena y guapa, era la ayudante personal de Jimmy y trabajaba con él en las grandes carcasas que le gustaba hacer. Había estado a bordo del barco alquilado en el que habíamos salido a ver los fuegos artificiales del centenario del puente de Brooklyn, que habían lanzado los Grucci solo seis meses antes. La había observado sentada arriba en lo alto de la timonera con dos compañeras de trabajo —tres muchachas en fila—, y de tanto en tanto una de ellas exclamaba alegremente cuando se elevaban las carcasas: «¡Mira, ahí va una mía!».

La familia se había reunido en casa de Felix Grucci padre, en Station Road. Tuve que hablar para atravesar varias barreras policiales hasta llegar allí. Las casas a lo largo de la calle estaban oscuras. Había coches aparcados delante de la casa de los Grucci. Era pequeña y sin pretensiones, con un porche con cristaleras delante y un par de escaleras que llevaban a él. La puerta chirriaba al abrirse.

Dentro, había familiares sentados en silencio, algunos de pie por falta de sillas, muchos observando las fotografías en color enmarcadas de los hijos y los nietos de los Grucci, colgadas en la pared. La puerta con tela metálica chirrió y llevaron adentro a Felix Grucci padre. Su pelo, por lo general lacio y brillante, estaba desmelenado y erizado como el de una cacatúa. Me dijeron que había estado en las instalaciones y, cuando habían empezado las explosiones, estaba yéndose a pie después de dar de comer al perro guardián, Grandullón. Había recibido los impactos de los explosivos que habían destrozado la planta y tenía mucha suerte de estar vivo; le habían hecho un chequeo en el hospital. Me vio al otro lado de la sala mientras lo acompañaban arriba. Preguntó con voz débil: «¿Sabes lo de Jimmy?».

Las conversaciones eran quedas y desganadas. A veces, alguien describía el momento de la explosión. Una de los Grucci dijo que estaba haciendo una salsa de tomate para la comida, echando el espeso concentrado de una olla a otra; la onda de la sacudida lo había despedido todo por la ventana, sin más.

Un primo de los Grucci, llamado Bill Klein, me dijo que había sido uno de los primeros en llegar al lugar de los hechos. Acababa de recoger con un rastrillo las hojas en casa de Felix hijo —Butch— e iba conduciendo por la calle Beislin con el camión, a menos de dos kilómetros de las instalaciones, cuando el suelo empezó a temblar bajo las ruedas. Supo inmediatamente que era la fábrica de fuegos artificiales. Vio cómo subía la nube por encima de los árboles. «Estaba estallando mucho material en la nube, triquitraques de titanio. Pude distinguirlos. Pero no era nada que te hiciera pensar en fuegos artificiales, solo una nube negra y fea que subía rápido.»

Cuando conducía por la avenida Maple vio cómo los vecinos salían corriendo por la puerta.

—¿Has visto a niños arrojados por las ventanas? —pregunté—. Es lo que decían por la radio.

—No he visto nada de eso —dijo Bill—. Claro que iba con la cabeza agachada e intentaba llegar a las instalaciones lo más rápido posible.

Lo primero que vio Bill Klein cuando llegó allí fue a Felix padre, de pie en el centro de las instalaciones, inmóvil entre los escombros de las primeras explosiones, y detrás de él, empequeñeciéndolo, una gran cortina de fuego y humo negro.

—Sabíamos que había que sacarlo de allí. Como sabes, las insta-

laciones están rodeadas de una valla de tela metálica alta. La verja delantera, donde he aparcado el camión, estaba cerrada con una lazada grande de una cadena con candado. Así que he tenido que escalar la valla con un amigo mío, Kurt DeCarlo. Me he rajado todo el brazo al pasar por encima de la alambrada. Era un milagro que Felix siguiera con vida. Estaba allí, aturdido, con unos morteros grandes de veinte centímetros que silbaban alrededor como trozos de metralla. Jimmy y Donna habían muerto a no más de treinta metros de él.

Bill y Kurt llegaron hasta donde estaba Felix y se lo llevaron a toda prisa hacia la valla de las instalaciones, mientras el anciano gritaba «¿Qué ha pasado? ¡Esto es la ruina! ¿Dónde está Jimmy?». En ese momento, las furgonetas cargadas, en hileras detrás de ellos, reventaron en una última explosión titánica que los lanzó al suelo. Arrastrándose, sintiendo el fuerte calor detrás de ellos, trasladaron a Felix hasta la verja delantera cerrada con candado, donde un bombero, que observaba boquiabierto por encima de sus cabezas las instalaciones en llamas, estaba cortando la cadena con un par de cizallas para sacarlos.

—¿Habéis oído las explosiones donde vivís? —me preguntó Bill.

—Sorprendentemente, no —contesté.

No vi mucho a Butch, el hermano de Jimmy, en aquella primera reunión. Estaba ocupado al teléfono en la cocina, o saliendo a hablar con la policía y las autoridades, que subían las escaleras y se quedaban, incómodos, en la pequeña sala.

Tuve la oportunidad de verlo unos días después de la tragedia. Me dijo que todavía no acababa de creerse lo que había pasado. Admitía, por lo que se refería a la fabricación de fuegos artificiales, que un accidente siempre estaba vagamente presente, de manera inconsciente.

—Vives con ello todos los días —me dijo—, es como saber que tienes armas nucleares apuntándote. Solo que con los fuegos artificiales estás metido en ellos, literalmente. Porque en las naves ves los cilindros perfectamente colocados en filas en los estantes. Ves las estrellas secándose en una mesa. Entonces oyes un sonido estridente, como la persiana de una ventana que sube haciendo ruido, o un portazo, o un coche que petardea, y piensas que aquello es el comienzo, que está empezando.

—¿El qué?

—Que el taller está empezando a estallar. Te preparas incluso mentalmente, te imaginas cómo va a ser. Pero cuando pasa de verdad, no es para nada como pensabas. Yo tenía la idea de que el sonido sería grave e imponente, como estar dentro de una ola, pero no fue así. Fue el sonido de algo que se arranca y se parte, agudo y penetrante, casi una especie de chillido, y mucho más aterrador de lo que jamás había pensado que sería.

Me dijo que aquel domingo estaba a punto de salir de casa para ir un momento al «taller» a hacer papeleo. Luego iba a ir a un joyero. Su mujer le había regalado una pulsera con su nombre por su cumpleaños el día anterior y quería que se la ajustaran bien. La primera detonación se produjo mientras estaba en la cocina despidiéndose de su esposa. El suelo empezó a retumbar bajo los pies; la casa tembló. Butch supo inmediatamente lo que había pasado, igual que su mujer, que lo miró con los ojos desorbitados y empezó a sollozar. Butch llamó a emergencias, al 911, y luego salió corriendo a la calle a tiempo para ver la nube en forma de seta que se elevaba por encima de los árboles.

De una cosa parecía estar seguro Butch: ni Jimmy ni su prima eran responsables de lo que había pasado. Aquella mañana, a las nueve, Jimmy había ido con Donna para cargar y terminar veinte carcasas de colores grandes, de treinta centímetros, en la nave de montaje. Justo antes de las once, Donna había llamado por teléfono a su madre para decirle que los dos estaban limpiando lo que habían estado haciendo y que enseguida iría a casa a comer. Tanto Jimmy como Donna se encontraban fuera de la nave de montaje cuando la onda del impacto, seguida por la bola de fuego, los mató. No podían estar en la nave de montaje —como habría sido el caso si cualquiera de los dos hubiera cometido un error— porque no había quedado nada de ella salvo los pocos peldaños de piedra que llevaban a la puerta. El juez de instrucción estableció que Jimmy se había dado la vuelta, asustado, para ver de frente la explosión y que Donna estaba más lejos, corriendo, cuando el desastre la alcanzó.

—¿Has oído algo? —me preguntó Butch—. Me refiero al caso.

—Muchos rumores. Incendio provocado. El sábado, cuando ocurrió, es un típico día de incendios provocados. Se supone que nadie está en el lugar trabajando. Luego —dije—, un amigo del Sindicato de Pirotécnicos me comentó que pensaba que había podido ser una combustión espontánea de una carcasa que se había humedecido porque la habían dejado fuera bajo la lluvia, a lo mejor en Corea, y luego la habían embalado en una caja, y allí, poco a poco, se había vuelto volátil.

No había podido quitarme de la cabeza aquella imagen, un dispositivo pirotécnico que se comportaba como la simbiosis antagonista de una célula cancerosa. Era horrible pensarlo, una sola carcasa, empaquetada entre otras iguales, cuya composición interna iba cambiando despacio, en la oscuridad del almacén, hasta que convertida en un instrumento mortífero, esperaba algún ligero cambio de la presión atmosférica, o cierto grado de humedad, para desencadenar aquella primera nube de humo.

—Bueno, esa es la cuestión —dijo Butch—. Un químico te dirá que hay una probabilidad de una entre un millón. Y el tipo de humedad que necesitas para que se produzca esa clase de reacción se da solo un día de agosto cálido y bochornoso, no en una fría noche de noviembre.

Butch no podía olvidar el comportamiento de Grandullón, el perro guardián. Un «chucho policía», como lo llamaba Butch, que vivía en un cercado en el centro de las instalaciones. La mañana del veintiséis, Grandullón de alguna manera había salido trepando del cercado, cosa que solo había ocurrido una vez en los diez años que había estado con los Grucci. Jimmy tenía miedo del perro, y cuando llegó con su prima a las nueve de la mañana, llamó por teléfono a su padre, que era el único de la familia capaz de acercársele sin que enseñara los dientes.

Llegó su padre y, tras calmar a Grandullón, pudo meterlo otra vez en el cercado. Después de trabajar un rato en la nave de la oficina e ir

a echar un vistazo a Grandullón, o quizá a darle de comer, de repente
su pequeño imperio estalló alrededor de él.

Pregunté cómo estaba reaccionando el pueblo. Butch dijo que
algunos vecinos, sobre todo los que llevaban viviendo en Bellport una
generación o así, habían dicho, a pesar de las circunstancias, lo orgu-
llosos que estaban de tener entre ellos la fábrica de fuegos artificiales
de los Grucci. Después de todo, Grucci era un apellido conocido
en la comunidad: la barbería la llevaba un primo, James Grucci; la
tienda de televisores y radios un tío, Pete; la tienda de vinos y licores
había sido de los Grucci. El Cuatro de Julio todos estos Grucci cerra-
ban los negocios para los fuegos artificiales. Ninguno de los Grucci,
me dijo Butch, había abandonado nunca, pensara lo que pensara en
el fondo, la responsabilidad familiar, que era los fuegos artificiales.
Estaba seguro de que seguiría siendo así.

Otros vecinos, por supuesto, estaban resentidos. Empleaban gestos
groseros y protestaban frente a la planta destrozada. Hubo una mujer
—el rumor era que había perdido una vitrina llena de figurillas— que
gritó a través de la valla a Felix Grucci padre, que estaba buscando
con poco entusiasmo entre los escombros a su perro, desaparecido
desde la explosión: «Desgraciado, ¿cómo puedes dormir tranquilo?».

—Qué horror.

—Va a ser difícil encontrar un sitio donde empezar otra vez
—dijo Butch—. Y vamos a echar mucho de menos a Jimmy. Le gustaba hacer carcasas muy grandes, ¿sabes? Una carcasa de cuarenta y
cinco centímetros con diez o quince triquitraques, aunque cuando
estaba terminada le entraba un poco de miedo. Es extraño. A veces le
salían pequeñas llagas alrededor de la boca. ¿Te acuerdas del Gordo
en Indian River? Aquella vez le salió un herpes labial grande. Es here-
ditario. A nuestra madre le salen cosas con frecuencia antes de un
gran espectáculo.

—No lo sabía.

Butch pensó un momento.

—Las cosas que amas son las que te matan, ¿no? ¿No es así el dicho?

Lo recordaba y dije que la famosa frase —de Oscar Wilde— era
«todos los hombres matan lo que aman».

—Se equivocó —dijo Butch.
—Eso parece. Es al revés, ¿no?

No vi las instalaciones hasta que mi mujer y yo fuimos en coche a
Bellport al funeral el 30 de noviembre. Nos acercamos y miramos por
la valla de tela metálica. El paisaje había quedado deformado por las
explosiones hasta convertirse en unos escombros que parecían perte-
necer a fotografías que uno recordaba de la guerra de trincheras en la
Primera Guerra Mundial. Ciertamente, al principio no vi nada en los
restos que testimoniara la mano del hombre. Al final pude distinguir
el chasis de un remolque de camión ennegrecido, los peldaños que
llevaban a un edificio que ya no existía, los restos amarillentos de los
coches quemados de la familia Grucci en el centro de las instalaciones, unos morteros de hierro en el suelo al sesgo, y, a mis pies, algunas partes de dispositivos pirotécnicos aéreos: los discos redondos
utilizados para hacer bases de carcasas, las cubiertas quemadas de
unas mechas de papel. Soplaba un viento fresco, así que había un ligerísimo olor a pólvora quemada.

Alrededor de un tercio del pueblo —Bellport tiene poco más de
tres mil habitantes— parecía estar en el funeral. Vino mucha gente
del mundo de los fuegos artificiales de todo el país, los Semenza de
Ideal Fireworks, en Pennsylvania, Fred Iannini, un veterano un año o
dos más joven que Felix padre, los Girone de Nueva Jersey, la familia
Rozzi de Tri-State en Loveland, Ohio, y uno recordaba que Joe Rozzi,
el padre, había perdido a su hermano en una explosión. Todos llevaban trajes negros, que parecían un poco demasiado ajustados alrededor de los hombros cuando se instalaron pesadamente en las sillas
plegables colocadas en filas.

El ataúd estaba delante de la congregación y lo habían traído siete
empleados de los Grucci que llevaban camisetas de color azul oscuro
estampadas con un ramillete de fuegos artificiales y la leyenda FUEGOS
ARTIFICIALES GRUCCI. Se las ponían en los espectáculos. Los familiares
estaban sentados en las dos primeras filas, apoyándose unos en otros
apesadumbrados. Butch Grucci me había pedido que pronunciara
un discurso de homenaje a Jimmy. Trabajé en uno un par de días. No

podía imaginarme que Jimmy hubiera querido un tono solemne. Entre otras cosas, dije:

«Jimmy Grucci era un miembro respetado de un oficio excepcional, el de unos artesanos cuya función artística es cambiar de manera momentánea el aspecto del mismo firmamento, hacer el cielo nocturno más bello de lo que es, y deleitar y maravillar a incontables cientos de miles de personas con ello. Puede decirse, sin lugar a dudas, que Jimmy Grucci diseñaba, preparaba y lanzaba fuegos artificiales que fueron presenciados durante su vida por un público más numeroso que el que tiene cualquier otro artista contemporáneo que se me pueda ocurrir, incluyendo los grandes virtuosos concertistas, incluso las estrellas del pop. Más de un millón de personas ven el espectáculo de la Noche Veneciana en los muelles de Chicago; más de dos millones vieron el centenario del puente de Brooklyn este pasado mes de mayo; la Noche de los Fuegos Artificiales en el estadio Shea ha llenado siempre todos los asientos. Incontables millones de personas vieron los fuegos artificiales de la última investidura por televisión. Y Jimmy Grucci, por supuesto, fue esencial para que Fireworks by Grucci se hiciera cargo de esos hermosos y colosales espectáculos. Uno de ellos, diseñado por él, valió a la familia el campeonato del mundo en Montecarlo.

»Pero no creo que estos honores y este renombre —el hecho de que Grucci se haya convertido en un apellido famoso— le importaran tanto como el simple y maravilloso arte de los propios fuegos artificiales. De su familia, Jimmy era el que estaba metido en ellos con auténtica pasión. Trabajaba en la zona de montaje de los fuegos artificiales hasta diez horas al día, seis días a la semana. Le encantaba hacer carcasas. Giraba y admiraba una carcasa de fuegos artificiales en una mano igual que un coleccionista podría disfrutar con una estatua de jade. Su favorita era el *croissette*, quizá la carcasa norteamericana más famosa que se haya hecho nunca: en el cielo unos zarcillos dorados se dividen en los extremos, y luego otra vez, hasta que todo el firmamento parece una celosía. También le gustaba el ruido, por supuesto. Grandes estallidos. No habría hecho justicia a la tradición, desde luego a la tradición italiana, si no hubiera un fuerte estallido o dos, preferiblemente nueve o diez, de acompañamiento. Comprendía ese curioso equilibrio estético que surge de la combinación de la belleza y la sacudida estridente.

»Por la tarde, después del trabajo, de todas aquellas horas haciendo fuegos artificiales, Jimmy llegaba a casa y llamaba por teléfono inmediatamente a su hermano, que vivía al lado en la misma calle, para hablar... de fuegos artificiales. Su pasatiempo después de cenar consistía en relajarse sentado viendo las cintas de sus fuegos artificiales de Grucci preferidos en la gran pantalla gigante curva del televisor a los pies de la cama. Lo que le despertaba por la mañana —a él y a todos los demás en casa de los Grucci, podría añadir— era un sistema de alarma incorporado en aquella misma pantalla. A la hora de despertarse, se encendía con un estallido y mostraba el momento climático de la *Obertura 1812* de Tchaikovsy interpretada al aire libre por Arthur Fiedler y la Boston Pops, mientras los fuegos artificiales retumbaban y resonaban sobre el Esplanade. En casa de los Grucci, nadie bostezaba ni se estiraba, me dijo una vez su hermano Felix, nadie se frotaba los ojos para despejarse. Al primer sonido del sistema de alarma, todo el mundo estaba en pie.

»Qué placer le procuraban los fuegos artificiales, y qué placer nos procuraba él a nosotros con ellos. Quizá el rasgo más notable de Jimmy, creo, era no solo su entusiasmo sino también su actitud hacia los fuegos artificiales y el público, su aversión a la mera idea de no compensar a los espectadores por lo que habían pagado. En un oficio donde es fácil dar gato por liebre al populacho, cuántas veces lo vi meter cuatro o cinco carcasas adicionales en un espectáculo para dar al público un poquito más de lo que era necesario. Era como si dijera: "A lo mejor estas carcasas adicionales encienden algo en vosotros que os haga entender la pura maravilla de los fuegos artificiales: coger un objeto inanimado, un cilindro, una cosa hecha de sustancias químicas y minerales, y, como un mago, un alquimista que pone en práctica todo su increíble talento, iluminar el cielo con ellas".

»Hay un ensayo famoso de principios del siglo xix, escrito por William Hazlitt, sobre la muerte de un gran atleta de su época, John Cavanagh, en el que el autor afirma que cuando muere una persona que hace cualquier cosa mejor que nadie en el mundo, deja un vacío en la sociedad. Pero los fuegos artificiales son un arte que se perpetuará y que seguirá teniendo sus grandes artesanos. Jimmy pertenece a una gran tradición, igual que Claude Ruggieri, Martin Beckman, Pedro el Grande, Vigarini, Brock... todos artistas. Su familia continuará con esa tradición. No permitirán que quede un vacío en nuestra sociedad.

»Los artistas quizá son afortunados en el sentido de que dejan pruebas después de morir, libros, conciertos, cuadros, ballets, y aquí en esta iglesia, ¿quién no recordará a Jimmy Grucci y lo que aportó a este arte cuando vea una carcasa especialmente bella florecer en el cielo nocturno?

»En el universo de la antigua Grecia, los mortales eran castigados por los dioses cuando traspasaban los límites y se convertían en divinos ellos mismos. En aquellos tiempos, la gente habría dicho de la terrible tragedia de la semana pasada que los dioses estaban ofendidos y se vengaban, porque Jimmy Grucci hacía con los cielos cosas mejores de lo que ellos pudieron imaginarse nunca.»

LAS EXEQUIAS
DE MI PADRE

Para empezar, permitidme decir en nombre de mi madre, y de la familia, lo honrados que nos sentimos, y el honor que tributáis a la memoria de mi padre, con vuestra presencia, y siendo tantos. Estoy aquí para hablar en nombre de la familia.

Habrá algunos que se pregunten —teniendo en cuenta cuánto tiempo dedicaba mi padre a la familia pública de los hombres— cómo llegó a forjar una familia privada. Pero lo hizo, como sabéis. No fue capaz de inculcar un interés duradero por el Derecho en ninguno de sus cuatro hijos, quizá, he pensado siempre, porque solía dar la charla sobre la belleza del contrato hipotecario, y desde luego sobre la posición que ocupaba como piedra angular misma de la cultura jurídica, durante el desayuno.

Así que lo dejó por imposible. Pero en todo lo demás, nos alentó. Nos engatusó para que fuéramos mejores, para que fuéramos disciplinados. Nos enseñó el revés continental, quizá fuimos los últimos jóvenes del Este en aprender una cosa así. Nos escribió unas cartas maravillosas cuando nos fuimos a la universidad, sobre el mecanismo de la mente, y sobre el deleite que procuraban los resultados de que funcionara a la perfección.

Y, lo mejor de todo, nos hizo ver el placer del desafío.

Le encantaban los desafíos de todo tipo, principalmente los que ocupaban la mente. Ya habéis oído muchos ejemplos en los discursos en su honor que se han pronunciado. Recuerdo cuando recibió la Legión de Honor, un premio del que no podía estar más orgulloso, y, cómo sabéis muchos de vosotros, llevaba el galón rojo en el abrigo de cloqué en los almuerzos veraniegos de West Hills. Escogió pronunciar el discurso de aceptación en el consulado francés en francés, un idioma que tenía un poco oxidado. Lo que convertía aquello en un desafío especial era que en el discurso contaba una historia divertida. Desde luego, es todo un desafío, contar una historia divertida en un francés oxidado a una sala llena de dignatarios franceses. Os contaré la historia, pero no en francés. No pude aprender a tener tanto coraje de mi padre. Era una historia sobre las dificultades de la comunicación, una historia estilo Naciones Unidas. Mi padre contó que había ido a un cine al lado de los Campos Elíseos, donde proyectaban una película norteamericana del Oeste en inglés con subtítulos en francés. En un momento dado, un pistolero muy peligroso tiroteaba un bar, los revólveres escupían balas, y después se acercaba con arrogancia a la barra donde decía: «Dame un trago de whisky barato». El subtítulo que traducía aquello decía: «*Donnez-moi un Dubonnet, s'il vous plaît*».

Asociado a este amor por el desafío había un sentido tremendo de la tradición: había ciertas verdades que merecía la pena cultivar y preservar. Cuando tenía setenta y tantos años, le sugerí que cambiara de raqueta de tenis, que dejara el modelo de cabeza pequeña que había utilizado durante décadas, devolviéndola siempre como era debido al tensor de madera, por una de las raquetas grandes de Prince que estaban poniéndose de moda por entonces. De hecho, le regalé una por Navidad. La recibió con mucha educación, pero jamás la utilizó. Es posible que pensara que le daría una ventaja injusta, pero creo que es más probable que aquello significara abandonar a una vieja y fiel aliada que junto con el golpe de derecha de mi madre lo había llevado a una sucesión constante de campeonatos en el club de playa de Cold Spring Harbor. Así que siguió con la raqueta de siempre, que era una Power Bat. Me dijo una vez que muy pocas veces el idioma inglés, con la posible excepción del contrato hipotecario, se había usado tan sucintamente para describir lo que él quería[21]. Recuerdo que una vez

21. «*Power bat*» sería «raqueta potente». [*N. del T.*]

le dije que Althea Gibson usaba una Power Bat. Asintió con la cabeza y dijo: «Una mujer con un criterio excepcional».

Recuerdo que mi padre me dijo en cierta ocasión que merecía la pena vivir sobre todo por las sorpresas que uno tiene de vez en cuando. Sé de mi generación, y de las subsiguientes, que en sus mensajes de condolencia muchos han mencionado el día que conocieron a mi padre; sé del placer y la sorpresa de encontrarse con una mente tan curiosa, atenta, humorística y fina, y del placer cálido y duradero de irse siendo muchísimo mejor por la experiencia de haberlo conocido. ¡Y cuántas eran sus aptitudes! Muchas esposas, no solo de su generación, han comentado con frecuencia lo bien que bailaba mi padre... ¡Eso sí que era una experiencia!

Mi hijo Taylor, que por entonces tenía seis años, llevó un pañuelo grande a Walpole, abultadamente metido en el bolsillo de la pechera del blazer del colegio, al funeral que hubo allí, porque pensaba que era apropiado llorar en ocasiones de ese tipo. Pero aquí hoy, por supuesto, nos encontramos en una especie de celebración, sentados en los bancos de esta iglesia para recordar lo afortunados que hemos sido todos, la familia, los amigos, las compañeras de baile, los estadistas, los líderes civiles, los compañeros de club, los políticos, los educadores, los estudiantes, los abogados, los jueces, los ciudadanos, al haber sido tocados por la presencia de esa extraordinaria persona, de este extraordinario esposo y padre.

Uno recuerda lo que dijo Calímaco acerca de la muerte de Heráclito: «Oh, Heráclito, me dicen que has fallecido, pero yo sé que no estás muerto. Tus ruiseñores siguen viviendo. Los oigo cantar».